Eine Frage des Maßes

Das Schlagwort „Nachhaltigkeit" ist vom jahrzehntelangen Nischenthema sandalentragender Ökoromantiker in Naturschutzgruppen zum Zentrum des aktuellen gesellschaftlichen Diskurses geworden. Nicht zuletzt die Stimmen der in *Fridays for Future* organisierten, um ihre Zukunft bangenden Jugendlichen verunmöglichen Politikern und Managern ihr eingeübtes Spiel des Abwiegelns und Beschwichtigens mit anschließendem ungebremstem „Weiter-wie-bisher".

Die Forderung nach einer „nachhaltigen" Wirtschaftsweise, die natürliche Ressourcen dauerhaft sichert, findet sich jedoch schon in dem 1713 erschienenen Buch *Sylvicultura oeconomica oder haußwirthliche Nachricht und Naturmäßige Anweisung zur wilden Baum-Zucht* des sächsischen Beamten Hans Carl von Carlowitz. Eine nachhaltige Bewirtschaftung des Waldes bedeutet für den Sohn eines Oberforstmeisters, nur so viel Holz einzuschlagen, wie im Entnahmezeitraum wieder nachwächst. Damit stellt er die langfristige Belastbarkeit des Ökosystems Wald über eine nur kurzfristige Orientierung an der Nachfrage des Markts und versöhnt die scheinbaren Widersacher Ökonomie und Ökologie.

Fast ein Jahrhundert zuvor hatte Baruch de Spinoza den Grundtrieb des Menschen als „Bewahrung seines eigenen Seins" festgeschrieben, lateinisch *suum esse conservare*. Galt René Descartes der Mensch noch als Meister und Besitzer der Natur, der sich in göttlichem Auftrag die Erde untertan macht, sind Natur und Gott für Spinoza zwei Namen für ein und dieselbe „Sache". Gott ist für ihn kein außerweltliches Wesen, sondern der Kosmos als Ganzes. Darin eingebettet sei der Mensch nicht die Krone der Schöpfung, sondern schlicht ein Teil unter vielen, das als solches mit dem Ganzen und jedem anderen Teil verbunden sei. Um nicht das Ganze und damit sich selbst zu gefährden, liege es in der Natur der Vernunft, nicht danach zu trachten, sich über die Natur zu stellen, sondern sich in deren Abläufe einzufügen.

Weil dies unter der marktwirtschaftlichen Prämisse effizienzorientierter Gewinnmaximierung in einem zwischenzeitlich weltweiten Konkurrenzkampf allzu lange nicht beherzigt wurde, sind die Folgen des Klimawandels ebenso unübersehbar geworden, wie die Rufe nach einer nachhaltigeren Wirtschaftsweise unüberhörbar sind. In der Debatte darüber, was wann warum zu tun ist, gehen allerdings die Meinungen auseinander. Ist eine Absenkung des westlichen Lebensstandards unausweichlich, ist es dafür vielleicht sogar schon zu spät oder ist der Schlüssel zur Nachhaltigkeit gerade dort zu finden, wo die Ursache ungewöhnlicher Wetterphänomene begründet liegt: in noch mehr Technik?

Durch die Rückführung komplexer Naturvorgänge auf elementare, mathematisch beschreib- und berechenbare Prozesse ist es den Naturwissenschaftlern gelungen, dass immer mehr Lebensmittel für eine wachsende Anzahl an Menschen produziert werden können sowie ungeahnte Möglichkeiten der Mobilität und Kommunikation geschaffen wurden. Doch wo das Rettende wuchs, so könnte man in Umkehrung einer Gedichtzeile Friedrich Hölderlins resümieren, wuchs auch die Gefahr. Denn neben all den Segnungen brachte der menschliche Erfindungsgeist auch eine weltweite Ungleichverteilung von Reichtümern, die Atombombe sowie Unmengen an Umwelt- und Klimagiften hervor. Entsprechend ist Skepsis berechtigt, wenn Naturwissenschaftler und Politiker glauben machen möchten, dass es gelingen könne, allein durch technische Innovationen wie die CO_2-Speicherung in Gesteinsschichten im Rahmen eines Geoengineerings den Klimawandel zu bändigen. Nicht wenige sind zwischenzeitlich der Überzeugung, dass gerade die eindimensionale naturwissenschaftliche Art der Vereinfachung komplexer Sachverhalte selbst das Problem ist. Gefordert wird deshalb immer wieder eine andere, eine „organische" Art zu denken, die das Ganze nicht nur als Summe seiner Teile erachtet und mehr als nur das mathematisch Berechenbare in die Überlegungen einbezieht. Aus rein rationaler betriebs- und volkswirtschaftlicher Sicht ist zum Beispiel eine Generationen übergreifende Ethik überflüssig. So wie eine Maschine aussortiert wird, wenn sie nicht mehr den gewünschten Profit abwirft, ließen sich auch unproduktive Kranke und Alte aussortieren. Die Natur macht es vor: Wird der Leitlöwe alt und schwach, findet sich alsbald ein junger kräftiger, der den alten Anführer sowie dessen Junge tot beißt und das Rudel übernimmt. Doch wie nur allzu oft ist auch hier offensichtlich, dass sich aus den Abläufen der Natur keine Werte für das menschliche Zusammenleben destillieren lassen. Liegt doch die Würde des Menschen jenseits der beobachtbaren Naturvorgänge wie auch jenseits nüchterner Kosten-Nutzen-Kalküle. Gerade Gefühle wie die, künftigen Generationen etwas schuldig zu sein, Alte und Kranke eben nicht zum ökologisch verträglichen Schnellableben bewegen zu wollen, sind es, die den Menschen als Menschen auszeichnen.

Schwierig wird es jedoch, wenn man die Frage beantworten muss, was genau wir künftigen Generationen schulden. Diskutiert wird diesbezüglich, ob sich mithilfe der „Theorie der Gerechtigkeit" des amerikanischen Ethikers John Rawls nicht nur Pflichten innerhalb einer Generation, sondern auch solche gegenüber zukünftigen ermitteln lassen. In Gedankenexperimenten werden hierfür gesellschaftliche Regeln gesucht, auf die sich alle vernünftigen Menschen unter Absehung ihrer aktuellen und zukünftigen Stellung in der Gesellschaft einigen könnten. Auch wenn niemand die Entwicklungen der Zukunft mit Sicherheit voraussagen kann, kommt Kirsten Meyer zu dem Schluss, dass zumindest für alle Handlungen, die auf die natürlichen Lebensgrundlagen künftiger Generationen einen negativen Einfluss haben, eine Rechtfertigung verlangt werden könne. Aber ist es gerecht, durch Beschränkung der Nutzung natürlicher Güter zugunsten zukünftiger Generationen die Entwicklung und freie Entfaltung der aktuell Lebenden einzuschränken?

Die Anleitungen zu einem dann solchermaßen durch Vernunft bestimmten Leben seien erfahrungs-

Foto: Werner Seltier

gemäß Rezepte für das Unglücklichsein, so der Ökonom Fred Luks. Schließlich lebe man nicht für das Zweckmäßige, „sondern für das, was darüber hinausgeht, für die Momente, die eben nicht aufgehen in irgendeinem betriebswirtschaftlichen Nutzen", zitiert er die Ansprache des Schriftstellers Navid Kermani im Rahmen eines Konzerts des WDR-Sinfonieorchsters. Aus der Begrenztheit der Ressourcen folge nicht zwingend die Pflicht zur Selbstbeschränkung. Verschwendung, so Luks mit Bezug auf George Batailles „Antiökonomie", gehöre zum Mensch-Sein: Der Mensch ist von Natur aus maßlos und unvernünftig. Statt das Maßlose moralisch zu verteufeln, bedürfe es eines vernünftigen Umgangs mit der Unvernunft des Menschen. Maßlosen Forderungen zur Mäßigung erteilt er eine klare Absage. Vor allem brauche Nachhaltigkeit weniger Moral und mehr Fantasie.

Die Verurteilung der Sinnlichkeit gilt schon Johann Gottfried Herder als ein verbreitetes Vorurteil: Eine Idee, die vom Dasein unseres Körpers absieht, könne es in unserem Geist nicht geben, denn: „Uns und die Welt zu genießen: das war Absicht der Natur." Entsprechend erachtet der Seelsorger und Vater von sieben Kindern, dem nichts Menschliches fremd war, die Leidenschaften des Menschen nicht als Defizite, sondern als naturnotwendig. Das Gesetz des sinnlichen Begehrens gehöre zu den unverbrüchlichen Naturgesetzen und sei demnach gut. Sein Begehren zu moderieren, gehöre zu den Leistungen, die jeder im Rahmen seiner sozialen Beziehungen erbringen müsse.

Norbert Bolz zufolge ist das ökologische Problembewusstsein in eine kollektive Angstreligion umgeschlagen. Anstelle von rationaler Auseinandersetzung mit aktuellen Problemen richte sich politisches Handeln in unserer durch die Wissenschaften entzauberten Welt nurmehr an medial erzeugten emotionalen Erregungszuständen aus. Statt „Was darf ich hoffen?" frage die heutige Religiosität „Was muss ich fürchten?" Anders formuliert: Die Theologie des Weltuntergangs sei durch die Ökologie des Weltuntergangs ersetzt worden. „Handle so, daß die Wirkungen deiner Handlung verträglich sind mit der Permanenz echten menschlichen Lebens auf Erden", diesen sogenannten ökologischen Imperativ von Hans Jonas hält Bolz für eine Zumutung. Würden dem Einzelnen derart doch nicht nur Pflichten gegen seinesgleichen, sondern auch gegenüber der ganzen Welt aufgebürdet. *Das Prinzip Verantwortung*, so auch der Titel des Buchs von Jonas, sei eine „Ethik der Furcht vor unserer eigenen Macht".

Für viele hat diese Macht zwischenzeitlich die Form der Ohnmacht angenommen. Und in der Tat liegt der Schlüssel zur Lösung der aktuellen Umweltprobleme weniger in der Ratio als im Bereich der Gefühle. Denn das Wesen des Menschen erschöpft sich nicht in seinem instrumentellen Verstand. Maßgeblich ist auch der menschliche Körper und mithin dessen Bedürfnisse nach Lust sowie seine Verletzlichkeit. Leben heißt „leben von" und „leben von" heißt genießen, schreibt Corine Pelluchon. Nahrung ist für sie kein „Treibstoff" und Essen entsprechend etwas anderes als Tanken. Gerade weil die Welt Nahrung für den Menschen sei, müssten wir Heideggers „In-der-Welt-Sein" durch ein „Mit-der-Welt-Sein" ersetzen.

Das einfache dualistische Weltbild mit der Entgegensetzung Mensch versus Natur beziehungsweise Natur versus Technik ist überholt. Auch in Zeiten der technischen Reproduzierbarkeit von Natur gibt es nichts außerhalb der Natur! Natur ist weder das Andere der Kultur noch das Andere des Menschen, sondern der Mensch ist selbst Natur und die von ihm geschaffene Technik Teil seiner Natur. Gernot Böhme spricht diesbezüglich von der „Natur, die wir selbst sind". Gleichwohl ist die naturbelassene, die natürliche Natur für den Menschen ebensowenig ein Paradies, wie es eine rein virtuelle Existenz je sein könnte. Die Natur ist kein Widerstand, den es immer neu zu überwinden gilt, sie muss vielmehr als lebendiges Ganzes im Blick bleiben. Souverän ist der Mensch erst dann, wenn er seine Leiblichkeit und mithin sein Natursein anerkennt.

Angesichts der aktuellen Probleme ist Naturphilosophie keine spekulative Hybris, sondern überlebensnotwendig. Dabei ist die vielerorts gepflegte apokalyptische Untergangsrhetorik ebenso fehl am Platz wie eine kritiklose Begeisterung für Großtechnologien, die prinzipielle Ablehnung gegenüber technischen Innovationen ebenso verfehlt wie stoische Schicksalsergebenheit. Keine Generation ist dazu verurteilt, so zu leben wie ihre Vorfahren. Umweltverändernder technischer Fortschritt und gesellschaftliche Innovationen gehören ebenso zum Wesen des Menschen wie die Vermögen zu Selbstreflexion, Literatur und bildender Kunst. Problematisch ist nicht die Macht, welche die Erkenntnisse der Naturwissenschaften der Menschheit verleihen, die wirklichen Probleme sind die kulturellen Mechanismen und die Herrschaftsansprüche Einzelner, die Menschen dazu bringen, sie destruktiv einzusetzen.

Dr. Siegfried Reusch, Chefredakteur

Nachhaltigkeit

thema

umfrage

kolumne

essay

lexikon

unterhaltung

porträt

echo!

bücher

Ulrich Grober

Schlüssel zum Überleben

Gravität und Flexibilität des Nachhaltigkeitsbegriffs

Nachhaltigkeit**, soviel scheint klar, ist ein total unsinnliches Wort. *Nach* und *halt*, *-ig* und *-keit*. Ächz, würg, gähn! Oder? Kein Zweifel, Nachhaltigkeit ist ein Plastikwort, pures Teflon. Stimmt's? Kein Begriff ist derart abgenutzt, verwässert, verbraucht. Weg damit, oder? Einspruch! Nachhaltigkeit ist der Schlüssel zum Überleben der Menschheit. Was tun? Wie so oft hilft ein Gang zu den Wurzeln des Begriffs.**

Abbildung:
Das Buch der Natur (I): Das Buch des Lebens
Timm Ulrichs, 1972 / Tel-Hai 1987; zweiteilige Buchform aus Kalkstein (20 x 240 x 260 cm), fünf Olivenbäume durch Bohrlöcher wachsend

Mein Favorit im Dickicht der Definitionen ist schon 200 Jahre alt. Er findet sich in Joachim Heinrich Campes *Deutsches Wörterbuch* von 1809: „Nachhalt ist das, woran man sich hält, wenn alles andere nicht mehr hält." Nur ein kurzer Satz. Aber er hat es in sich. Er öffnet einen Zugang zur Tiefendimension des Wortes. Nachhaltigkeit erscheint hier als Gegenbegriff zu *Kollaps*. Eine frappierende Parallelität: Dasselbe Denkbild liegt dem modernen Nachhaltigkeitsbegriff zugrunde. Am Beginn dieses Neustarts des alten Konzepts stand der Bericht an den „Club of Rome" von 1972. Dessen Autoren suchten nach einem Modell für ein „Weltsystem", das „nachhaltig" (englisch *sustainable*) ist. Und das heißt, gegen einen „plötzlichen und unkontrollierbaren Kollaps" gefeit ist und „fähig, die materiellen Grundansprüche aller Menschen zu befriedigen". So steht es wörtlich in der berühmten und schnell – vorschnell – für obsolet erklärten Studie über die „Grenzen des Wachstums".

Ist das Teflon? Ist das unsinnlich? Wer schon mal ein Haus gebaut oder renoviert hat und an den tragenden Wänden oder am Fundament mit Hand angelegt hat, also an dem, was der Statik ihren Halt gibt, weiß, dass es sich hier um etwas eminent Sinnliches – mit gleich mehreren Sinnen Wahrnehmbares – handelt. Die nachhaltenden, dauerhaft haltbaren Elemente einer Konstruktion vermitteln erst das Gefühl von Bewohnbarkeit. Sie antworten nämlich auf das menschliche Grundbedürfnis nach Sicherheit. Und umgekehrt: Die Bilder und der Krach einstürzender Bauten machen den Sitz und den Wert tragender Elemente dramatisch und lautstark bewusst. Ihre Staubwolken und Schockwellen erzeugen Angst und Schrecken.

Nachhaltigkeit als Gegenbegriff zu „Kollaps" neu und umfassend ins Spiel zu bringen, scheint brandaktuell. In Zeiten, in denen das Ökosystem Klima in schwere Turbulenzen geraten ist, Pandemien wüten, in Gesellschaften Solidarität und Gemeinsinn so schnell schmelzen wie die Gletscher der Polarkappen, sogenannte Global Players über Nacht kollabieren, ganze Staaten zu „scheitern" und im Chaos zu versinken drohen, wird Nachhaltigkeit notwendigerweise zum Mega-Thema. Nicht als Sahnehäubchen auf dem Kuchen einer Überflussgesellschaft, sondern als Schwarzbrot einer ökologischen Überlebensstrategie. Eines scheint mir gewiss: Die Idee der Nachhaltigkeit ist weder eine Kopfgeburt moderner Technokraten noch ein Geistesblitz von Ökofreaks der Generation Woodstock. Sie ist ein elementares Weltkulturerbe. Es war der britische Thronfolger Prinz Charles, der in den 1990er-Jahren die Frage aufwarf, ob nicht „tief in unserem menschlichen Geist eine angeborene Fähigkeit existiert, *nachhaltig* (*sustainably*) im Einklang mit der Natur zu leben".

Denkbild 1: Saatfrüchte sollen nicht vermahlen werden

Gehen wir also zurück in die Prämoderne, die präkapitalistische Zeit der Subsistenzwirtschaft, der Selbstversorgung, die in vielen Regionen des Planeten – von der Sahelzone über die Fischgründe Kamtschatkas bis zum Amazonasbecken – noch gar nicht vorbei ist. Dort wiederholen sich Jahr für Jahr Szenen wie diese: Nach der Ernte füllt jede Familie ein ledernes Säckchen mit Hirse, Gerste oder Reis. So kühl und so trocken wie möglich deponiert sie es im hintersten Winkel ihres

Speichers. Was die Bauern dafür später zurücklegen – als Reserve *nachhalten* – ist das Saatgut für das kommende Jahr, ihre Lebensversicherung, die einzige, die sie haben. Unsichtbar für begehrliche Blicke, unerreichbar für hungrige Mäuler, bleiben die Säckchen liegen. Auch dann noch, wenn die Erträge der letzten Ernte aufgezehrt sind. Die Zeit bis zum Beginn der nächsten Ernte nennt man im frankophonen Afrika *soudure* (Lötstelle), in einer der senegalesischen Landessprachen *ngekh*. In Dürrejahren zieht sie sich unerträglich lange hin. Dann lautet die eiserne Regel der Überlebenskunst: Bevor du die Rücklagen an Saatgut antastest, verkaufe alle deine Habseligkeiten. Schlachte dein Rind, deine Ziegen, ehe die Brunnen versiegen und die Wasserstellen austrocknen. Schicke deine Kinder zum Arbeiten in die Stadt. Geh selbst wandern, um anderswo etwas Geld oder Naturalien zu verdienen. Aber bewahre dein Saatgut. Erst wenn der Hunger lebensbedrohlich wird, hol das Säckchen hervor. Und dann denke lange darüber nach, ob du es öffnest. Wenn die Familien im Sahel und anderen Regionen Afrikas anfangen, ihre Reserven für die kommende Aussaat aufzuzehren, stehen sie am Abgrund.

Saatfrüchte sollen nicht vermahlen werden. Zeitlose Weisheit und wunderbare Metapher für Nachhaltigkeit. Sie stammt freilich nicht aus Afrika, sondern aus der Feder Johann Wolfgang Goethes. Der Dichter und Minister eines verarmten deutschen Zwergstaats hat sie aus seiner unmittelbaren Umwelt geschöpft. Die frühen Jahre seiner Amtszeit waren für die bäuerliche Bevölkerung Thüringens von Missernten und Hungersnöten geprägt. Wie heute noch auf der Südhalbkugel unseres Planeten spitzte sich damals selbst im grünen Herzen Deutschlands jeden Frühsommer die *soudure* zu. Im Juli des Jahres 1779 beispielsweise flehten ganze Dörfer die Weimarer „Cammer“, die herzogliche Finanzbehörde, um Steuererlass an. Man wisse nicht, heißt es in einem Bittbrief aus einem Dorf bei Jena, wo „die armen Leute das Saamen Korn zur künftigen Aussaat hernehmen“ sollten.

In jenen Jahren war Goethe als Minister mit der Arbeit der Kammer befasst. In die Welt gesetzt hat er das Sinnbild in seinem Bildungsroman *Wilhelm Meisters Lehrjahre*. Ein rätselhafter Abbé, Mitglied einer geheimnisvollen „Turmgesellschaft“, in die Wilhelm Meister, der Held des Romans, hineingerät, überreicht ihm ein Schriftstück „von wichtigem Inhalt“. Dieser „Lehrbrief“, so wird ihm gesagt, beziehe sich auf die „Ausbildung des Kunstsinnes“. Sein zweiter Teil aber handele „vom Leben“. Er beginnt mit den Worten: „Die Kunst ist lang, das Leben kurz“ und endet mit dem Satz: „... gebackenes Brot ist schmackhaft und sättigend für *einen* Tag; aber Mehl kann man nicht säen, und die Saatfrüchte sollen nicht vermahlen werden.“ Goethe verachtet also keineswegs das gebackene Brot, den Wohlgeschmack, das Sattwerden, also die Selbstsorge des Menschen für sein unmittelbares tägliches Wohlergehen. Aber, so sagt er, Brot reicht immer nur für den einen Tag. Zur Selbstsorge muss die Vorsorge treten. Die Vorsorge für die nächste Ernte, für die nachfolgenden Ernten, für die Ernährungssicherheit in der ganzen Kette der nachfolgenden Generationen. Wer von „Saatfrüchten“ spricht, bringt damit auch die Bedingungen ins Spiel, unter denen Saatfrüchte nachwachsen und gedeihen. Der spricht von der Fruchtbarkeit der Böden, vom Wasserhaushalt, von der intakten Umwelt, von der Ökologie.

> *„In einer Epoche, in der wir den Planeten seiner Ressourcen entblößen wie nie zuvor und damit die Zukunft der Menschheit selbst gefährden, ist Nachhaltigkeit der Schlüssel zum menschlichen Überleben.“*
>
> Christopher Weeramantry,
> Richter am Internationalen Gerichtshof in Den Haag, 2008

Als Goethe diese Zeilen niederschrieb, arbeitete das herzogliche Forstdepartement in Weimar schon mehr als zwei Jahrzehnte an einem gewaltigen Aufforstungsprogramm. Die Wälder des Herzogtums sollten – so hieß es schon 1761 in einer Anordnung der Herzogin Anna Amalia wörtlich – „eine neue und *nachhaltige* Forsteinrichtung“ erhalten.

Denkbild 2: Nicht mehr Holz fällen als nachwächst

Alle redeten von Nachhaltigkeit. Schon damals. Allerdings nur in kleinen Kreisen. Die Forderung einer „nachhaltenden Nutzung“ der Wälder (Carlowitz, 1713) entstand im europäischen Diskurs über die Krise der Ressource Holz. Es waren dann deutsche Forstleute, die im 18. Jahrhundert auf dieser Basis den Begriff Nachhaltigkeit prägten – und zu ihrem heiligen Gral machten.

Warum eigentlich? Um das zu verstehen, muss man wissen: Die deutschen Wälder um 1800 sahen ganz und gar nicht so aus wie auf Caspar David Friedrichs romantischen Gemälden. Von Baumstümpfen geprägte Kahlschläge oder buschige Heideflächen waren die Regel. Die Wälder waren durch lange Phasen der Übernutzung schwer geschädigt. Die Ursachen waren komplex: Die frühe Industrialisierung durch Erzbergbau und Erzverhüttung, Salinenwesen, Glashütten. Die Umnutzung von Wald zu Acker- und Weideland unter dem Druck des Bevölkerungswachstums. Der damit verbundene Energiehunger. Die Energiekrise im alten Europa drehte sich um den damals noch zentralen Energieträger Holz. Die Forstleute dieser Zeit standen vor einer Riesenaufgabe. Sie hatten die Entwaldung ihrer Territorien zu stoppen und rückgängig zu machen. Ihre Vision war der „ewige Wald“. Gemeint ist der immer wieder verjüngte oder sich selbst verjüngende Wald. Der für kommende Generationen, für alle kommenden Generationen dauerhaft sich regenerierende Wald. Der „ewige Wald“ – und die „Stetigkeit“ der Holzversorgung – das war die Vision. Heute sprechen US-Ökonomen von *steady-state economy* – von Ökonomie im Fließgleichgewicht.

Das System von Regulierungen, das die Forstleute entwarfen, um den deregulierten Raubbau zu stoppen, lässt sich auf eine schlichte Faustformel bringen: „Nicht mehr Holz fällen als nachwächst." Klingt erstmal banal. Doch der Satz enthält die Polarität von Ökonomie – Holz fällen – und Ökologie – nachwachsen. Er verweist auf die quantitative Seite des Eingriffs in die Natur und zwar genauer gesagt auf die Begrenzungen dieses Eingriffs: nicht mehr nutzen als nachwächst. Er erklärt das „Nachwachsen" einer Ressource zum Maß, zum Maßstab, ja zur Voraussetzung ihrer Nutzung. Mit diesem Fokus auf das „Nachwachsen" kommt die Fruchtbarkeit der Waldböden ins Spiel, die Bedeutung von Artenvielfalt und Wasserhaushalt, die Wirkung von Licht und Photosynthese, die Zeitzyklen von Natur und Kosmos – mit einem Wort: die Ökologie. Hier wird der Maßstab verändert: Die Tragfähigkeit der Ökosysteme und nicht das Marktgesetz von Angebot und Nachfrage hat unseren Eingriff in den Haushalt der Natur zu bestimmen.

Hier genau stoßen wir auf den elementaren Zusammenhang zwischen Nachhaltigkeit und Wachstum. Es geht um die Sicherung des naturalen Wachstums, um die Fähigkeit der Ökosysteme, sich immer wieder zu verjüngen, zu regenerieren. Nachhaltigkeit erscheint in den historischen Anfängen des Begriffs zum einen als ein Kind der Krise, zum anderen als eine Strategie der Selbstbeschränkung, der Reduktion. Mit diesen Aufladungen wurde der neue Fachterminus während des 19. Jahrhunderts an den deutschen Forstakademien systematisiert, operationalisiert, in die Welt exportiert – und übersetzt. Als *sustained yield forestry* (nachhaltig ertragreiche Forstwirtschaft) – die Blaupause für *sustainability* (Nachhaltigkeit).

Der philosophische Überbau

Baruch de Spinoza war der Philosoph der Stunde. Sowohl in den 1670er-Jahren, als der kurfürstlich-sächsische Oberberghauptmann Hans Carl von Carlowitz in der Silberstadt Freiberg über den nachhaltigen Umgang mit den Ressourcen nachdachte und vermutlich konspirativ-spinozistische Gedankengänge rezipierte. Und dann wieder hundert Jahre später, als Goethe und andere schöne Seelen die Gärten von Weimar und Jena sowie die Wälder, Felsen und Höhlen des Thüringer Waldes durchstreiften, um „in herbis und lapidis" – Kräutern und Steinen, nach dem Göttlichen zu suchen.

Aus Spinozas *Ethik* lässt sich eine hoch entwickelte Theorie der Nachhaltigkeit destillieren. *Suum esse conservare* (lateinisch für „sein eigenes Sein bewahren", „Selbsterhaltung") ist für ihn der Grundtrieb des Menschen. Darin ist er sich mit seinem Lehrer René Descartes und anderen Denkern der Frühaufklärung einig. Doch wo Descartes den Menschen als Meister und Besitzer (französisch *maître et possesseur*) der Natur inthronisiert, um dessen Überleben zu sichern, formuliert Spinoza die größte denkbare Aufwertung der Natur. Er erklärt Gott und Natur für identisch: *Deus sive natura* – Gott oder, wenn du so willst (lateinisch *si vis*), die Natur. Das ist das lebendige Urwesen, das aus sich selbst heraus da ist und mit absoluter Notwendigkeit die Fülle seiner Potenziale aus sich heraussetzt.

Spinoza betrachtet nun die Natur unter zwei Perspektiven: Die *natura naturata* ist die „gewirkte", geschaffene, sozusagen die empirische, das heißt sinnlich wahrnehmbare Natur. Davon unterscheidet er die *natura naturans*, die in der *natura naturata* wirkende, lebendige, aktive und produktive Kraft. Die Unterscheidung ist wesentlich. Als *natura naturata* ist die Natur dem menschlichen Willen verfügbar. Sie ist manipulierbar und reproduzierbar. Die vitalen Kräfte der *natura naturans* aber sind übermächtig und unverfügbar. Sie sind die Fülle des Lebens, die Macht des Lebens selbst. Spinoza beharrt darauf, dass der Mensch nur Teil der Natur sei. Und dass „jedes Teil der Natur mit dem Ganzen verbunden ist" und „mit den anderen Teilen zusammenhängt". Damit gibt er keineswegs das Projekt der „humanen Selbstbehauptung" auf, sondern bettet es in den größeren, den ökologischen Zusammenhang, in das Netz des Lebens ein.

Wichtig im Kontext von Nachhaltigkeit: Spinoza bringt die unbegrenzte Dauer (lateinisch *duratio*), die zeitliche Dimension des Seins, ins Spiel: „Jedes Ding strebt gemäß der ihm eigenen Natur, in seinem Sein zu verharren." Das schließt einen Willen zur Entwicklung mit ein. Vernünftig ist zum Beispiel, „ein größeres zukünftiges Gut einem geringeren gegenwärtigen ... vorziehen". Spinozas These: „Es liegt in der Natur der Vernunft, die Dinge unter dem Gesichtswinkel der Ewigkeit (*sub specie aeternitatis*) zu betrachten." Mit diesem Blick werden Dinge der Zukunft gleichermaßen wahr und relevant wie die Dinge unserer Gegenwart und Vergangenheit. Wir sind in der Lage, Dinge, die erst in der Zukunft liegen, als gegenwärtig wahrzunehmen. So wird die Verantwortung für die Zukunft und die zukünftigen Generationen zu einer Konstante des Denkens.

Nachhaltigkeit ist ohne Veränderung nicht zu haben.

Was heißt das für die Gestaltung eines zukunftsfähigen Gemeinwesens? Die Vernunft gebietet es, Bewahrung des eigenen Seins nicht nur mit der Bewahrung der natürlichen Lebensgrundlagen, sondern auch mit dem Wohlergehen des Anderen zu verknüpfen. Spinoza glaubt an eine gerechte Verteilung der Güter und an die *potentia multitudinis*, die Macht der Menge. In diesem philosophischen Licht betrachtet ist „Nachhaltigkeit" weit mehr als ein effizientes Ressourcen-Management, nämlich der Entwurf für eine andere Moderne, in den Worten einer aktuellen Parole: für eine „andere Welt".

„Eine andere Welt ist möglich"

Ein kurzer Satz, nur fünf Wörter. In den letzten Jahren begegnet er uns immer wieder auf den Aktionen von *Fridays for Future*. Meist bunt mit Filzstift auf Pappschilder gemalt, von blutjungen Menschen hochgehalten oder in Sprechchören gerufen. Fast immer in der englischen Fassung: *Another world is possible*. Die fröhlichen Bilder signalisieren einen starken Willen zu einem Paradigmen- und Systemwechsel.

Die Parole stammt aus der globalisierungskritischen Bewegung der 1990er-Jahre. Gedacht war sie als ein „Appell an die Imagination", als ein offenes und einladendes Konzept, nicht als festgezurrte Strategie. Das erklärte Ziel: Spielräume, Denkräume, Möglichkeitsräume zu öffnen für eine Welt, die „weniger ungerecht, weniger verschmutzt, weniger ungleich und weniger machohaft" sein würde. Auf dem Weltsozialforum 2003 in der brasilianischen Metropole Porto Alegre wurde die Parole erweitert, angereichert und mit Leben erfüllt. „Eine andere Welt ist nicht nur möglich. Sie ist im Entstehen. An einem stillen Tag, wenn ich achtsam lausche, höre ich sie atmen." Das war die Stimme der indischen Schriftstellerin und Aktivistin Arundhaty Roy. Mit ihrem schönen Denkbild behauptet sie sanft und entschieden, dass im Schoß der alten Gesellschaft eine neue heranwachse und zu atmen beginne. Hier werden die Vorstellungen von „Change", Transformation und Durchbruch eingebettet in die Metaphorik des embryonalen Werdens, des Gebärens und der Entbindung. Nichts bleibt wie es ist. Was wird, taucht schon auf. Die Zukunft hat schon begonnen. Einen achtsamen Blick auf das richten, was geschieht, und dann das, was davon wünschenswerte und lebbare Zukunft enthält, gelassen und entschlossen begleiten, fördern, stärken, zum Durchbruch, zur „Entbindung" verhelfen – ein solches Handeln wäre genuin nachhaltig.

Eine „andere Welt" und Nachhaltigkeit – das eine ist ohne das andere nicht zu haben. Dabei macht die Parole keine Aussage über den Grad an Wahrscheinlichkeit, dass wir die multiplen Krisen des 21. Jahrhunderts meistern werden. Doch sie ist ein starker Einspruch gegen die grassierende Endzeitstimmung, die unser Handeln lähmt statt zu beflügeln. Diese ist zum Nährboden für den neuen Sozialdarwinismus geworden, der das Recht des Stärkeren und das „rette sich wer kann" propagiert – eine dumpfe Variante des neoliberalen Kults der Wettbewerbsfähigkeit. Die Parole formuliert die Gewissheit, dass die Möglichkeit einer lebbaren, lebenswerten und liebenswerten Zukunft real vorhanden ist. Die Optionen offen halten, ist der Anteil an Verantwortung, den jeder und jede im eigenen Umfeld übernehmen kann. *Keep the options open*, heißt es schon im Brundtland-Bericht der UN, der 1987 das Konzept *sustainable development* auf die Weltbühne brachte.

„Eine andere Welt ist möglich" öffnet unsere Pforten der Wahrnehmung für einen Möglichkeitsraum, dessen Energien und Potenziale. Der Schlüssel dazu liegt freilich nicht isoliert im kognitiven Bereich. An dieser entscheidenden Schwelle kommt das Reich der Emotionen, der Sinnlichkeit und der Werte mit ins Spiel. Mit diesem Sensorium arbeiten die „Pull-Faktoren", die uns in den Möglichkeitsraum hineinziehen. So erschließen wir uns ein Spektrum von Verhaltens- und Handlungsoptionen. So rückt „Empathie" in den Kern der Nachhaltigkeitsstrategie. Sie ist eine erneuerbare Ressource, von deren Wachstum alles abhängt. Wir brauchen sie in Zukunft dringender als Seltene Erden oder Algorithmen.

Ulrich Grober ist Publizist und Journalist. Seine Themenfelder sind Kulturgeschichte und Zukunftvisionen, Naturerfahrung, Nachhaltigkeit und Ökotourismus.

Zur Vertiefung empfohlen:

– Grober, Ulrich: Die Entdeckung der Nachhaltigkeit – Kulturgeschichte eines Begriffs. Antje Kunstmann Verlag, München 2010
– Grober, Ulrich: Neu Maß nehmen. Essay. In: Morgenland – Denkpfade in eine lebenswerte Zukunft. Sondernummer der Zeitschrift *Politische Ökologie*. oekom Verlag, München 2019

Peter Strasser

Das Janusgesicht der Nachhaltigkeit

Moralischer Universalismus und Umweltschutz

„Nachhaltigkeit" zählt zu den Begriffen, welche die Sache, auf die sie angewendet werden, durch ihre Anwendung bereits als gerechtfertigt erscheinen lassen. Wird etwas „nachhaltig" betrieben, so erübrigt sich die Frage, ob es denn auch gut oder schlecht sei. Doch gibt es Unternehmungen, die gerade deshalb, *weil* sie nachhaltig – und dabei womöglich „Generationen übergreifend" – wirksam sind, vermieden werden sollten. Darunter fällt zum Beispiel die Erzeugung von Jahrtausende radioaktiv strahlendem Atommüll oder die massenhafte Strom- und Wärmegewinnung aus Kohlekraftwerken.

Ursprünglich stammt der Begriff der Nachhaltigkeit aus der Forstwirtschaft. Bereits 1713 verfasste Hans Carl von Carlowitz, damals Oberberghauptmann im Erzgebirge, eine *Haußwirthliche Nachricht und Naturmäßige Anweisung zur wilden Baum-Zucht*, lateinisch: *Sylvicultura oeconomica*. Dort findet sich der Grundsatz, dass jährlich nicht mehr an Baumbestand gefällt werden solle, als in derselben Zeit insgesamt nachzuwachsen imstande sei. Heute indessen haben wir eine völlig neue Lage vor uns. Angesichts des ökonomisch profitablen Abholzens der tropischen Regenwälder in Brasilien und anderswo gelangt das Thema „Nachhaltigkeit", nicht zuletzt wegen der damit einhergehenden Bedrohung des gesamten Ökosystems aus Flora und Fauna, auf die Agenda jener Umweltsünden, welche die Menschheit insgesamt betreffen. Und das ist gut so. Doch zugleich entsteht eine prekäre Situation, die – um ein Bild aus dem Mühle-Spiel zu verwenden – Doppelmühlen im dichtvernetzten System der Überlebensproblematiken eröffnet.

Die Befriedigung der Profitgier großer Holzverarbeitungs- und Bodenerschließungskonzerne ist Teil von Kosten-Nutzen-Rechnungen, deren Verfechter im Sinne einer Gemeinwohlbilanz mit der Belebung der lokalen Wirtschaft und der Erschließung neuer industrieller Standorte argumentieren. Außerdem werden die gerodeten Flächen zum Anbau von Nutzpflanzen, namentlich Soja, verwendet, was den ansässigen Bauern zugute kommt. Negative Langzeiteffekte mit weltweiten Auswirkungen stehen auf diese Weise gegen kurzfristige Lebenserleichterungsszenarien in armutsgeplagten Regionen. Für die Verrichtung schwerer, gefährlicher Arbeit weit jenseits der 40-Stunden-Marke wird meist nur ein Niedriglohn bezahlt, der gerade zum Überleben reicht. Wer wollte hier, konfrontiert mit der oft lebensbedrohlichen Not der Bevölkerung vor Ort, die Verletzung des Carlowitz'schen Nachhaltigkeitsgrundsatzes einmahnen?

Die gestellte Frage ist rhetorisch. Alle moralischen Bewertungsmaßstäbe, die wir an eine fragwürdige Situation anlegen, gehen längst nicht mehr von der Ungleichheit der Menschen, womöglich eines Naturrechts (siehe Erläuterung) auf schonungslose Ausbeutung oder einer gottgewollten Überlegenheit des christlichen Kapitalisten aus. Unsere Ethik ist keine eurozentristische mehr. Deshalb sind wir verpflichtet, den Schutz der Umwelt und des Klimas gegen mannigfache menschliche Bedürfnisse abzuwägen, ebenso gegenüber Rechten, die heute weithin als „unverletzlich" gelten. So etwa heißt es im Artikel 1, Absatz 1, des geltenden deutschen Grundgesetzes: „Die Würde des Menschen ist unantastbar."

Es waren die großen Aufklärer, allen voran Immanuel Kant (1724–1804), welche argumentierten, dass allen Menschen die gleiche Würde zukomme, weil jeder Mensch kraft seiner Anlage zur Vernunft ein „Zweck an sich" sei. Demzufolge dürfe er niemals bloß als Mittel zum Zweck fremder Interessen „gebraucht" werden. Dabei handelt es sich um eine Formel, die, ganz gegen die jahrhundertelang herrschende kirchliche Praxis, ebenso aus dem Christentum herleitbar ist. Jeder Mensch ist demnach als eine *Imago Dei* (lateinisch für „Abbild Gottes") zu achten und darf unter keinen Umständen erniedrigt werden.

Schließlich forderte John Stuart Mill (1806–1873), indem er von dem allgemeinmenschlichen Grundbedürfnis nach Wohlbefinden ausging, für alle Menschen die gleichen Freiheiten – und damit auch dieselben Rechte –, soweit sie mit den gleichen Freiheiten aller anderen vereinbar seien. Damit waren die Grundzüge einer universalistischen Ethik gelegt. Was immer in einzelnen Nationen an traditionellen Sondermoralen Bedeutung haben mochte, sie sollten mit dem „natürlichen Empfinden" des Menschen harmonieren.

Die heutigen Menschenrechtsdeklarationen ruhen auf dem sogenannten ethischen Universalismus (siehe Erläuterung); ebenso der sozialstaatliche Gedanke, der verhindern soll, dass Menschen unverschuldet in materielle oder psychische Not geraten, während die

Universalismus
von lateinisch *universalis* für „allgemein". Vorstellung, dass sich die Vielfalt der als Ganzheit verstandenen Erscheinungen auf allgemeinste (universale) Prinzipien zurückführen lässt. Im Bereich der Ethik führt dies zur Forderung, dass im Gegensatz zum Individualismus Rechte und Pflichten für alle Menschen in gleichem Maß gelten müssen und entsprechend auch alle den gleichen Anspruch auf Partizipation an den Gütern der Erde haben.

Schere zwischen Arm und Reich immer weiter aufgeht. Diese typischen Kennzeichen moderner Demokratien rücken aber die Forderung nach Nachhaltigkeit in eine Position, die keinen ethischen Vorrang genießt. Vielmehr ist sie in eine komplexe Dialektik aus fundamentalen Bedürfnissen, Forderungen und Rechten eingebunden (siehe Erläuterung).

In seinem Bericht aus dem Jahre 2004 hat der *Club of Rome*, basierend auf neuen Schätzwerten, seine Prognosen von 1972 nachgebessert. Bei laufendem Weltbetrieb wird der „globale Kollaps" rund um das Jahr 2030, spätestens für 2050, erwartet. Einzig die massive Einschränkung des Konsums, eine strikte Kontrolle des Bevölkerungswachstums und die sofortige Reduktion des Schadstoffausstoßes gegen Null (sowie eine Anzahl weiterer restriktiver Maßnahmen) könnten einen Zusammenbruch der uns bekannten Zivilisation verhindern. Die erforderlichen Einschränkungen und Nachhaltigkeitsstrategien müssten jedoch gleichzeitig und weltweit zum Tragen kommen. Das alles klingt regelrecht nach Fantasy-Literatur.

Gewisse Teile unseres Ökosystems haben wir bereits weitgehend vernichtet. Ein Beispiel: Der fortschreitende Tod der Korallenriffe scheint unvermeidlich, das Leerfischen der Meere ist in vollem Gange, die progressiv anhaltende Verschmutzung der Gewässer reduziert den noch vorhandenen Fischbestand zusätzlich. Das Rückgängigmachen solcher Phänomene wird teilweise Hunderte, ja Tausende von Jahren dauern. Trotzdem bleibt uns, falls wir überleben wollen, nichts übrig, als auf den ohnehin höchst unwahrscheinlichen Versuch zu setzen, die weltweit rasch wachsenden Schäden durch gebündelte Umweltstrategien wenigstens zu verlangsamen.

Und so charakterisiert sich unsere Epoche durch ein Entscheidungsproblem, das man kaum anzusprechen wagt: Sind wir, die schamlos privilegierten Bewohner der Konsumoasen dieser Welt, im Ernstfall bereit, gravierende Einschränkungen unseres Wohlstandes in Kauf zu nehmen? Oder aber werden wir doch lieber zusehen, wie der größte Teil der minderprivilegierten, geschundenen, dahinvegetierenden Menschheit zugrunde geht?

Politische „Realisten" mögen darauf setzen, dass riesige Volksmassen unter diktatorischen Regimen ein ökologisch „nachhaltiges" Dasein fristen könnten, freilich um den Preis, den dann vollständig kontrollierten Einzelnen – man denke zum Beispiel an China – auf dem Niveau einer Ameisenexistenz zu fixieren. Liegt darin die Zukunft des Anthropozäns, das heißt der „Epoche des Menschen"? Vom Standpunkt einer universalistischen Ethik, die von der gleichen Würde aller Menschen und den daraus ableitbaren öffentlichen Pflichten ausgeht, mutet die Politikoption des Realisten in höchstem Maße irritierend an, schwankend zwischen „Einsicht in die Notwendigkeit" und blankem Zynismus.

Negative Langzeiteffekte stehen gegen kurzfristige Lebenserleichterungen.

Doch wer die menschliche Würde für unantastbar und daher jede Form von verordneter Armut für illegitim hält, muss bereit sein, unter Umständen einen hohen Preis zu akzeptieren – namentlich die weitere Zerstörung der Umwelt durch einen ressourcenintensiven Lebensstil, auf den nicht nur wir, die primären Wohlstandsnutznießer, Anspruch haben. Würdevoll zu leben setzt voraus, dass eine gleichermaßen gerechte, freie und selbstbestimmte Existenz auf dem Planeten allen Menschen möglich und dabei de facto zugänglich scheint.

„Handle so, dass Deine Kinder und Kindeskinder in Zukunft mindestens ebenso wohlbefindlich werden leben können wie du heute selbst!" Dieses generationenübergreifende Prinzip der Nachhaltigkeit mag den Eindruck erwecken, als ob es sich bloß auf die Sorge um die eigenen Nachkommen und – im weiteren Sinne – die Nachkommen derer bezöge, die uns nahestehen, seien es Angehörige der eigenen Familie, der eigenen Kultur oder Nation. Daher muss man, von einer universalethischen Warte aus, dagegen fragen: Und was ist mit den Milliarden Menschen, die unsere Erde sonst noch tragen und ernähren muss?

Offenbar ist das Prinzip der Nachhaltigkeit von anderer Art als eine Regel, die es verbietet, einen Betrug oder Mord zu begehen. Auch wenn die Welt im Übrigen so bleibt, wie sie ist, ob gut oder schlecht, arm oder reich – es ist moralisch im Allgemeinen besser, wenn man einander nicht betrügt oder ermordet. Demgegenüber hat das Prinzip der Nachhaltigkeit merklich positive Effekte nur unter der Bedingung, dass ein beachtlicher Teil der Menschheit willens und imstande ist, sich nach ihm zu richten. Vereinzelte, individuelle oder lokal begrenzte Initiativen mögen zwar gut gemeint sein, aber zukünftigen Generationen würde dadurch wohl kaum eine gute oder sogar bessere Welt hinterlassen.

Abbildung:
Auto (Car)
Inge Mahn, 2016
Gips auf Eisenkonstruktion und Plastikschlauch, 112 × 104 × 61 cm

Installationsansicht, Galerie Kadel Willborn, Düsseldorf, 2016

Mit freundlicher Genehmigung der Galerie Kadel Willborn, Düsseldorf

Naturrecht
Ein aus den werthaft interpretierten Naturvorgängen ableitbares, dem jeweils faktisch geltenden Recht übergeordnetes, dieses fundierendes (sozusagen natürliches) Recht, das keiner menschlichen Setzung oder Übereinkunft bedarf.

Zur Dialektik der Nachhaltigkeit

Mai 2020. Monatelang lebten wir unter dem Schock des Corona-Virus, welches die Regierungen in Europa dazu veranlasste, das öffentliche Leben auf die Betriebe der Grundversorgung zu reduzieren, Aus- und Einreiseverbote für Menschen und Waren zu verhängen – bis hin zu Quarantänemaßnahmen. Kein Wunder also, dass sich unter dem gewaltigen Schock des gesellschaftlichen Stillstandes die Idee der Relokalisierung als eine Form der moralisch wünschbaren Nachhaltigkeitssicherung plötzlich großer Beliebtheit erfreute.

Demnach soll nachhaltiges Wirtschaften und Produzieren dadurch entstehen, dass ökonomische und technische Leistungen nicht mehr nach außen – in zum Teil weit entfernte Länder mit unsicheren politischen Verhältnissen – verlagert werden. Was man zuhause tut, ist folglich gut getan und jedenfalls besser als eine Warenproduktion, die sich rastlos rund um den Erdball bewegt. Wir müssen – so ist vielstimmig zu hören – uns wieder auf uns selbst besinnen, besonders auf die autonome Produktion des Eigenbedarfs nicht nur an Grundnahrungsmitteln, sondern auch an hochtechnologischen Erzeugnissen, beispielsweise pharmazeutischen Stoffen und Gerätschaften. Wir sollten zwar weiterhin dem zwischenstaatlichen Verkehr in Handel und Tourismus geneigt bleiben, zugleich aber den globalen Marktzwängen entkommen. Auch sollten wir zukünftig die ohnehin begrenzte Freizügigkeit des Personenverkehrs nicht mit einem Freibrief für ungehemmte Kapitalflüsse und progressive Produktionsmengen *round the world* verwechseln ...

Das alles waren und sind gute Vorsätze. Nichts gegen den lokalen Erfindungsreichtum; gegen nationalstaatliche Schutzmaßnahmen für Inlandsbetriebe und agrarische Genossenschaften; gegen Förderungen des ökologischen Kleinunternehmertums unter den Fairnessregeln der Europäischen Union. Freilich, begleitend wären schlagende Maßnahmen erforderlich, die den reichen und superreichen Geldschiebern und Steuerflüchtlingen das Handwerk legten. Trotzdem würden – das ist ein ernüchterndes Fazit – Offensiven der Relokalisierung nicht jenen Wohlstand zu ersetzen vermögen, der durch die Globalisierung überhaupt erst möglich wurde.

Dialektik
von altgriechisch *dialegesthai* für „sich unterhalten", „Rede und Gegenrede führen". Allgemein: Methode, die einer Sache innewohnende Gegensätzlichkeit beziehungsweise gegenläufige Tendenzen eines Prozesses in vermittelnder Weise zu fassen respektive durch Überwindung scheinbarer Gegensätze Erkenntnisse zu erlangen.

der blaue reiter

Wir gehören zu den Privilegierten. Würden wir es mit dem Vorsatz der Relokalisierung ernst meinen, dann müssten wir uns mit einem Wohlstandsniveau begnügen, das um vieles niedriger läge, als wir es seit vielen Jahrzehnten gewohnt sind. Dazu werden die meisten von uns keinesfalls freiwillig bereit sein, schon gar nicht jene ökologisch entflammten Grünwähler der Mittelschichten, die gerne Wasser predigen und Prosecco trinken. In der Praxis stehen viel zu viele von uns angeblich hilflos – und nicht wenige von uns darüber hinaus ressentimentgeladen – jenen Millionen und Abermillionen Menschen gegenüber, die Tag für Tag verhungern, verdursten, an Mangelkrankheiten, Dürren und Kriegen, an Fluchtbewegungen über Land und Meer zugrunde gehen.

Und vergessen wir angesichts unserer ökonomischen Sorgen nicht, dass auch der moralische Universalismus, der allen Menschen die gleiche Würde zuspricht, die Folge einer globalen Erweiterungsbewegung war und sein sollte. Christentum, Humanismus und Aufklärung prägten die „Kontur des Westens". Ihr ist es zu verdanken, dass internationale Organisationen entstanden, die – trotz waffenstarrender Nationalismen und massenhafter Armut – den Gedanken der einen Menschheit, des Weltethos und Weltfriedens beharrlich einmahnen. Was immer Relokalisierung bedeutet, sie darf, unter dem Schlagwort der Eigenverantwortung, zu keiner Schwächung unseres Humanitätsstrebens führen.

Früher hieß es: Was wir brauchen, ist mehr Nachhaltigkeit, und zwar in den meisten Lebensbereichen. Unsere Produkte sind zu schnelllebig, unsere Technologien zu wenig umweltbewusst, unsere sozialen Beziehungen zu sehr auf rasches Glück ausgelegt. Der Kapitalismus benötigt ständiges Wachstum, das ohne Marktüberhitzungen immer weniger zu haben ist. Und unsere Politik tut scheinheilig generationenbewusst, während sie für den populistischen Erfolg alle Zukunftsbedenken über Bord wirft... Dieser Klagekatalog ließe sich beliebig erweitern, zumal dann, wenn wir uns bewusst machen, dass die Weltbevölkerung die Acht-Milliarden-Grenze bald erreicht und überschritten haben wird.

Paradigmatisch für den Nachhaltigkeitsdiskurs war – und ist – die Forderung nach einer Regulierung des weltweiten Energieverbrauchs, der Senkung weltweit freigesetzter Schadstoffe, der Bekämpfung weltweit grassierender Armut, der Eindämmung des weltweiten Raubbaus an Rohstoffen. Gegen all diese Missstände, welche die Zukunft der Menschheit und jedenfalls den Weltfrieden – der ohnehin eine Fiktion ist – bedrohen, sollten nachhaltige Maßnahmen gesetzt werden. So ging die Rede, die Brandrede – Greta Thunberg, 16-jährig: „*I want you to panic*", Davos, 25. Jänner 2019 –, bis Anfang 2020 das neue Virus seinen Auftritt hatte. Die Kassandrameldungen von gestern haben ihre Gültigkeit gewiss nicht verloren. Aber die Befürchtungen, was allfällige Kollateralschäden einer strikten Nachhaltigkeitspolitik betrifft, haben an alarmierender Aktualität gewonnen. Hier die wichtigsten Einwürfe im Telegrammstil: Eine weltweite Bekämpfung der Armut hätte zurzeit nur Aussicht auf Erfolg, indem – was immer sonst noch getan werden mag – eine grundlegende, zügige Umverteilung der Ressourcen erfolgte. Schätzungen zufolge entfielen im Jahr 2019 auf ungefähr 10 Prozent der Weltbevölkerung fast 45 Prozent des weltweiten Vermögens; mit zwei Prozent – kaum vorstellbar! – musste sich die Hälfte der Weltbevölkerung begnügen. Es steht zu befürchten, dass durchschlagende Maßnahmen zur Herstellung einer gerechteren Vermögenslage die Märkte einbrechen ließen und das Arm-Reich-Gefälle noch steiler würde, gemäß der Diagnose eines der reichsten Männer auf dem Planeten, Warren Buffett: „*It's class warfare, my class is winning, but they shouldn't be.*" (CNN, 19. Juni, 2005; englisch für: „Es herrscht Klassenkampf, meine Klasse gewinnt, aber das sollte sie nicht.")

Ein analoges Ergebnis liefern die heute bekannten, nachhaltig wirksamen Strategien zur Bekämpfung des Klimawandels – mit Ausnahme des seinerseits äußerst problematischen Atomstroms. Sie hätten, bei den vorhandenen Zeitfenstern zur Lösung des globalen Problems, entsprechend den zitierten Prognosen des *Club of Rome* katastrophische Nebenwirkungen. Durch die erforderliche, massive und zügige Reduktion der Schadstoffemissionen würden in weiten Teilen der Welt die vorhandenen Wachstumspotenziale zum Erliegen kommen oder, um Vieles wahrscheinlicher, ins Negative kippen.

Wollte man versuchen, die heutigen Entwicklungsländer – ein zynischer Name nach einer langen Zeit der Ausbeutung-plus-Entwicklungshilfe – auf das westliche Wohlstandsniveau anzuheben, dann müssten sich, wegen des immensen Mehrverbrauchs an billigen Energien, die Luftverschmutzung und der Treibhauseffekt über jedes kontrollierbare Maß hinaus beschleunigen. Wir alle könnten nur mit Schutzgeräten ins Freie, weil ansonsten unsere Schleimhäute, Lungen und anderen Organe, inklusive unserer Haut, aufgrund eines Gemischs aus Stickstoff, Säure und kosmischer Strahlung schwer beschädigt würden.

Ein vorläufiges Resümee

Wohin also geht die Reise der Nachhaltigkeit? Der Gemeinspruch, dem zufolge uns das Hemd näher sei als der Rock, bringt einen menschlichen, allzu menschlichen Grundwiderstand gegen so etwas wie „globale Empathie" zum Ausdruck. Mitgefühl mit den „Brüdern und Schwestern" in Not, ohne Ansehung des Ortes und der Person – das ist christliches, humanitäres Erbe. Dieses blieb aber ein bisher weitgehend abstrakter Appell an die *caritas* (lateinisch für „Nächstenliebe"). Das hochherzige Ziel von deren Verfechtern ist die Durchsetzung eines universalethischen Umweltkredos, wie es sich aus dem Prinzip der Nachhaltigkeit ergibt und gerade in den ärmsten Regionen des Planeten – elf Prozent der Weltbevölkerung hungert! – bis heute Wunschdenken geblieben ist.

Nicht wenige Populisten optieren mehr oder weniger unverhohlen für eine antiuniversalistische Ökologie. Diese beläuft sich, krude gesagt, darauf, unseren Wohlstand mit so ziemlich allen Mitteln, und sei es notfalls militärischen, zu verteidigen. Denn – so die Nachhaltigkeitsrhetorik – um hierorts wieder „im Einklang mit der Natur" zu leben, ist ein Reformprozess notwendig, dessen miteinander verzahnte Unternehmungen sich zu dem kostenintensivsten Projekt aller Zeiten aufsummieren. Ein solches Projekt hätte indessen keine Chance, wollten acht, neun Milliarden Menschen daran gleichberechtigt teilnehmen und davon profitieren ...

Daher scheint die Befürchtung nicht allzu weit hergeholt, wonach unserem endlos geschundenen Planeten schier endlose Kämpfe um Ressourcen und Lebensräume drohen. Man ist an Oswald Spenglers düsteres Diktum erinnert: „Menschengeschichte ist Kriegsgeschichte". Unser humanistisches Aufklärungserbe, das gerne beschworen, aber weithin ignoriert wird, fordert hingegen: Menschengeschichte soll Nachhaltigkeitsgeschichte werden!

Peter Strasser war Professor für Philosophie an der Universität Graz.

Zur Vertiefung empfohlen:

– Strasser, Peter: Des Teufels Party. Geht die Epoche des Menschen zu Ende? Verlag Sonderzahl, Wien 2020

Gregory Fuller

Das Ende der Utopien

Von der heiteren Gelassenheit im Angesicht der ökologischen Katastrophe

Aufgrund des gegenwärtigen Kohlendioxidausstoßes wird sich die Aufheizung der Erde um 2°C bis zum Jahr 2100 nicht eingrenzen lassen. Die Umweltbemühungen der Regierungen weltweit werden nicht viel fruchten, sie sind zu zaghaft und kommen viel zu spät. Aber wie reagiert man darauf? Wie kann man damit umgehen?

Düstere Dystopien haben seit einigen Jahrzehnten das utopische Feld besetzt. Sie lösten und lösen die einst beliebten, hoffnungsfrohen Utopien ab, zunehmend seit Orwells *1984* (1949) und Bradburys *Fahrenheit 451* (1953). In allen medialen Formen findet man sie: in Büchern wie Cormac McCarthys *Die Straße* (2006), Maya Shepherds *Radioactive*-Büchern; in vielen Filmen wie dem Klassiker *Soylent Green* (1973), *Waterworld* (1995), *Elysium* (2013) und *Bladerunner 2049* (2017). Sie werden von Jung und Alt goutiert. Warum? Vermutlich, weil aus der ökologischen Endzeitstimmung[1] heraus ein Bedürfnis nach sozusagen endzeitlicher Begleitung entstand. Die neuen Dystopien drücken die Jetzt-Zeit in Schrift und Bild aus, sie schenken dem vagen Gefühl einen greifbaren Ausdruck, sie objektivieren die Ängste und machen sie so psychisch verarbeitbar.

Die Erde geht noch in diesem Jahrhundert der extremen Aufheizung entgegen. Da CO_2 bis zu 120 Jahren in der Atmosphäre verbleibt, würde sich selbst bei sofortigem (utopischem) Stopp aller CO_2-Immissionen der Treibhauseffekt weiterhin massiv verstärken. Weil die übersäuerten und mit Plastikabfällen befallenen Weltmeere und die schwindenden Waldflächen immer weniger CO_2 aufnehmen können, potenziert sich der Treibhauseffekt. Schon bei einer planetarischen Aufheizung um 5°C wäre ein Überleben für weite Teile der Weltbevölkerung unmöglich. Ganz abgesehen von Ernährungsproblemen, vom Süßwassermangel, von Hitzesommern und extremen Wetterausprägungen ungeahnten Ausmaßes, bedingt die planetarische, menschengemachte Aufheizung mehrere Rückkopplungen: Jedes Jahr erfährt jetzt auch der reiche Westen Dürren und einen Waldbrand nach dem anderen, was wiederum den Treibhauseffekt verstärkt. Der Aufheizeffekt trifft die polaren Eisschilde mehrfach, das heißt sie schmelzen rapider als vor 20 Jahren angenommen, und zwar in allen Monaten im Jahr, wie der Weltklimarat feststellt.[2] Die Frage ist nicht *ob*, sondern *wann* der Kipppunkt der Aufheizung erreicht sein wird. Kurz: Die Weltvernichtung der westlichen Neuzeit ist derart fürchterlich und rasant, dass ich die Vernichtung „*beschleunigtes* Superparadigma" der Menschheit nenne (siehe Erläuterung).[3] Wie reagiert man auf die fortgeschrittene Mitweltzerstörung? Hat man einmal erkannt, dass die Reformen der Regierungen weltweit nicht viel fruchten werden – denn wir werden reformierend untergehen –, bedeutet diese Erkenntnis, dass die Umweltbemühungen zu klein sind und viel zu spät kommen. Man muss also mit Michel de Montaignes Akzeptanzlehre einsetzen[4]: Man lerne, diese Todesautobahn der Menschheit zu akzeptieren, wie Montaigne seinen eigenen Tod (von Seneca beeinflusst) akzeptierte. Man lasse die Hoffnung fahren. Man mache sich die Akzeptanz des kollektiven Todes zu eigen.

Das ist der erste Schritt, eine Reaktion auf das Unabwendbare. Diese Reaktion wird objektiv begründet durch unseren gesamten zivilisatorischen Werdegang, durch unsere unheilbringende Dominanz über alle anderen Arten auf diesem Planeten. Die Menschheit war *allzu* erfolgreich bei der Durchsetzung ihrer Spezies; die global agierenden Kapitalisten waren *allzu* erfolgreich in ihrer totalen und rücksichtslosen Ressourcenausbeutung des gesamten Planeten. Und nun wird uns die Rechnung präsentiert. Die Vernichtung der Spezies, die Verwandlung der Kontinente und nun auch der Weltmeere in Müllhalden, die Ausquetschung aller verfügbaren Ressourcen aus dem Planeten haben ihren Preis. Jetzt werden wir zur Kasse gebeten für unseren fortgesetzten, inzwischen vorsätzlichen Frevel.

Wir haben gut gelebt. Noch vor wenigen Jahren glaubten wir, es würde just so weitergehen. Wir unterlagen einer kollektiven Täuschung. Daher müssen wir kollektiv die Rechnung begleichen, da der gestrenge Wirt, der Sensenmann, an unseren Tisch tritt und die Riesenrechnung auf den Tisch knallt.

Der Tod, schrieb Montaigne, gehört zum Leben dazu: „Wer die Menschen das Sterben lehrte, der lehrte sie das Leben." Hängt man nicht mehr so stark an den Gütern dieser Welt, erfährt man den Tod mit weniger Entsetzen. Weder fliehe man vor dem eigenen Tod noch vor dem Tod der Spezies. Beides erscheint uns unnatürlich. Da alles eitel ist, lerne man die Akzeptanz des kollektiven Todes als natürlich – als bedauerlich, gewiss – anzunehmen. Sie entsteht als Folge unserer Unvernunft, die wir jahrhundertelang als Vernunft deklarierten. Jahrhundertelang glaubten wir, nur den Segen von Naturwissenschaft, Technologie und Kapitalismus ernten zu dürfen. Wir nahmen die Janusköpfigkeit der Technologie und der naturwissenschaftlichen, kapitalistischen Weltdurchdringung nicht ernst. Nun bahnt sich die Zerstörungskraft der kapitalistischen Technologie unbeirrt ihren Weg in die kapitulierende Natur. Das gilt es zu akzeptieren. Ein großer und mutiger Schritt auf dem Weg zur Gelassenheit. Doch ein objektiver Trost existiert nicht. Da ein objektiver Ausweg sich durch die fortgeschrittene Zerstörung von allein verbietet und ein objektiver Trost ins Reich der Träume abwanderte, wird man ganz auf das Subjekt zurückgeworfen. *Wie* wir auf die ökologische Katastrophe reagieren, nur das zählt jetzt. Denn *dass* wir reagieren, dafür sorgt das beschleunigte Superparadigma der Zerstörung von allein.

Trost können wir nur in uns selbst finden.

Wir stehen vor der harten Wahl, *für uns selbst*, nicht für die Mitwelt, eine oder mehrere „Lösungen" zu finden. Lösungen in Anführungszeichen: Eine objektive Lösung, eine realistische Umkehr zur Nachhaltigkeit rückt nirgends in Sichtweite. Nun wird man ganz auf das Subjekt, also auf sich selbst zurückgeworfen, nachdem die Objektivität der Menschheitsentwicklung vollkommen versagte.

Es bieten sich vier Lösungen oder besser gesagt Antworten an, um sich selbst seelisch zu retten und nicht in haltlose Depression zu verfallen angesichts der ökologischen Ausweglosigkeit. Die Lösungen oder Antworten sind nicht alternativ gedacht. Möglich, dass man alle vier Lösungswege beschreitet. Möglich, dass man drei Wege auswählt oder zwei oder einen. Die Wahlmöglichkeiten sind in einem positiven Sinn willkürlich, vom einzelnen je nach Gusto zu wählen. Die harte Objektivität erzwingt nur irgendeine Antwort. Nach unserer Akzeptanz der Neuen Hoffnungslosigkeit sind wir wunderbar frei, eine Antwort für das Selbst zu finden und auszuleben, auf dass es uns psychisch gut ergehe. Man suche und finde Sinn in den eigenen Lebenslösungen, nicht in einem objektiven Ganzen. Denn, um Georg Wilhelm Friedrich Hegel ironisch zu paraphrasieren, das Ganze ist das Unwahre (geworden).

Die erste Lösung oder Antwort: Diesen Weg beschreiten die vielen großartigen Ökologiebewegungen, die sich heftig für Nachhaltigkeit und Naturerhalt einsetzen, von Greenpeace bis Extinction Rebellion. Die Teenager und Twens der Fridays-for-Future-Bewegung besitzen mehr Weitblick und Einsicht als alle Politiker der Welt zusammengenommen, halten den Unfähigen täglich den Spiegel ihres Unvermögens und ihrer Kurzsichtigkeit vor. Allein, in der ökologischen Endzeit weist ihr friedlicher Kampf eine fast camushafte absurde Heroik auf. Es ist wünschenswert, jeden Baum, jede Ökonische, jede Tierart zu erhalten, die man kann. Insofern darf man das Engagement nicht als vergeblich bezeichnen. Im Ganzen jedoch, als Ziel der Welterhaltung, muss ihr Kampf scheitern. Er kommt zu spät. Wenn man aber diesen Weg einschlägt, gerade im Bewusstsein von dessen absurdem Charakter, dann kennzeichnet eine trotzige Heldenhaftigkeit diesen Weg. Viel Mut gehört dazu. Es ist die Wahl der Würde. Man hat alles getan, um die Mitwelt zu retten. Man hat ein Bäumchen gepflanzt, man hat einen Teich erhalten und lautstark gegen Abholzung und Kohleverbrennung und Meeresverschmutzung protestiert. Alles zurecht. Man legt eine absurde Endzeitwürde an den Tag. Man wünscht diesen tapferen Menschen viel Glück, aber am Ende ihres Weges wird kein Happy End warten.

Die zweite Antwort: Sie erfordert viel weniger Mut als die erste Antwort und schließt diese nicht aus.

Im naheliegenden Alltag liegt ein unprätentiöses Glück, aber nicht verborgen. Familie, intensive Partnerschaft, Freundschaften, gute Nachbarschaft und Hilfsbereitschaft vielen Menschen gegenüber, soziales Engagement und Mitmenschlichkeit sind zu nennen. Wenig lässt sich dazu ausführen, so selbstverständlich sind diese Beziehungen. Für andere und nicht nur für sich selbst tätig zu sein, bleibt eine Lebensrechtfertigung, die keiner weiteren Rechtfertigung bedarf. Die unmittelbaren menschlichen Beziehungen mit einem geliebten Menschen und mit Familienmitgliedern oder Freunden sind ein großes Glücksreservoir, für eine große, nicht zu vernachlässigende Erfüllung. Gerade im Hinblick auf die ökologische Endzeit schätze man die menschlichen Beziehungen hoch ein. Sie scheinen selbstverständlich, sind es aber nicht; sie scheinen banal, sind es aber nicht. Wenn eine geliebte Person

Abbildung:
to heaven or hell
Werner Seltier, 2005;
Treppe auf dem
Plomb du Cantal.
Fotografie,
horizontal gespiegelt

stirbt, verwandelt sich das als normal Empfundene in das größte Unglück. Gerade die Absehbarkeit der Endlichkeit des eigenen Lebens und das der geliebten Menschen sowie die Absehbarkeit des Speziestodes erzwingen sogar ein intensiv gelebtes, humanes Beziehungsleben.

Die dritte Antwort: Ironischerweise sollte man das, was wir im Eilmarsch zerstören, unbedingt genießen: die Restnatur. Von ihr kommen wir, in sie gehen wir schließlich ein. Von Naturbelassenheit kann freilich keine Rede mehr sein. Nur an den Polen, auf Island, in den Bergen bedingt und in den Wüsten der Welt kann man noch reine Natur genießen. Aber jede Wiese, jeder Wald, jedes schöne Tal, jedes Bergpanorama und nicht zu vergessen der Sternenhimmel laden uns ein zum Naturgenuss. Auch „schön“ kann man die Natur und die Galaxis finden. „Objektiv“ ist der Begriff des „Naturschönen“ problematisch; was schert es uns. Es geht um den rein subjektiven Genuss, der keiner Begründung bedarf. Jeder Garten, jeder begrünte Balkon, jeder Herbstwald und jede in Ruhe getränkte Schneelandschaft bietet sich all unseren Sinnen dar. Man genieße die Restnatur psychisch und ästhetisch.

Die Natur, die ich realistischerweise Restnatur nenne, birgt ein gewaltiges psychisches und physisches Gesundheitspotenzial für den Menschen. Man scheue sich auch nicht, die Natur zu romantisieren. Und wenn auch? Man weiß ja, welche Verbrechen wir ihr angetan haben und muss sie sich nicht jede Minute vergegenwärtigen. Niemand verbietet dem genießenden Subjekt die Naturromantik. Schließlich war die deutsche Romantik des 19. Jahrhunderts Naturromantik pur – und ein kultureller Höhepunkt in Deutschland. Dazu gehört hierzulande insbesondere der Wald. Die Japaner nennen eine intensive Waldbegehung „im Wald baden“ (*shinrin yoku*). Man genieße die Natur mit Respekt, ja Demut, ja mit Wehmut ob ihres Verschwindens. Normen, wie man die Natur zu genießen hat, interessieren dabei nicht. Das japanische „Waldbaden“ bedeutet, mit Aufmerksamkeit und Achtsamkeit langsam durch den Wald zu gehen, schrundige Baumrinden vorsichtig zu berühren und den Wald zu riechen. Das wirkt entschleunigend und bildet so ein kleines Gegengewicht zur Beschleunigung, die diese Gesellschaft fest im Griff hat. Alles, was der beschleunigten Zerstörung zuwiderhandelt, ist gut für Mensch und Natur. Untersuchungen haben ergeben, dass Waldbaden die Konzentration des Stresshormons Cortisol im Körper senkt, welches das Immunsystem unterdrückt. Das Waldbaden kann man auf die gesamte Natur ausdehnen. Für viele Menschen gibt es nichts Schöneres als „in der Natur zu baden“.

Subjektiver Genuss bedarf keiner Begründung.

Die vierte Antwort: Man konzentriere sich insbesondere auf die bedeutendsten Produkte, welche die Menschheit seit dem Gilgamesch-Epos und seit der paläolithischen Kunst hervorbrachte: die Kunstprodukte. Sie weisen durch die Bedeutung, die sie hervorrufen und die wir in ihnen entdecken, über sich hinaus. Sie sind das, was sie sind und, durch ihren Verweisungscharakter, das, was sie nicht sind. Nur ein freies, freudiges Rezipieren und Produzieren von Kunstwerken gibt einem Menschen mehr, als man selbst erzeugen kann (wenn man nicht gerade Gerhard Richter heißt).

Das bemühte Entschlüsseln eines Kunstprodukts soll man bleibenlassen. Als Endzeitantwort auf die buchstäblich sinn-lose Vernichtung der Mitwelt geht es darum, über dieses zerstörerische Geschlecht hinauszuweisen. Am geeignetsten dafür sind die wundervollen Kunstprodukte, die durch ihren Verweisungscharakter auf ein Mehr hindeuten. Ich führe bewusst keine Beispiele an, da jeder Mensch sich seine eigenen, liebsten Kunstwerke suchen mag. In der Kunst betritt man Nietzsches Raum der freien Geister. Keine ästhetische Norm soll die Rezipienten beim Kunstgenuss behindern.

Überhaupt sind die ästhetischen Normen ganz aus der Diskussion verschwunden. Für Immanuel Kant lag in seiner *Kritik der Urteilskraft* ein Kernproblem der Ästhetik darin, zu bestimmen, was denn ein ästhetisches

Urteil sei und wie man es begründen kann. Gemeint ist, was ein gutes Kunstwerk von einem weniger guten oder schlechten Kunstwerk unterscheidet. Das Urteilsproblem ist heute so gut wie ganz aus der Diskussion verschwunden. Man weiß heute, dass Werturteile über Kunst mit größter Vorsicht zu genießen sind; am besten, man fällt keine, denn die ästhetische Empfindung ist von Individuum zu Individuum verschieden. Was wäre gewonnen, wenn die große und anmaßende Theorie den Kunstgenießenden ein schlechtes Gewissen macht, indem die Theorie feststellt, dass ein Lieblingskünstler kaum der Rede wert ist, vom Olymp der reinen Theorie aus betrachtet? Nichts wäre gewonnen. Man lasse sich daher nicht einreden, wie Kunst zu empfinden und zu erfahren sei. Hier ist man ganz frei.

Wenn man sich auf die Kunstwerke vertiefend einlässt, die man bevorzugt, kann man mit wenig Übung zur Kontemplation der Kunst gelangen. Wie das langsame japanische Waldbaden ist eine Kontemplation von Kunstwerken anzustreben: nicht nur, weil man mit dieser Versenkung der Kunst näherkommt und sie noch intensiver genießen kann. Sondern auch, weil man sich selbst dabei entschleunigt, wie beim Waldbaden. Und alles, was der Beschleunigung widerspricht, tut gut. Mit vertieftem ästhetischem Erleben kann man sogar körperliche Reaktionen fühlen: Es wird einem heiß im Kopf, es läuft einem kalt den Rücken hinab, die Herzfrequenz steigt. Ein Kunsterlebnis kann, wenn man Glück hat, buchstäblich überwältigend sein. Die Neuroästhetik hat überzeugend bewiesen, wie erstaunlich viele Hirnareale und welche Emotionszentren im Gehirn beim intensiven ästhetischen Erlebnis aktiviert werden.

Man soll sich auch nicht genieren, nach dem, was man als schön empfindet, in Kunstwerken zu suchen. Insbesondere in den USA gab es in den 1990er- und 2000er-Jahren eine heftige Debatte, ob Schönes in der Kunst denn nicht von Sozialproblemen ablenke und daher gar nicht mehr in den ästhetischen Diskurs gehöre. Die Diskussion wurde zugunsten des „Schönen", wie es in der älteren Ästhetik hieß, entschieden. Natürlich gehört Schönes in jeder Ästhetik dazu. Natürlich suchen und finden Menschen Schönes in der Kunst, das sie beglückt. Allerdings existiert „das Schöne" nicht. Das ist eine ältere und nicht mehr zulässige Wesenssetzung. Wir sprechen heute von Schönheitsempfinden, das kulturell und biografisch und je nach Primär- und Sekundärsozialisation von Individuum zu Individuum variiert. Der eine findet Tätowierung schön, der andere hässlich. Und gerade darum geht es: um eine ganz subjektive, persönliche und große Beglückung durch das eigene Schönheitsempfinden im Angesicht der Katastrophe.

Es geht um nichts anderes als um den ästhetischen Genuss. Indem er uns die besten Produkte der Menschheit vor Augen führt, vermag es der Kunstgenuss, die Ruhe der Gelassenheit zu erzeugen. Bedeutsame Kunstprodukte führen hinweg von den surrenden, metallenen Hochtechnologieerfindungen der Oberfläche hin zu den bedeutsamsten Produkten der Menschheit. Seit den urzeitlichen australischen Songlines, der jungpaläolithischen Kunst Europas und Indonesiens und der Notation im Gregorianischen Gesang, seit *Ilias* und *Odyssee* beweisen die Kunstprodukte, wie viel Gutes unsere Spezies erschaffen hat. Kunstgenuss führt in die Tiefe und wird dergestalt, im Angesicht der Zerstörung, zu einem Gegen-Bild der Vernichtung. Sich ernsthaft mit Kunst jeglicher Ausprägung zu beschäftigen wird in diesen unheilvollen Jahren zu einem Akt des Trotzes: Trotz der Mitweltvernichtung bestehe man gerade auf der Kunst, die sich schwächlich und vergeblich, freilich, der Zerstörung entgegenwirft. Sich intensiv mit der Kunst jeglichen Genres zu beschäftigen, bekräftigt das Gute in der Menschheit, und sei dieser leise Akt auch objektiv vergebens. Nur für sich selbst gelingt er.

Superparadigma
Unter Paradigmen versteht man in der modernen Wissenschaftstheorie seit Thomas S. Kuhn allgemein akzeptierte und als gültig vorausgesetzte Grundauffassungen bezüglich der Methoden und des Gegenstandsbereichs einer Wissenschaft. Nehmen die Widersprüche in einem bestehenden System durch neue Erkenntnisse überhand, kommt es nach Kuhn zu einer „wissenschaftlichen Revolution", sprich zu einem „Paradigmenwechsel". Die Vorsilbe „super" (lateinisch für „darüber", „oberhalb") bringt im Textzusammenhang zum Ausdruck, dass das genannte Paradigma allen anderen übergeordnet, weil faktisch unausweichlich ist.

Dr. Gregory Fuller lebt als freier Schriftsteller in Leinfelden-Echterdingen bei Stuttgart.

Anmerkungen:

1. Vergleiche Fuller, Gregory: Endzeitstimmung. Düstere Bilder in goldener Zeit. DuMont, Köln 1994
2. International Panel for Climate Control (IPCC – Weltklimarat): Special Report on the Ocean and Cryosphere in a Changing Climate. September 2019, www.ipcc.ch/reports, Summary
3. Fuller, Gregory: Das Ende. Von der heiteren Hoffnungslosigkeit im Angesicht der ökologischen Katastrophe. Ammann, Zürich 1993; 2., überarbeitete und erweiterte Auflage: Meiner, Hamburg 2017, Seite 105
4. de Montaigne, Michel: Philosophieren heißt sterben lernen. In: de Montaigne, Michel: Essais. Erstes Buch. Eichborn, Frankfurt am Main 1998, Seite 45 ff.

Zur Vertiefung empfohlen:

- Bardi, Ugo: Der geplünderte Planet. Die Zukunft des Menschen in Zeiten schwindender Ressourcen. Oekom, Bonn/München 2013
- Franzen, Jonathan: Wann hören wir auf, uns etwas vorzumachen? Rowohlt, Hamburg 2020
- Klein, Naomi: Die Entscheidung Kapitalismus vs. Klima. S. Fischer, Frankfurt am Main 2015
- Read, Rupert; Alexander, Samuel: Diese Zivilisation ist gescheitert. Gespräche über die Klimakrise und die Chance eines Neuanfangs. Meiner, Hamburg 2020

„Jeden Tag sind drei Teams mit je drei Arbeitern sowie der Unterstützung dreier Kehrmaschinen an der zusätzlichen Reinigung beteiligt. Darüber hinaus ist in den Fällen, in denen es notwendig ist, auch die Reinigung der Gräber vorgesehen, wobei jedoch daran erinnert wird, dass die Pflege und Dekoration der Gräber in der Verantwortung der einzelnen Eigentümer liegt, wie in der Friedhofsordnung … Artikel 63 im Rundschreiben des Gesundheitsministeriums vom 24. Juni 1993, Nr. 24 festgehalten." (Pressemitteilung des Verano-Friedhofs: „Die Kampagne gegen die Stare wird auch im Herbst 2017 fortgesetzt.") Aus der Arbeit AUSPICIA von Daniela Friebel, 2018, Pigmentdruck auf Baryt-Papier, 78 x 52 cm (Ausschnitt).

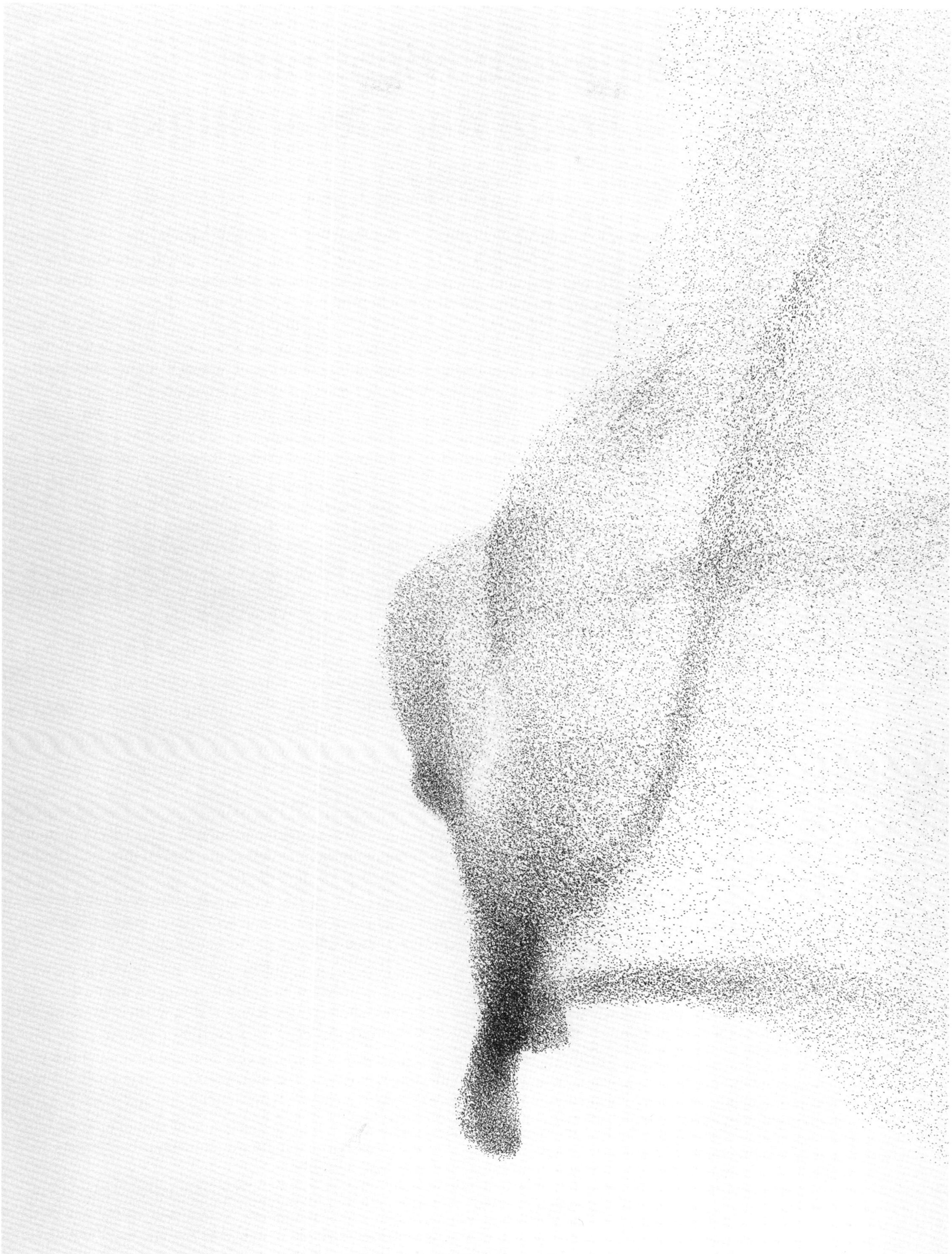

„Die meisten Ernährungsgewohnheiten des Stars haben sich entweder als nützlich für den Menschen oder als neutral erwiesen … Mit seiner Fähigkeit, sich an neue Umgebungen anzupassen, besitzt der Star eine fast unbegrenzte Kapazität für das Gute…" („Ökonomischer Wert des Stars." Landwirtschaftsministerium der Vereinigten Staaten, 1921.) Aus der Arbeit AUSPICIA von Daniela Friebel, 2018, Pigmentdruck auf Wallpaper, 33 x 22 cm, Detail einer fünfteiligen Sequenz.

Kira Meyer

Nachhaltigkeit: Nicht nur eine Frage der Gerechtigkeit

Wer eine nachhaltige Bewirtschaftung natürlicher Ressourcen fordert, muss nicht nur Fragen zum Thema Gerechtigkeit beantworten. Neben Problemen der gerechten Verteilung natürlicher Güter zwischen den aktuell lebenden und den nachfolgenden Menschen steht auch die Frage der Freiheit im Raum. Geht doch jede Einschränkung der Nutzung natürlicher Ressourcen mit einer Verminderung individueller wie kollektiver Freiheit einher. Welche Vorstellung des Verhältnisses von Mensch und Natur liegt solchen Fragen zugrunde? Stehen Natur und Kultur überhaupt im Widerspruch?

Seit seinem Aufkommen steht der Begriff der Nachhaltigkeit in engem Zusammenhang mit der Einschränkung der gegenwärtigen Nutzung natürlicher Ressourcen zugunsten zukünftiger Generationen. In seiner 1713 erschienenen grundlegenden Schrift zur Nachhaltigkeit *Sylvicultura oeconomica oder Hauswirthliche Nachricht und Naturgemäße Anweisung zur Wilden Baum-Zucht* fordert bereits Hans Carl von Carlowitz, dass Wälder im Interesse der Nachwelt dadurch bewahrt werden sollen, dass nur so viel Holz entnommen werden darf, wie problemlos nachwächst. Seit dem 18. Jahrhundert wurde diese Idee der Nachhaltigkeit stetig weiterentwickelt. Mittlerweile konkurrieren verschiedene Konzeptionen miteinander. Eine besonders verbreitete Konzeption bildet dabei die der nachhaltigen Entwicklung (englisch: *sustainable development*), welche von der Weltkommission für Umwelt und Entwicklung im sogenannten Brundtland-Bericht ausformuliert wurde. In diesem 1987 veröffentlichten Dokument wird unter der Annahme der Endlichkeit natürlicher Ressourcen auch die Frage aufgeworfen, ob es gerecht ist, zukünftige Optionen zu opfern, um aktuelle Lebensformen in ihrer Entwicklung nicht beschränken zu müssen. Die Grundbedürfnisse aller sollen befriedigt werden, ohne dabei die Chancen zukünftiger Generationen zu beeinträchtigen, auch ihre Bedürfnisse befriedigen zu können. Zusammengenommen müssen demnach die ökonomische *und* die soziale Entwicklung unter dem Vorzeichen der Nachhaltigkeit ausgestaltet werden.

Gerechtigkeit: Zwischen Generationen und Staaten

Doch um welche Art von Gerechtigkeit geht es genau? Zwei Bezugspunkte strukturieren die Debatte rund um Nachhaltigkeit und Gerechtigkeit: Zum einen das Verhältnis zwischen den Generationen, zum anderen dasjenige zwischen den Staaten.

Das Verhältnis zwischen Staaten rückt unter anderem aufgrund der massiven Ungleichverteilung des CO_2-Ausstoßes und des Ressourcenverbrauchs in den Fokus: Während einige wenige, vor allem westliche Staaten ihren Wohlstand durch eine frühere Ausbeutung natürlicher Ressourcen sowie eine schnellere Industrialisierung und die damit verbundene Umweltverschmutzung erlangten, stehen ärmere beziehungsweise weniger entwickelte Staaten noch vor solchen Schritten. Wäre es gerecht, ihnen dieselben Möglichkeiten zur Nutzung von Ressourcen zuzugestehen, auch wenn dies zu massiven Umweltschäden führen würde? Oder kann von den ärmeren Staaten gefordert werden, dass sie auf eine bestimmte Form der Entwicklung verzichten, um die Umwelt zu schützen? Mitunter wird auch die Forderung erhoben, dass die wohlhabenden Staaten stärkere Anstrengungen zur Erreichung einer nachhaltigen Wirtschaftsweise an den Tag legen müssen als ärmere. Dies könnte beispielsweise geschehen, indem sie einen höheren Anteil an CO_2-Einsparungen übernehmen als es ihrem aktuellen Anteil an den CO_2-Emission entspricht. Eine andere Möglichkeit des Lastenausgleichs wäre die Übernahme nennenswerter Anteile der Kosten durch die wohlhabenden Staaten, die für Maßnahmen zur Kompensation der durch Klimaveränderungen entstandenen Schäden in den ärmeren Ländern erforderlich sind.

Sind Freiheit und Natur Gegensätze? Schließen sich Freiheit und Naturverbundenheit aus?

Durch die ungleiche Verteilung der Folgen umweltschädlichen Handelns ergeben sich weitere gerechtigkeitstheoretische Fragen: Wenn vor allem die Länder des globalen Südens unter den Wirbelstürmen, Dürreperioden oder Überschwemmungen zu leiden haben, die durch das umweltschädliche Verhalten des globalen Nordens überhaupt erst befördert wurden – müssten dann nicht auch diejenigen Länder, welche durch ihr Handeln hauptsächlich für den Klimawandel verantwortlich sind, für die dadurch entstehenden Kosten aufkommen?

Das Herzstück der theoretischen Debatte um die Gerechtigkeit bildet jedoch die intergenerationelle Gerechtigkeit. Dabei steht die Frage im Mittelpunkt, ob und wenn ja, was gegenwärtige Generationen den zukünftigen schulden. Würde der Erhalt derselben Umwelt beziehungsweise der Ressourcen, wie die Gegenwärtigen sie besitzen, ausreichen? Sollte bloß ein bestimmtes Mindestmaß an intakter Umwelt sowie

der blaue reiter

Ressourcen, die auch geringer sein können als es derzeit der Fall ist, bewahrt werden? Oder ist es gar geboten, zukünftigen Generationen die Natur und ihre Ressourcen in einem besseren Zustand als derzeit zu hinterlassen? Das Sprichwort „Wir haben die Erde nicht von unseren Eltern geerbt, wir haben sie von unseren Kindern geliehen!“ bringt dabei die von vielen Menschen geteilte Intuition auf den Punkt, dass wir die Folgen unseres Handelns nicht auf die Nachkommenden abwälzen sollten.

Ethische Dimensionen der Nachhaltigkeit

Die genannten Fragen sind untrennbar verbunden mit Erwägungen über den moralischen Wert der uns umgebenden Natur. Denn um sich Klarheit darüber zu verschaffen, in welcher Weise natürliche Ressourcen für nachfolgende Generationen geschützt werden sollen, bedarf es einer Antwort darauf, welche Aspekte dieser Umwelt wertvoll sind. Genügt beispielsweise der Erhalt einer minimal intakten Umwelt oder ist sogar eine Verbesserung des aktuellen Zustands der Umwelt ein Erfordernis intergenerationaler Gerechtigkeit? Wenn zum Beispiel Pflanzen oder Tiere einen Wert an sich besitzen, das heißt auch unabhängig von ihrer Nützlichkeit für den Menschen als wertvoll erachtet werden, müssen diese geschützt werden. Nur weil zum Beispiel bestimmte Orchideen- oder Schlangenarten aktuell keinen erkennbaren Nutzwert für den Menschen haben, müsste für deren Existenz in einer natürlichen Umgebung dennoch Sorge getragen werden. Die ethischen Dimensionen von Nachhaltigkeit umfassen also mehr als nur Gerechtigkeit und damit verbundene Pflichten.

Wichtig ist auch das Verhältnis von Nachhaltigkeit und Freiheit. Denn wenn es in der Natur etwas gibt, dem wir unabhängig von seiner Verwertbarkeit einen Wert beimessen (einen sogenannten intrinsischen Wert), würde dies unsere Freiheit einschränken. Wir dürften dann nicht mehr alles mit der Natur machen, was uns beliebt. Unter dieser Voraussetzung wird unsere Freiheit als Handelnde also auch durch die Existenz von als wertvoll erachteter Natur geformt. Zum anderen können wir in der und durch die Natur Freiheit erfahren. Je nachdem, wie wir uns als Individuen selbst verstehen und was für uns zum guten Leben dazu gehört, können die Natur als Ganzes oder Teile von ihr einen wichtigen Aspekt unseres Selbstverständnisses und unseres guten Lebens ausmachen: Für die Surferin ist das Meer, für die Ornithologin der Wald, und für den Wanderer sind die Berge unabdingbar –; dort können sie ihre Freiheit realisieren.

Freiheit: Im Widerspruch zur Nachhaltigkeit?

Für den Autoverkehr gesperrte Straßenzüge, beschränkte Flugkontingente oder das Verbot von Einweg-Plastik: Das sind nur einige aktuelle Beispiele, wie im Konkreten die Ausgestaltung von Nachhaltigkeit debattiert und mitunter sogar bereits realisiert wird. Dabei schwingt stets die Sorge mit, ob derlei Maßnahmen eine Einschränkung unserer Freiheit bedeuten. Aber sind solche Vorkehrungen zur Beförderung von Nachhaltigkeit eine grundsätzliche Gefahr für die Freiheit?

In der politischen und gesellschaftlichen Diskussion wird zumeist der Eindruck erweckt, dass derlei Regelungen in der Tat eine Bedrohung der Freiheit darstellen. Insbesondere von Liberalen wird immer wieder vor einer drohenden „Öko-Diktatur“[1] gewarnt. Vorschläge in oben genannter Stoßrichtung werden mitunter von Politikern allein deshalb abgewiesen, weil sie Verbote sind und Verbote ihnen grundsätzlich als Gefahr für die Freiheit erscheinen. Mit der konsequenten Realisierung von Nachhaltigkeit droht das Ende der Freiheit – so die etwas überspitzt formulierte Befürchtung.

Zu überlegen, welche Handlungen vor dem Hintergrund nachkommender Generationen erlaubt sind oder welche Aspekte der Natur als wertvoll zu erachten sind, bleibt eine wichtige Aufgabe. Hinzukommen muss jedoch die Reflexion der gegenseitigen Auswirkungen von Nachhaltigkeit und Freiheit aufeinander.

Um auf ein zuvor genanntes Beispiel zurückzukommen: Ist es legitim, die Freiheit der Autofahrer durch die Sperrung bestimmter Straßen zu begrenzen? Welche (und wessen) Freiheiten dürfen, auch zur Erlangung von Nachhaltigkeit, nicht beschnitten werden und welche dahingegen schon? Solche Fragen auf Gerechtigkeit zu reduzieren, wird den darin formulierten Problemen nicht gerecht. Bei deren Aushandlung geht es um den legitimen Umfang von Eingriffen in die individuellen Freiheitssphären und darum, was vor dem Hintergrund der aktuellen ökologischen Krise überhaupt richtigerweise unter Freiheit verstanden werden sollte. Zweifellos hängen diese Fragestellungen mit gerechtigkeitstheoretischen Erwägungen wie auch mit Fragen nach dem moralischen Wert von Natur zusammen. So lässt sich beispielsweise darüber reflektieren,

Abbildung:
Tulpenwut
Loredana Nemes, 2019; Fotografie, 28,8 x 28,8 cm

ob es gerecht ist, die Freiheiten der gegenwärtig lebenden Menschen zu beschränken, um diejenigen der zukünftig Lebenden nicht zu gefährden. Oder es kann darüber nachgedacht werden, wie der Wert der individuellen Freiheit gegen moralische Werte der Natur abgewogen werden soll. Nichtsdestotrotz bleibt das Konzept der Freiheit ein eigenständiger und ernstzunehmender Bezugspunkt der Debatte über Nachhaltigkeit, der nicht zugunsten der Gerechtigkeit aufgelöst werden kann. Zudem bildet persönliche Freiheit einen der zentralen Werte der Moderne und wird nicht nur in der akademischen Debatte, sondern auch in unserem Alltag regelmäßig als Leitbild oder als Ziel benannt.

Freiheit ist da, wo Natur nicht ist

Besonders grundlegend ist im genannten Zusammenhang eine Klärung des Verhältnisses von Freiheit und Nachhaltigkeit: Was ist mit Freiheit gemeint, wenn eine Spannung zwischen dieser und der Nachhaltigkeit behauptet wird?

Besonders wirkmächtig war ein Verständnis von Freiheit als vernunftgeleitete Selbstgesetzgebung: Der Mensch bestimmt sein eigenes Handeln autonom, das heißt auf der Grundlage rationaler Überlegungen und ohne nennenswerte Eingriffe oder Beeinflussung von anderen. Dabei wird die Sphäre der Autonomie einer Sphäre der Fremdbestimmung entgegengesetzt. Diese fremdbestimmte Sphäre wird wiederum in der Natur verortet (vergleiche Dobson 2009, Seite 151). Denn innerhalb dieses „Bildes" ist Natur durch gesetzmäßig ablaufende Prozesse charakterisiert. Alles Äußere und körperlich-Materielle wird diesem natürlichen Bereich zugerechnet und mittels seiner messbaren beziehungsweise berechenbaren Eigenschaften bestimmt. Als davon grundsätzlich verschieden wird dem der Bereich des menschlichen Geistes (im Sinne der Vernunftfähigkeit) entgegengestellt.[2] Das, was den Menschen wesentlich ausmacht, sein Geist, ist also von der „vernunftlosen" Natur getrennt und in eine eigene Sphäre verwiesen. Etwas überspitzt könnte man auch sagen: Freiheit ist da, wo Natur nicht ist.

Da die Natur nach diesem Verständnis keine Autonomie aufweist und lediglich Materielles enthält, kommt ihr auch kein eigener moralischer Wert zu. Sie ist für den Menschen lediglich instrumentell wertvoll. Das heißt, die Natur ist für den Menschen nur insofern von Wert, wie er sie sich aneignen und als Ressource wirtschaftlich nutzen kann: Holz für die Möbelherstellung, Sand für die Betonproduktion, Blumen für das Floristenhandwerk etc. Nur der Mensch besitzt aufgrund seiner Vernunftfähigkeit und der damit verbundenen Autonomie einen intrinsischen Wert (und Würde) und soll sich die Natur untertan machen. Denn in diesem Weltbild wird Natur vor allem als Gefährdung der menschlichen Freiheit betrachtet: Einerseits bedrohen die Naturgewalten den Menschen in einem existenziellen Sinn, andererseits fällt die Natur durch körperliche Triebe oder Beschwerden gewissermaßen in den Bereich der Freiheit ein, wodurch die Ausübung menschlicher Autonomie und damit die Tätigkeit seiner Vernunft erschwert oder gar verunmöglicht werden kann. Auch um diese Gefährdungen in den Griff zu bekommen, sind der menschlichen Freiheit in Bezug auf die Natur innerhalb dieses Naturbilds keine moralischen Grenzen gesetzt.

Transhumanismus
von lateinisch *trans* für „jenseits", „über", „hinaus" und *humanus* für „menschlich". Verfechter dieser Denkrichtung streben letztendlich nach einer Emanzipation des Menschen von der Natur mittels der Technik. Die Menschheit soll in einem weiteren Evolutionsschritt über ihre natürlichen Möglichkeiten hinauswachsen. Durch Einnahme psychoaktiver Substanzen und/oder durch Anschluss elektronischer Bauteile an das menschliche Gehirn soll zum Beispiel dessen Leistungsfähigkeit verbessert (**Neuro-Enhancement**) und durch Upload des menschlichen Geistes in das Internet eine Art Unsterblichkeit des individuellen Bewusstseins erreicht werden.

Nachhaltigkeit als Bedingung der Möglichkeit von Freiheit

Doch ist das weitverbreitete Verständnis von Freiheit als Gegensatz zur Natur vor dem Hintergrund der aktuellen ökologischen Krise angemessen? Kann auf einer solchen Grundlage Nachhaltigkeit verwirklicht werden?

Beim vorgestellten Freiheitsverständnis wird die Sphäre der Natur als das Äußere, Materiell-Körperliche der Sphäre des menschlichen Geistes als Inneres gegenübergestellt. Bei einem alternativen Verständnis von Freiheit ist die Trennung zweier sich gewissermaßen unvereinbar gegenüberstehender Sphären aufgehoben: Der Mensch wird nicht als von der Natur getrennt, sondern als Teil der Natur verstanden. Gernot Böhme spricht daher von der „Natur, die wir selbst sind" (Böhme 1992, Seite 81). Dadurch fällt auch die scharfe Differenzierung zwischen der Fremdbestimmung auf Seiten der Natur sowie der Autonomie auf Seiten des Menschen weg. Die Natur steht nicht länger im Gegensatz zur menschlichen Freiheit, sondern ist vielmehr deren Grundlage. Zentral für dieses Verständnis von Freiheit ist ein anderes Bild der Natur. Natur wird nicht als das Andere des Menschen vorgestellt, sondern der Mensch ist selbst (auch) Natur. Da der Mensch einen Leib hat und dieser ihm von Natur aus gegeben ist, gehört er der Sphäre der Natur an.[3] Die Natur wird bei Böhme also als das uns Gegebene aufgefasst, das heißt als etwas, das eine gewisse Unverfügbarkeit besitzt. Dennoch stellt er diesem Gegebenen nicht einfach die Bereiche der Kultur oder der Technik als diejenigen des Gemachten gegenüber – wie es in der Geschichte des Naturbegriffs bislang üblich war. Heutzutage sind die klassischen Entgegensetzungen Böhme zufolge nicht mehr haltbar, da sich die Grenzen zwischen Natur und Kultur beziehungsweise Natur und Technik auflösen. Im Zeitalter ihrer technischen Reproduzierbarkeit ist die Natur selbst zu einem kulturellen Produkt geworden: Der Mensch greift in die Natur ein, gestaltet sie um und versucht sich über das Gegebene hinwegzusetzen. Allerdings ist es gerade diese Tendenz der unbegrenzten Machbarkeit, welche Böhme kritisiert: Zwar könne sich der Mensch mittlerweile entscheiden, „endgültig seinen Naturzustand zu kündigen" und somit nicht nur die eigene Natürlichkeit überwinden, sondern auch das Gegebene innerhalb der äußeren Natur verändern (Böhme 1992, Seite 196). Demgegenüber plädiert Böhme jedoch für die Akzeptanz des eigenen Natur-Seins. Dazu gehört für ihn, dass man sich auf die Selbsttätigkeit der (eigenen) Natur einlässt – beispielsweise durch die Wahl eines natürlichen Geburtsvorgangs und den Verzicht auf pränatale Diagnostik. Dennoch geht es ihm nicht einfach nur um die Bewahrung des Gegebenen: Mit Blick auf die äußere Natur ist zugleich die Herstellung von Natur im Sinne eines humanen Naturzustands gefragt. Böhme denkt an ein Ineinandergreifen von Natur und Kultur, wobei jede kulturelle Praxis von der Anerkennung der eigenen Natürlichkeit ausgehen sollte. Wenn das gelingt, könne man zum „souveränen Menschen" werden, der das Gegenstück zu Immanuel Kants autonomem Vernunftmensch bildet (Böhme 1985, Seite 287). Souveränität stellt sich als Folge davon ein, dass man das Andere – unter anderem in Form der Natur – anerkennt und zulässt sowie „als Teil eines größeren Zusammenhanges" lebt (Böhme 1985, Seite 288).

Die Akzeptanz des eigenen Natur-Seins sowie des Eingebettet-Seins in einen größeren Zusammenhang lassen sich als relationale Freiheit verstehen. Mit relational ist hier der Hinweis auf die vielfältigen Beziehungen und Abhängigkeiten gemeint, die nicht nur zwischen Menschen, sondern ebenso zwischen Menschen und nicht-menschlichen Wesen sowie der unbelebten Umwelt bestehen. Eine solche relationale Freiheit beinhaltet das Bewusstsein für die Abhängigkeit des Menschen von sozialen und ökologischen Faktoren und weiß um die Unabdingbarkeit unserer Einbettung in soziale und natürliche Umwelten. Auch das Konzept einer relationalen Freiheit ist noch mit dem Ideal der Autonomie verbunden. Die Bedeutung von eigenen, durchdachten Entscheidungen wird von ihren Vertretern hervorgehoben. Doch dies geschieht vor dem Hintergrund, dass die Fähigkeit zu reflektiertem Abwägen und selbstständigen Handlungen erst durch eine intakte Umwelt ermöglicht wird. Mit anderen Worten: Eine intakte Natur ist eine grundlegende Bedingung der Möglichkeit unserer eigenen Freiheit. Zudem stellt das vorgeschlagene relationale Verständnis von Freiheit eine geeignete Grundlage dar, um bestimmte Aspekte der Natur als moralisch wertvoll zu verteidigen. So erhalten viele Dinge einen Wert durch die Beziehungen, in denen wir zu ihnen stehen. Wir müssen uns nicht entscheiden, ob etwas nur durch seinen Nutzwert für den Menschen wertvoll ist oder ob es auch unabhängig davon einen Wert besitzt. Eine bestimmte Landschaft kann beispielsweise einen Wert durch die Beziehung gewinnen, in der man zu ihr steht: Ist man darin aufgewachsen und hat zahlreiche, wichtige Stationen seines Lebens in ihr verbracht, so kommt dieser

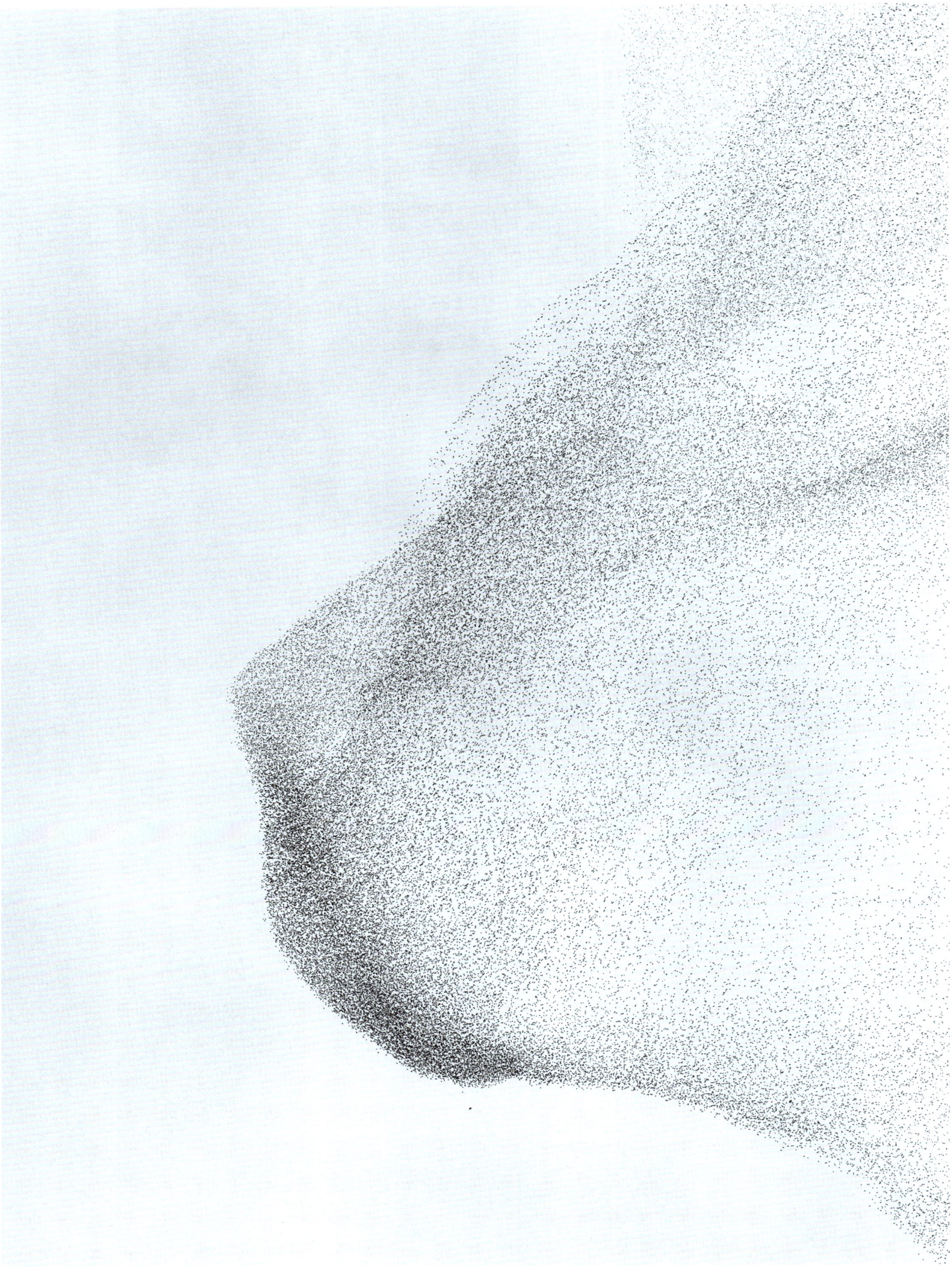

„Die Berichte der letzten Jahre ... sind konkrete Anzeichen für die fortschreitende Anthropisierung des Stares, der sich sehr stark in Gebieten ausbreitet, wo es zuvor nicht möglich schien ... In Rom haben sich die wenigen zuvor an der Villa Ada gemeldeten Brutpaare über viele Kilometer in den Norden der Stadt mit unzähligen Nestern ausgebreitet." („Brutkolonien von Staren in Mittel- und Süditalien." Italienische Zeitschrift für Ornithologie, 1984.) Aus der Arbeit AUSPICIA von Daniela Friebel, 2018, Pigmentdruck auf Wallpaper, 33 x 22 cm, Detail einer fünfteiligen Sequenz.

Landschaft schon allein aufgrund der Beziehung zu ihr ein Wert zu. Diesen Wert bloß im Sinne seiner Nützlichkeit auszubuchstabieren, würde dem beschriebenen Phänomen nicht gerecht werden. Für die Frage danach, wie der Mensch seine Freiheit „mit" statt „gegen" die Natur begründen kann, bietet eine solche relationale Konzeption von Freiheit hilfreiche Anknüpfungspunkte. Dabei sind vier Aspekte der Verbindung zwischen relationaler Freiheit und Natur besonders wichtig: Erstens haben Individuen überhaupt erst durch die Natur Freiheit. Entwicklungspsychologische Studien haben gezeigt, dass der Natur für die Persönlichkeitsentwicklung wie auch für die Entwicklung von Autonomie eine entscheidende Rolle zukommt (Gebhard 2014). Zweitens stellt eine intakte Natur die Bedingung der Möglichkeit von Freiheit dar, weil wir als leibliche Wesen auf einen funktionierenden „Stoffwechsel" mit der Natur angewiesen sind. Zudem verringert eine fortschreitende Naturzerstörung auch Handlungsoptionen. Beide Aspekte machen deutlich, dass eine Realisierung der Freiheit gegen die Natur selbstwidersprüchlich wäre. Die Grundlagen der eigenen Freiheit wie auch derjenigen anderer (zukünftiger) Personen würde zerstört. Drittens ist die Natur für die Realisierung von Freiheit unabdingbar, insofern viele Menschen ihre individuelle Freiheit nur *in* beziehungsweise *mit* der Natur ausüben können – wie zu Beginn am Beispiel der Ornithologin und des Wanderers gezeigt. Viertens ermöglicht erst die Anerkennung des eigenen Naturseins und damit die Anerkennung der eigenen Abhängigkeit Freiheit. Die Leugnung dieses Faktums käme einer Selbsttäuschung gleich, welche wiederum eine problematische Basis für wahre Selbstbestimmung und damit für Freiheit darstellt. Dieser letzte Aspekt ist von besonderer Bedeutung: Gerade weil die relationale Freiheit erst durch die Anerkennung der Abhängigkeit von der Natur ermöglicht wird, ist ihr eingeschrieben, dass sie im vollen Wortsinne nur mit der Natur realisiert werden kann. Im Konkreten kann dies beispielsweise hinsichtlich der Technik bedeuten, sie „in Harmonie mit dem Naturzustand zu bringen" (Böhme 1992, Seite 197). Technische Entwicklungen aus dem Bereich des Neuro-Enhancement oder des Transhumanismus (siehe Erläuterung), die mit der Akzeptanz des Natur-Seins und der Abhängigkeit vom Gegebenen im Widerspruch stehen, nicht zu verfolgen wäre demnach keine Einschränkung der Freiheit. Mit einer solchen Konzeption relationaler Freiheit kann die häufig postulierte Spannung zwischen Freiheit und Nachhaltigkeit aufgelöst werden. Da der Mensch als leibliches Wesen in die Natur eingebettet und die Genese, Ausübung sowie Bedingung der Möglichkeit seiner Freiheit untrennbar mit der Natur verbunden sind, kommt eine Sorge um den Erhalt der Natur der Sorge um den Erhalt seiner Freiheit gleich. Entsprechend stellt Nachhaltigkeit nicht notwendigerweise eine Bedrohung für die Freiheit dar. Im Gegenteil: Richtig verstandene Freiheit – und das heißt relationale Freiheit – ist eine starke Motivation zu nachhaltigem Handeln. Denn freies Handeln darf nicht in Unfreiheit resultieren (Backhaus 2020, Seite 365). Nicht-nachhaltiges Handeln hat jedoch zumindest langfristig Unfreiheit zur Folge: Nämlich dann, wenn dadurch die ökologischen Grundlagen derart zerstört werden, dass ein Großteil unserer ehemaligen Handlungsmöglichkeiten gänzlich und irreversibel wegbrechen. In einer Welt, in der die Natur völlig zerstört wurde, ließe sich von Freiheit kaum noch sprechen.

Ohne intakte Natur gibt es auch keine Freiheit.

Kira Meyer ist Lehrbeauftragte und Doktorandin an der Christian-Albrechts-Universität zu Kiel.

Anmerkungen:

1. So beispielsweise der ehemalige Präsident des Bundesverfassungsgerichts, Hans-Jürgen Papier im Magazin *Focus*.
2. Descartes' berühmte Unterscheidung von *res extensa* (lateinisch für „ausgedehnte Substanz") und *res cogitans* (lateinisch für „denkende Substanz") in den *Prinzipien der Philosophie* war dafür ausschlaggebend. Zudem waren die Theorien von Francis Bacon und Immanuel Kant entscheidend für die Herausbildung dieses Naturbilds.
3. Damit ist nicht bestritten, dass er ebenso Geist beziehungsweise Vernunft hat und weitere Bereiche wie die der Kultur oder der Technik erschaffen kann.

Literatur:

- Backhaus, Katia Henriette: Nachhaltige Freiheit. Elemente einer ökologischen politischen Philosophie. Campus, Frankfurt am Main 2020
- Böhme, Gernot: Anthropologie in pragmatischer Hinsicht. Darmstädter Vorlesungen. Suhrkamp, Frankfurt am Main 1985
- Böhme, Gernot: Natürlich Natur. Über Natur im Zeitalter ihrer technischen Reproduzierbarkeit. Suhrkamp, Frankfurt am Main 1992
- Bundesministerium für Umwelt, Naturschutz und Reaktorsicherheit (BMU); Bundesamt für Naturschutz (BfN) (Hrsg.): Naturbewusstsein 2011. Bevölkerungsumfrage zu Natur und biologischer Vielfalt
- Dobson, Andrew: Freedom and Dependency in an Environmental Age. In: Social Philosophy & Policy, 26 (2), 2009, Seite 151–172
- Gebhard, Ulrich: Wie viel „Natur" braucht der Mensch? „Natur" als Erfahrungsraum und Sinninstanz. In: Gebhard, Ulrich; Kirchhoff, Thomas (Hrsg.): Welche Natur brauchen wir? Analyse einer anthropologischen Grundproblematik des 21. Jahrhunderts. Karl Alber, Freiburg/München 2014

Corine Pelluchon

Wovon wir leben

Über die Leiblichkeit des Menschen

Das Wesen des Menschen erschöpft sich nicht in seinem Verstand. Maßgeblich ist vielmehr die Materialität der menschlichen Existenz, der menschliche Körper, und mithin dessen Verletzlichkeit. Entsprechend ist der Mensch wesentlich bestimmt durch seine Abhängigkeit von natürlichen Abläufen, der Nahrung, die er der ihn umgebenden Natur entnimmt, sowie seinen Mitmenschen und nicht-menschlichen Wesen.

Die menschliche Körperlichkeit bezieht sich nicht nur auf die Tatsache, dass wir einen Körper haben und sterblich sind. Sie ist „der ständige Zweifel an dem Privileg, das man dem Bewusstsein zuschreibt, allem einen Sinn zu verleihen", wie Emmanuel Levinas schreibt[1]. Mit anderen Worten: Die Körperlichkeit des Subjekts ernst zu nehmen, bedeutet, Phänomene zu beschreiben, die sich der Kontrolle unseres Willens entziehen. Statt als Ausgangspunkt unserer Beziehung zu uns selbst, zu den Anderen und zur Welt zu gelten, wird das Bewusstsein als nicht allein grundlegend für den Menschen erlebt. Dazu kommt, dass die menschliche Existenz nicht nur als Selbstentäußerung gedacht wird, sondern auch als Empfänglichkeit. So erneuert die Philosophie der Körperlichkeit das Verständnis des Menschen: Sie beruht auf der Verletzlichkeit des Subjekts sowie auf seiner Materialität, das heißt auf unserem Bedürfnis nach Nahrung sowie auf unserer Abhängigkeit von der Natur und den anderen menschlichen wie nicht-menschlichen Lebewesen.

Diese beiden Dimensionen der Philosophie der Körperlichkeit, die unsere fleischliche und irdische Beschaffenheit kennzeichnen, bringen den relationalen Charakter unserer Existenz zum Vorschein. Das heißt: Der Mensch ist kein selbstgenügsames autonomes Wesen, sondern muss von Anbeginn an als „in-Beziehung-stehend" beziehungsweise als „von Beziehungen-

Abbildungen linke Spalte: **2D Tree (2)** rechte Spalte: **2D Tree (1)** Antti Laitinen, 2017; Weide, Heftklammern, Nägel, Draht, Sperrholz, Klebstoff, 255 x 145 cm

Eine stehengebliebene Uhr
zeigt das Wesen der Zeit an.

Umsonst – ein hoher Preis.

Das Laster schützt die Tugend davor,
selbst eines zu werden.

Seit Erfindung des Lots steht alles schief.

Was uns einzigartig macht,
verdanken wir unseren Wiederholungen.

Alexander Eilers

abhängig" gedacht werden. Während die Verletzlichkeit auf mehr oder weniger schmerzhafte Phänomene verweist wie Müdigkeit, Schmerz, Krankheit oder Tod, offenbart die Philosophie des „leben von" die Transitivität des Lebens, das heißt dessen Bedingtheit beziehungsweise Gerichtetheit. Zugleich unterstreicht die Philosophie des „leben von" die Bedeutung des Vergnügens und des Genusses: Unser Eintauchen in den Bereich des Empfindsamen zeugt von einem Wohlgefallen an den Dingen, von einer ursprünglichen Lebensfreude, die gleichbedeutend ist mit der Liebe zum Leben selbst. Im Mittelpunkt steht neben dem Genuss auch die Überwindung der Dualismen Natur/Kultur, biologisch/sozial, Körper/Geist und Selbst/Welt.

Empfänglichkeit und Genuss: Leben ist „leben von"

Die natürlichen und kulturellen Dinge, von denen wir leben – Nahrung, die uns umgebenden Elemente, wie Luft, Landschaften sowie Begegnungen und Arbeit –, konstituieren den Menschen, werden zu Bedingungen seiner Existenz und prägen ihn. Wir halten diese Dinge und Beziehungen nicht auf Distanz, als wären es repräsentative Objekte oder bloße Gegenstände unserer Vorstellung. Sie sind ebenfalls nicht nur Noema (siehe Erläuterung): Sie überfluten unser Bewusstsein und sind immer reicher als das, was dieses ausmacht. So ist die Ernährung eine elementare Dimension unseres Lebens: Leben bedeutet „leben von".

Mit Bezug auf Levinas die Welt als Nahrung aufzufassen[1], meint folgendes: Essen und Arbeit befriedigen nicht nur unsere Bedürfnisse, sondern sie nähren auch unser Leben, indem sie ihm Sinn und Geschmack verleihen – oder auch nicht. Der Begriff der Nahrung bezieht sich auch auf die immer sehr reichen und einzigartigen Empfindungen, zum Beispiel beim Essen, und verweist auf die Freude, die wir dabei erfahren. Entsprechend ist Freude konstitutiv für unsere Existenz. Der Genuss ist ein Existenzial, das heißt ein Wesensmerkmal des Menschen, das unsere ursprüngliche Beziehung zur Welt erhellt. Viele Philosophen der existenzialistischen Tradition haben dies vernachlässigt, weil sie vielmehr auf der Geworfenheit und einem utilitaristischen Verhältnis zu den Dingen bestehen (siehe Erläuterungen).

Von Nahrung statt einfach nur von Ressourcen zu sprechen, verlagert den Akzent auf das großzügige Wesen einer sensiblen Welt, auf ihren Überschuss. Die Dinge, von denen wir leben, sind nicht auf ihre Funktionalität reduzierte Werkzeuge oder Utensilien, sondern sie bieten sich unseren Sinnen dar und treten uns stets als Gestalten in ästhetischer Form entgegen. Ebenso erfüllen die Lebensmittel, die wir uns einverleiben, nicht allein unsere Bedürfnisse als wären sie rein mechanisch dazu geeignet, eine Leere zu füllen, als wäre Nahrung bloßer Treibstoff. In dem Moment, in dem wir essen, verwandelt sich das Bedürfnis in Genuss, sofern wir nicht vorher extremen Entbehrungen ausgesetzt waren. Leben heißt „leben von" und „leben von" heißt genießen.[2]

Was ich esse, offenbart, für welche Werte ich stehe und in welcher Welt ich leben will.

Die Welt ist also Nahrung, weil die ursprüngliche Erfahrung die Suche nach dem Wohlgefallen an den Dingen ist, nach einem Genuss, der das elementare Wesen der Welt sprengt.[1] Levinas erwähnt unser Eintauchen in die sinnliche Welt und beharrt auf der Eigenwahrheit der Empfindungen sowie auf der Bedeutung des Vergnügens als einer wesentlichen Dimension der Existenz. Das führt uns dazu, Martin Heideggers existenzialistisches „In-der-Welt-Sein" durch unser „Mit-der-Welt-Sein" zu ersetzen. Die Körperlichkeit des Subjekts ernst zu nehmen, verlangt, den Dualismus von Natur und Kultur zu überwinden sowie Freiheit nicht mehr als Entwurzelung aus der Natur zu betrachten. Außerdem drückt der Genuss eine Form von Übereinstimmung oder Harmonie zwischen uns und der Welt aus. Die Tatsache, dass unser ursprünglicher Bezug zu den Dingen und zur Welt eine Genussbeziehung ist, steht im Gegensatz zur Einstellung Heideggers, dass Verfall und Verlorenheit die *conditio humana*, das heißt die Bedingungen beziehungsweise die Natur des Menschseins, charakterisieren.

„Die Liebe zum Leben hat keine Ähnlichkeit mit der Sorge um das Sein"[1], die „Liebe zum Leben" ist vielmehr

Noema
Erstmals von Platon verwendeter Begriff zur Bezeichnung des Unterschieds der Gedanken von den zwar denkend erfassbaren, von unserem Denken und Wahrnehmen aber unabhängigen Ideen (Urbildern). Bei Edmund Husserl Inhalt beziehungsweise Bedeutung eines Gedankens im Unterschied zum Akt des Denkens, das heißt zur geistigen Tätigkeit, der **Noesis** (von altgriechisch *noesis* für „Begreifen", „Denkkraft").

Utilitarismus
von lateinisch *utilitas* für „Nutzen“: Theorie, derzufolge der moralische Wert einer Handlung ausschließlich nach ihren Folgen bewertet wird. Bewertungskriterium ist der größtmögliche Nutzen für die größtmögliche Anzahl von Menschen.

das Glück zu sein. Das Leben wird geliebt: Es ist selbst sein eigener Zweck. Die Beziehung des Lebens zum Leben als Liebe aufzufassen, ist nicht wesentlich eine Frage der Darstellung oder das Ergebnis einer Reflexion. Die Berücksichtigung der Verletzlichkeit des Lebens hat eine Neukonfiguration der Autonomie zur Folge: Diese kann nicht mehr mit Selbstgenügsamkeit identifiziert werden. Sie muss vielmehr im Lichte unseres Bedürfnisses nach Fürsorge und unserer Abhängigkeit von den anderen gedacht werden. Infolgedessen ist Freiheit nicht von Verantwortung zu trennen. In ähnlicher Weise wirft die Konzentration auf das Vergnügen und den Genuss ein neues Licht auf die *conditio humana*.

Es sind nicht mehr nur unsere Projekte, das heißt rein individuelle Entscheidungen, die unserer Existenz einen Sinn geben. Die Art und Weise, wie wir mit anderen interagieren und individuell auf ihre Ansprache, ihren „Ruf“ reagieren, macht unsere „Selbstheit“ aus. In dieser Herangehensweise wird die Welt nicht zuerst als feindliches Land, als fremde Umgebung beschrieben: Sie ist vielmehr Nahrung, die uns durch unsere Sinne eine ursprüngliche Übereinstimmung mit den Dingen spüren lässt. Damit bricht die Phänomenologie der Leiblichkeit mit Heideggers Ontologie (siehe Erläuterungen). Heidegger denkt die Freiheit noch als „Ek-stasis“, das heißt als „Außer-sich-Sein“, als Bindung an die Welt und Natur, an Technik und Geschwätz, als Ausweg aus der Anonymität, als Eroberung und als Suche nach ihrer Authentizität. Für Heidegger ist das „Dasein“ selbst nie hungrig. Ihm fehlt die Lebendigkeit des Lebens, seine Empfänglichkeit für die Einflüsse seiner Umwelt, aber auch die Wahrheit des Sinnlichen und die Lust am Leben. Denn man lebt nicht, *um* zu leben, als wäre das Dasein ein verrücktes Rennen gegen den Tod. Levinas schreibt: „Wir atmen, um zu atmen, essen und trinken, um zu essen und zu trinken, behausen uns, um uns zu behausen, studieren, um unsere Neugier zu befriedigen, gehen spazieren, um spazieren zu gehen. Das alles ist nicht, *um* zu leben. Das alles ist Leben. Leben ist eine Aufrichtigkeit.“[3]

Wenn Levinas schreibt, dass „das Leben schon eh und je … geliebt ist“, versucht er nicht, Leid und Ungerechtigkeit zum Schweigen zu bringen. Diese und das Gefühl des Verlorenseins sind nämlich sekundär, sie hängen von sozialen und politischen Bedingungen ab. Zu denken, dass die Liebe zum Leben ursprünglich ist, auch wenn wir sie vergessen haben, bedeutet, dass das Lebendige über das Unsterbliche hinausgeht, dass es nicht mit der Gesamtheit *der* Kräfte identisch ist, die gegen den Tod kämpfen, sondern dass es, wie das Glücksspiel, eine gewisse Selbstzweckhaftigkeit hat: „Leben heißt trotz der Finalität und der Spannung des Instinkts spielen; leben heißt, von etwas leben, ohne dass dieses Etwas den Sinn eines Ziels … hätte, einfaches Spiel oder Genuss des Lebens.“[3] Nur wenn der Mensch extremen Entbehrungen ausgesetzt ist, oder wenn seine Arbeit anstrengend und entfremdend ist, so zitiert Levinas Karl Marx aus den Manuskripten von 1844, wird dem Menschen der Zugang zum Genuss verwehrt. Dann wird Nahrung lediglich als Treibstoff zum Überleben, zur Wiederherstellung seiner körperlichen Kräfte betrachtet.

Essen als soziale Tatsache: Leben ist „leben mit“

Trotz der Tiefe und Originalität seiner Philosophie des Sinnlichen hat Levinas nicht alle Lehren aus dem Begriff des Geschmacks gezogen. Doch der Geschmack widerlegt alle Dualismen. Er zeugt von unserem Eintauchen in die Welt und von der Tatsache, dass wir das Bewusste und das Unbewusste nicht trennen können, wenn wir über den Geschmack, sinnliche Genüsse, den Genuss von Kunst, Körper und Geist, das Individuelle und das Soziale, das Kulturelle und das Symbolische, das Rationale und das Emotionale oder das Archaische sprechen. Essen überwindet die Dualismen von biologisch/kulturell, Körper/Geist, innen/außen, selbst/anderes. Bevor wir ein *cogito*, das heißt ein „denkendes Ich“ sind, sind wir ein schlemmendes, ein genussfähiges *und* denkendes Ich (*cogito gourmand*) und unser „Sein-mit-der-Welt“ ist immer auch ein „Sein-mit-den-Anderen“. Sobald wir essen oder irgendwo wohnen, sind wir immer in Kontakt mit anderen, menschlichen und nicht-menschlichen Lebewesen. Da unsere Art zu essen oder das Land zu nutzen immer Auswirkungen auf die anderen und das andere hat, offenbart sich die ethische Dimension unserer Existenz. Ethik beginnt nicht, wie Levinas schreibt, mit der Begegnung mit einem anderen Menschen, mit dessen Gesicht. Ethik beginnt, sobald man isst und irgendwo lebt.

Dass die menschliche Existenz nicht nur als Selbstentäußerung, als „Ek-stase“ zu denken ist, wie von Heidegger, sondern auch als Empfänglichkeit, wird besonders deutlich, wenn wir über Menschen nachdenken, die ein kompliziertes Verhältnis zur Nahrung haben. Das heißt Menschen, die maßlos viel essen, um eine Leere zu füllen, oder Menschen, die sich des Essens weitestgehend enthalten. Solche Manifestationen schmerzhafter Mündlichkeit unterstreichen die affektive Dimension des Essens.

Ernährung spielt eine zentrale Rolle in der Philosophie der Leiblichkeit.

Existenzialismus
Bezeichnung für die von Jean-Paul Sartre und Albert Camus entwickelte Spielart der Existenzphilosophie, derzufolge der Mensch allein das ist, wozu er sich macht. Der Mensch kann sich auf keine von vornherein feststehenden Werte oder Gebote berufen, ist für alles, was er tut, selbst verantwortlich und daher dazu „verurteilt, frei zu sein“.

Die Beziehung zu unserem je eigenen Körper entsteht aus unseren Beziehungen zu anderen. Entsprechend ist Essen nicht nur die Aufnahme äußerer Elemente zur Ernährung und auch nicht nur die Akzeptanz eines Stoffwechsels, der sich unserer Kontrolle entzieht: Essen steht auch in einer tiefen Verbindung mit den Beziehungen zu anderen Menschen, insbesondere zu denen, die uns ernährt und sich um uns gekümmert haben. Wenn wir auf die Welt kommen, schreien wir, weil wir nach Nahrung verlangen. Auch später bringen wir durch unsere Art der Ernährung zum Ausdruck, welchen Platz wir anderen Menschen und nichtmenschlichen Wesen in unserem Leben einräumen und welchen Wert wir ihnen beimessen. Das heißt, die zentrale Rolle des Hungers spiegelt unsere Abhängigkeit von unserer Umwelt wider: Unsere Konsumgewohnheiten wirken sich auf die Menschen aus, die die Lebensmittel produzieren, auf die Wirtschaft und auf die Tiere, deren Tötung wir akzeptieren oder ablehnen. Unsere Auswahl der Lebensmittel ist ein Ausdruck unserer moralischen Autonomie. Paul Ricœur nennt diese Autonomie „Bezeugung“[4]. Anders ausgedrückt: Was ich esse, offenbart für welche Werte ich stehe und in welcher Welt ich leben will. Durch meinen Lebensstil zeige ich, ob ich bereit bin, Lebensmittel zu teilen, das heißt mein eigenes Recht auf Existenz für andere Wesen einzuschränken oder nicht.

Der Zusammenhang zwischen unseren Entscheidungen bezüglich unserer Lebensmittel und unserer moralischen Autonomie, unserer Selbstheit, wird im aktuellen demografischen und ökologischen Kontext besonders deutlich. Der weit verbreitete Konsum tierischer Produkte macht Massentierhaltung unvermeidlich und hat dramatische Folgen für das Klima und die Artenvielfalt. Ganz zu schweigen von der Abholzung der Wälder in Lateinamerika, die zum Teil auf den Anbau von Soja für die europäische und nordamerikanische Viehzucht zurückzuführen ist sowie den Folgen dieser Landnutzung für die lokale Bevölkerung, die unter Hunger und Unterernährung leidet. Eine drastische Reduzierung des Fleisch- und Fischkonsums würde helfen, den Klimawandel zu bekämpfen und für fast drei Milliarden Menschen die Tragödie des Hungers und der Unterernährung zu verringern.

Wir müssen das „In-der-Welt-Sein“ durch ein „Mit-der-Welt-Sein“ ersetzen.

Ökophänomenologie und Politik

Wenn wir die Nahrung und ganz allgemein alles, wovon wir leben, als Ausgangspunkt nehmen, um über die *conditio humana* nachzudenken, wird deutlich, dass Ethik keine abstrakte Disziplin ist. Sie ist nicht nur mit der Entwicklung und Anwendung von Prinzipien verbunden, die gut und böse, gerecht und ungerecht definieren. Ethik ist in erster Linie eine Frage der Selbstbegrenzung. In ähnlicher Weise lässt sich auch Gerechtigkeit als Teilen von Nahrung verstehen.

Phänomenologie
von Edmund Husserl (1859–1938) entwickelte philosophische Lehre von den Erscheinungen (ihrer Form, Struktur, Aufbau) als Gegenständen des Bewusstseins. Unter Ausklammerung alles Individuellen soll der Wesensgehalt von Phänomenen des Bewusstseins wie Wahrnehmung, Denken und Emotionen sichtbar gemacht werden, um „zu den Sachen selbst" zu gelangen.

Ontologie
von altgriechisch *to on* für „Sein" und *logos* für „Lehre": Lehre vom Aufbau und der Struktur der Wirklichkeit.

Eine Philosophie, welche die Körperlichkeit des Subjekts ernst nimmt und den Schwerpunkt auf die Materialität unserer Existenz verlagert, führt zu einer Phänomenologie des „Bewohnens der Erde", das heißt zu einer Ökophänomenologie. „Die-Erde-Bewohnen" ist immer ein Zusammenleben mit anderen, menschlichen und nicht-menschlichen Wesen. Die politischen Konsequenzen dieser Philosophie der Körperlichkeit sind beträchtlich, weil wir die Aufgaben des Staats und die Zwecke der Politik neu verstehen müssen. Es handelt sich nicht mehr darum, individuelle Freiheiten und Sicherheit zu garantieren oder die Verringerung der Ungleichheiten zu reduzieren. Politik hört auf, ein Spiel zwischen Menschen zu sein, sobald sie nicht mehr auf der Vorstellung eines atomistischen und überirdischen Subjekts basiert, das dem politischen Liberalismus oder dem Gesellschaftsvertrag zugrunde gelegt wurde, wie in vielen Theorien von Thomas Hobbes bis John Rawls.

Die Annahme eines solchen Gesellschaftsvertrags, der nur eine Norm und keine faktische Tatsache ist, bestimmt bisher jedoch noch immer das Verständnis und die Ziele der Politik. Wird dem Gesellschaftsvertrag hingegen ein fleischliches Subjekt zugrundegelegt, das hungrig, wärme- und schutzbedürftig ist und sich in einem geografischen und sozialen Umfeld befindet, werden der Schutz der Biosphäre als Bedingung unserer Existenz, die Ökologie, die Sorge um die Lebensbedingungen künftiger Generationen und die Gerechtigkeit gegenüber den Tieren zu Zwecken der Politik.[2] Die Ökologie sowie Gerechtigkeit gegenüber Tieren werden zu zusätzlichen Aufgaben des Staats. Darüber hinaus ergibt sich für staatliches Handeln zusätzlich ein eudämonistisches (Glück und Tugend vereinendes) Motiv, das heißt die Verpflichtung staatlichen Tuns und Lassens auf die Förderung des Glücks der Bürger. Der Staat wird derart gezwungen, die Voraussetzungen zu schaffen, allen Bürgern ein „gutes" Leben zu ermöglichen. Denn „leben" setzt die Möglichkeit des Genusses seiner Existenz voraus. Ein solcher Ansatz, in dem die Ökologie als Weisheit unseres „Die-Erde-Bewohnens" zum Ausdruck kommt, vereint die bisher getrennten Bereiche der Ökologie – den Kampf gegen die Klimaerwärmung, die soziale Gerechtigkeit, die Tierethik und die Gesundheit – zu den vier Säulen des ökologischen Übergangs.

Geburt und gemeinsame Welt: Leben ist „leben für"

Eine Philosophie des „Leben von" bringt unsere fleischliche und irdische Beschaffenheit ans Licht. Die menschliche Existenz ist tatsächlich ein „Mit-der-Welt-und-mit-den-Anderen". Aber wir müssen hinzufügen, dass dieses Beharren auf der Körperlichkeit des Subjekts mit der Anerkennung unserer Sterblichkeit und unseres „Gezeugt-worden-Seins" einhergeht. Wir stammen von unseren Eltern und unseren Vorfahren ab. Paul Ricœur sprach diesbezüglich von einer „Nabelverknüpfung der Lebenden"[5]. Anstatt den Tod als Vernichtung, als Ende der Welt, und die Geburt nur als Zeichen unserer Faktizität zu betrachten, ist es wichtig, die philosophische Bedeutung des „Geboren-Werdens" und des „Gezeugt-Seins" zu analysieren.

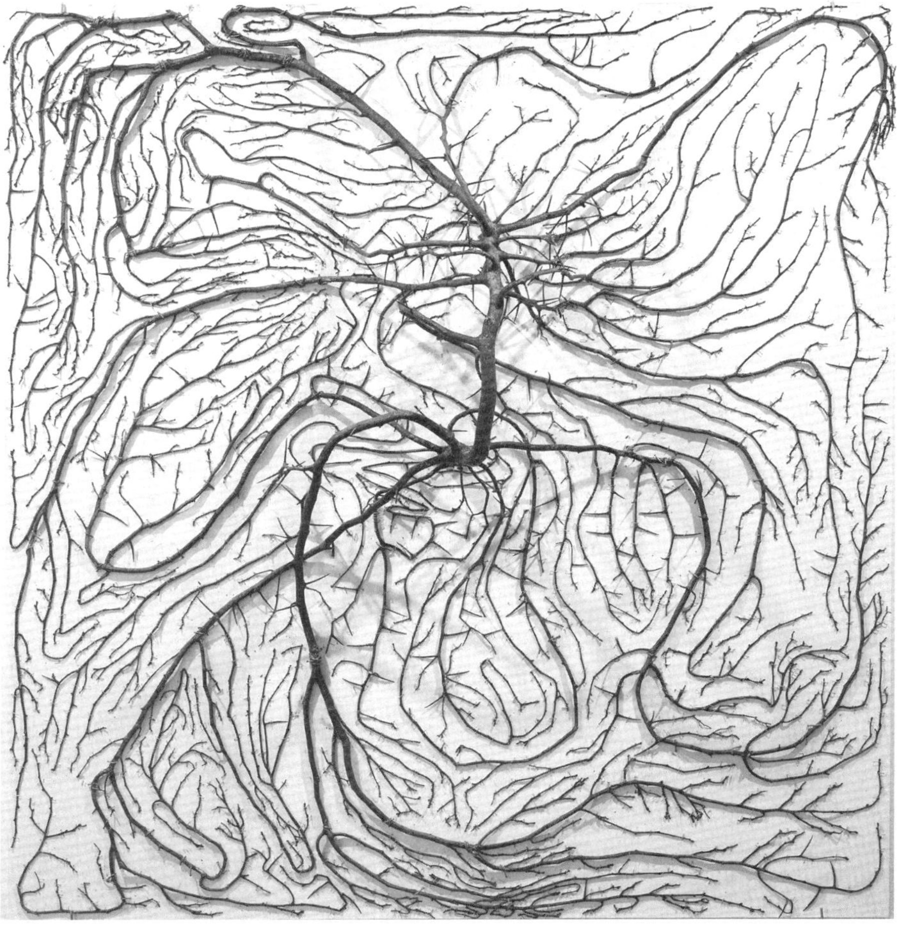

Abbildungen
2D Tree (4)
Antti Laitinen, 2017; Weißdorn, Heftklammern, Nägel, Sperrholz, Klebstoff, 160 x 145 x 41 cm

Geschichte: Kompass ohne Nadel.

Der Mensch sollte die Krone seiner Schöpfungen bleiben.

Im unendlichen Raum schrumpft die Zeit zur Ewigkeit zusammen.

Alexander Eilers

Die Tatsache, dass wir geboren werden, bezeugt nicht nur unsere Abhängigkeit von anderen und stellt derart die Intersubjektivität in den Mittelpunkt der Konstitution des Subjekts, sondern sie betont auch unsere Unbestimmtheit und Einzigartigkeit. Aus diesem Grund schreibt Hannah Arendt, dass die Geburt das Schema des politischen Pluralismus darstellt.[6] Darüber hinaus und vor allem bedeutet geboren zu werden nicht nur einfach plötzlich da zu sein, sondern in eine Welt zu kommen, von einer Welt aufgenommen zu werden, die von vielen Generationen gestaltet wurde, das heißt aus dem natürlichen und kulturellen Erbe besteht. Jedes Neugeborene ist ein Versprechen für die Erneuerung der Welt.[7] Die gemeinsame Welt, zu der man gehört und die man durch seinen Körper erlebt, indem man geboren wird und indem man handelt, gibt dem Leben Fülle, macht es reich. Wenn man sich als fleischliches, verletzliches und gezeugtes Wesen erfährt, akzeptiert und festigt, wird das Bewusstsein der Zugehörigkeit zu dieser Welt, die größer und älter ist als man selbst, zu einem gelebten Wissen, das die Beziehung zu einem selbst und damit die Beziehung zu den anderen verändert. Weil es einem einsichtig wird, was einen mit anderen Lebewesen verbindet, will man sie nicht mehr beherrschen. Auf einmal gelingt es einem, den anderen einen Platz in seinem Leben einzuräumen, und deren Erfüllung, deren Glück als Bestandteil seiner eigenen Erfüllung, seines eigenen Glücks zu erachten.

Freiheit kann man nicht von Verantwortung trennen.

Aus all dem ergibt sich eine Erweiterung der Subjektivität: Das Bedürfnis nach Beherrschung wird entwurzelt, und es entsteht der Wunsch, eine gemeinsame, eine bewohnbare Welt zu vermitteln. Das ist der Sinn von *„considération“* (französisch, hier „Wertschätzung“, „gegenseitige Achtung“). Sie ist keine besondere Tugend im klassischen Sinne wie zum Beispiel Tapferkeit, sondern bezeichnet vielmehr eine umfassende Haltung, die es einem ermöglicht, den Wert des Anderen zu schätzen und mit ihm zu leben. Wertschätzung ist jedoch nicht nur von einem bloßen Gedanken abhängig. Sie beruht wesentlich auf der Beziehung des Selbst zum Unermesslichen, das heißt zu einer geteilten, einer gemeinsamen Welt. Die Veränderung des Selbst ist eher ein spiritueller als ein intellektueller Prozess. Wenn man diesen Individuationsprozess, das heißt den Prozess der Selbstwerdung beginnt, dann wird die gemeinsame Welt zum Horizont des Denkens und Handelns. Im Alltagsleben, im Hier und Jetzt, in den eigenen Entscheidungen als Konsument und als Bürger, strebt man dann danach, ein gutes Leben *mit* den Anderen zu führen, und versucht, zur Förderung eines gerechteren und nachhaltigeren Entwicklungsmodells beizutragen.

Ausgehend vom je eigenen Körper erscheint die Ethik dann als ein Prozess der umfassenden Selbsttransformation, der zugleich die Vorstellungen, den Intellekt, die Bewertungen, die Affekte und die archaischen Schichten der Psyche betrifft. Man geht über von der Sorge um sich selbst und um die anderen zur Liebe zur Welt. Diese Liebe findet ihren Ausdruck in dem Wunsch, gemeinsam nach verlässlichen Alternativen zu den gegenwärtigen Produktionsweisen zu suchen und in allen Aktivitäten die Interessen der Lebewesen zu berücksichtigen, mit denen wir die Erde teilen. Leben heißt folglich: „leben von“, „leben mit“ und „leben für“.[7]

Corine Pelluchon ist Professorin für Philosophie an der Université Gustave Eiffel in Marne-la-Vallée. Im Oktober 2021 erscheint ihr Buch *Das Zeitalter des Lebendigen. Eine neue Philosophie der Aufklärung* (Wissenschaftliche Buchgesellschaft).

Anmerkungen:

1. Levinas, Emmanuel: Totalität und Unendlichkeit. Versuch über die Exteriorität. Übersetzt von Wolfgang Nikolaus Krewani. Alber, Freiburg 2014, Seite 182, 181: „Die Welt, die ich konstituiere, ernährt und umgibt mich. Sie ist Nahrung und ‚Umwelt'“, 190, 207
2. Pelluchon, Corine: Wovon wir leben. Eine Philosophie der Ernährung und der Umwelt. Übersetzt von Heinz Jatho. Wissenschaftliche Buchgesellschaft, Darmstadt 2020, Seite 42, 213–281
3. Levinas, Emmanuel: Vom Sein zum Seienden. Übersetzt von Anna Maria Krewani und Wolfgang Nikolaus Krewani. Alber, Freiburg 2008, Seite 52, 189–190
4. Das Wort Bezeugung (*attestation*) hat die gleiche Wurzel wie Zeugnis und Überzeugung und steht im Zentrum von Paul Ricœurs Hermeneutik des Selbst in *Das Selbst als ein Anderer*. Übersetzt von Jean Greisch in Zusammenarbeit mit Thomas Bedorf und Birgit Schaaff. Fink, München 1996. Es handelt sich um die moralische Autonomie, die unserer persönlichen Identität oder Selbstheit entspricht und von unseren Werten und unseren Verantwortungen ausgemacht wird.
5. Ricœur, Paul: Philosophie de la volonté. I: Le volontaire et l'involontaire. Points Essais, Paris 2009, Seite 543 („la liaison ombilicale des vivants“). Die deutsche Übersetzung von Daniel Creutz spricht von „nabelschnurförmiger Verbindung“. (Das Willentliche und das Unwillentliche. Fink, Paderborn 2016, Seite 506)
6. Arendt, Hannah: Vita activa oder Vom tätigen Leben. Piper, München 2006, Seite 15, 243
7. Pelluchon, Corine: Ethik der Wertschätzung. Tugenden für eine ungewisse Welt. Übersetzt von Heinz Jatho. Wissenschaftliche Buchgesellschaft, Darmstadt 2019, Seite 106, 178–180

Ernst Peter Fischer

Das Rettende in der Gefahr

Über das Verstehen von Technik und Wissenschaft für das Ziel einer nachhaltigen Welt

Die meisten Menschen der westlichen Länder haben sich an verschwenderische Lebens- und Konsumstile gewöhnt. Aus Profitgier werden Regenwälder abgeholzt und die Ozeane vermüllt. Der infolge des westlichen Lebensstils zunehmenden Erderwärmung kann nur noch mittels technischer Entwicklungen Einhalt geboten werden. Doch Technik und Naturwissenschaft reichen hierfür nicht aus.

„Wo aber Gefahr ist, wächst das Rettende auch." Die hymnischen Worte von Friedrich Hölderlin kann ein Wissenschaftshistoriker nüchtern umkehren. Denn da, wo im Laufe der Geschichte dank Wissenschaft und Technik das Rettende erreicht wurde und den Menschen der erwünschte Handlungsspielraum zugewachsen ist, wuchs auch die Gefahr. In seinem Buch über *Zeiten der Erkenntnis* erwähnt der britische Historiker Ian Mortimer dafür ein eindrucksvolles Beispiel. Mortimer möchte in seiner Erzählung für jedes Jahrhundert den „wichtigsten Akteur des Wandels" ausfindig machen, der seine eigene und die nachfolgende Zeit geprägt hat. Nachdem er sich im 19. Jahrhundert für Karl Marx und seine visionäre Gesellschaftsanalyse entschieden hat, denkt der Historiker als möglichen Kandidaten für das 20. Jahrhundert über den Chemiker Fritz Haber nach, und zwar aus den folgenden Gründen: „Die Erfindung, die dieser deutsche jüdische Wissenschaftler zusammen mit seinem Schwager Carl Bosch machte, der Haber-Bosch-Prozess zur Herstellung von Stickstoffdünger, kam der ganzen Welt zugute. Die Schätzung zur Zahl der Menschen, die heute aufgrund seiner Erfindung leben, gehen in die Hunderte Millionen, sogar in die Milliarden. Was für ein Segen für die Menschheit, möchte man sagen, was für ein Lebensretter! Doch derselbe Mann war auch für die Erfindung der chemischen Kriegsführung verantwortlich ... Und es sollte noch schlimmer kommen. Nach dem Ersten Weltkrieg leitete Haber die Arbeitsgruppe, die das auf Blausäure basierende Insektizid Zyklon B entwickelte. Diese Chemikalie verwendeten die Nazis während des Zweiten Weltkriegs, um unzählige Juden in den Todeslagern zu ermorden ... Der Mann, der mehr Leben rettete als jeder andere, war auch für Millionen Tote verantwortlich."

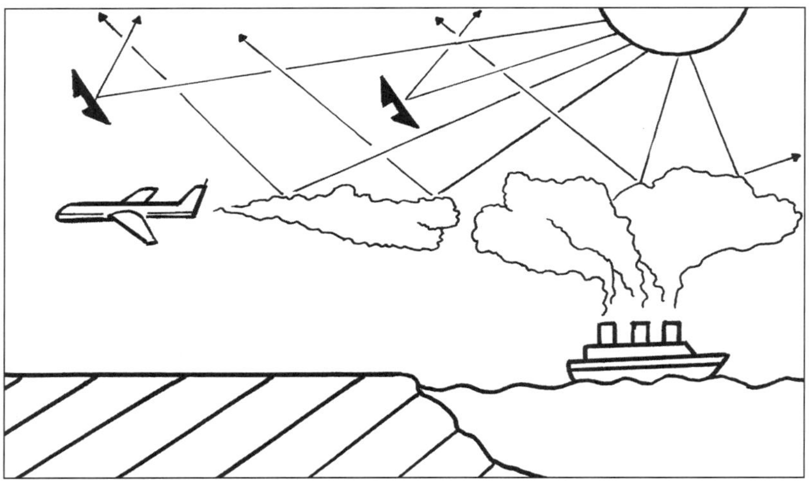

Abbildung: Solar Radiation Management (SRM)
Überbegriff für das Vorhaben, den Einfall von Sonnenlicht auf die Erde durch Reflexion zu reduzieren, um einer weiteren Erwärmung der Erde entgegen zu wirken. Infrage kommen dabei Methoden wie das Versprühen reflektierender Aerosole mit Flugzeugen, die Erzeugung künstlicher Wolken, die Licht in das All zurückstrahlen, auf dem Meer sowie die Positionierung großer Reflektoren im All. Neben dem großen Energieverbrauch besteht vor allem die Gefahr ungewollter Effekte auf das Klima. (Zeichnung: Quentin Fietzek)

Die Nähe der Wissenschaft und ihre Ferne

In der Tat: Wo sich das Rettende zeigt, wächst auch die Gefahr durch die gewonnenen Einsichten in die Natur. Für Hölderlin gilt: „Nah ist / Und schwer zu fassen der Gott". In einer rationalen und säkularisierten Welt zeigt sich etwas anderes: „Nah ist / Und schwer zu fassen die Wissenschaft." Mit dieser banal scheinenden Wendung soll nicht ausgedrückt werden, dass Menschen mit Hilfe von Forschung und Technik göttergleich geworden sind, auch wenn Bücher mit Titeln wie *Homo Deus* (lateinisch für *Der Mensch ist Gott* oder *Gott Mensch*) so etwas proklamieren. Mit der trivialisierten Hölderlin-Zeile soll nicht etwas Großspuriges, sondern – im Gegenteil – etwas Kleinmütiges angesprochen werden. Es ist eine Tatsache, dass heutige Gesellschaften von der Wissenschaft leben und von ihren Hervorbringungen berührt werden. Aber diese Nähe kommt zustande, ohne dass die Menschen etwas von dem Gott in ihren Reihen wissen oder überhaupt verstehen wollen, wie er operiert. Naturwissenschaftliche Bildung findet entweder nicht statt oder kein öffentliches Interesse. Und das ist die eigentliche Gefahr, vor der sich die Menschen nur selbst in Rettung bringen können. Denn größer als die Gefahren, welche die industrielle Verwertung wissenschaftlicher Erkenntnisse mit sich bringt, ist die weit verbreitete Unkenntnis naturwissenschaftlicher Zusammenhänge und Prozesse.

Zu Beginn des 21. Jahrhunderts haben zwar zuständige Organisationen in Deutschland eine Initiative für ein „Public Understanding of Science“, das heißt eine Initiative für ein Verständnis von Wissenschaft für die breite Öffentlichkeit gestartet, und mit Hilfe der 1999 gegründeten Gesellschaft „Wissenschaft im Dialog“ versucht der Stifterverband für die Deutsche Wissenschaft einen konstruktiven Dialog zwischen Wissenschaft und Öffentlichkeit zu fördern. Aber in den vergangenen zwei Jahrzehnten ist weder ein *Verstehen von* noch ein *Verständnis für* Wissenschaft zustande gekommen, wie man das englische *understanding* auf zwei Weisen übersetzen kann. Auch wenn die öffentliche Meinung inzwischen die Gefahr erkannt hat, die der Menschheit unter anderem durch den Klimawandel, das Artensterben, die Umweltzerstörung, die Ressourcenknappheit und die Bevölkerungsexplosion das Überleben erschwert, so zeigt sich trotz Hölderlins Optimismus das Rettende in Form einer notwendig nachhaltigen Lebensweise noch lange nicht in ausreichendem Maß. Nachhaltigkeit kann nämlich nicht allein durch technisch-wissenschaftliche Entwicklungen erreicht werden. Nachhaltigkeit gelingt erst durch eine kulturelle Lebenseinstellung, zu der eine Bildung gehört, die bislang ausbleibt. Eine nachhaltige Lebensweise kann sich nur entwickeln, wenn die Laboratorien mit ihren Forschern und die Werkstätten mit ihren Ingenieuren ihre Beiträge liefern. Sie müssen dann aber auch von den Zeitgenossen verstanden und im Alltag akzeptiert werden, um „enkelgerecht“ wirksam werden zu können.

Eine nachhaltige Lebensweise kann sich nur durch Bildung entwickeln.

Ziele der Menschheit

Die UN hat 17 Teilziele für eine nachhaltige Entwicklung ausgewählt, die unter der Abkürzung SDG (*Sustainability Development Goals*, englisch für „nachhaltige Entwicklungsziele“) im Internet zu finden sind. Sie handeln von Armut, Hunger, Gesundheit, Bildung, Wasser, Energie und manch anderen wichtigen Aspekten, die einem Leben Würde geben. Viele Menschen werden dies wissen, was eine Frage mit sich bringt, die weniger technisch und mehr philosophisch klingt und auf ein Rätsel verweist. Es besteht darin, dass es am Ende des 20. Jahrhunderts nach der Zukunftseuphorie der 1960er-Jahre zu einer Depression gekommen war. Dies obwohl eine Reihe optimistischer Futurologen dem staunenden Publikum vorgeführt hatte, wie *Der Weg ins Jahr 2000* zu finden wäre und welche paradiesischen Zustände an seinem Ende auf die Menschen warten würden. Als man dem versprochenen Land näher kam, zeigte sich jedoch vor allem ein Überdruss an der Wissenschaft, wie der Philosoph Hans Blumenberg 1987 in seinem Buch *Die Sorge geht über den Fluss* notiert hat. Damals konnte sich Blumenberg noch wundern, warum „unausgesetzt Anstrengungen zu meiner Rettung unternommen werden, wenn ich nichts davon weiß, in Gefahr zu sein“. Doch diese Lage hat sich inzwischen spürbar geändert. Die Gefährdung der Welt ist unübersehbar geworden. Doch im 21. Jahrhundert bieten sich viele Technologien an, um gangbare Wege in eine nachhaltige Zukunft zu öffnen.

Geoengineering

Wenn mit Nachhaltigkeit das seit den 1980er-Jahren formulierte Ziel der Menschheit gemeint ist, die Erde und ihre Ressourcen so zu nutzen, dass späteren Generationen dieselben Chancen auf ein Leben in Würde mit ausreichenden Erträgen ermöglicht wird, wie sie bislang verfügbar waren, dann lassen sich eine Fülle von Techniken nennen, deren Einsatz zu dem genannten Ziel beitragen können.

Bekanntlich wird das Erdklima durch das Treibhausgas CO_2 bedroht, das nicht nur in Verbrennungsmotoren, sondern auch in Kraftwerken und anderen Industrieanlagen entsteht und in die Luft gelangt. Dies hat zu der Idee geführt, die Emissionen, die etwa bei der Stromproduktion entstehen, bereits bei deren Freisetzung abzufangen und anschließend unterirdisch zu lagern. Die geeigneten geologischen Formationen müssten allerdings noch gefunden werden. CCS heißt das Konzept, „Carbon Capture and Storage“, das auch als CO_2-Verpressung bezeichnet und seit Ende des 20. Jahrhunderts diskutiert und erkundet wird, ohne seine Kritiker überzeugen zu können (siehe Abbildung). Die Einwände reichen von zu hohen Investitionskosten über Akzeptanzprobleme der Bevölkerung bis hin zu Unkenntnissen über den Aufbau des Erdinnern.

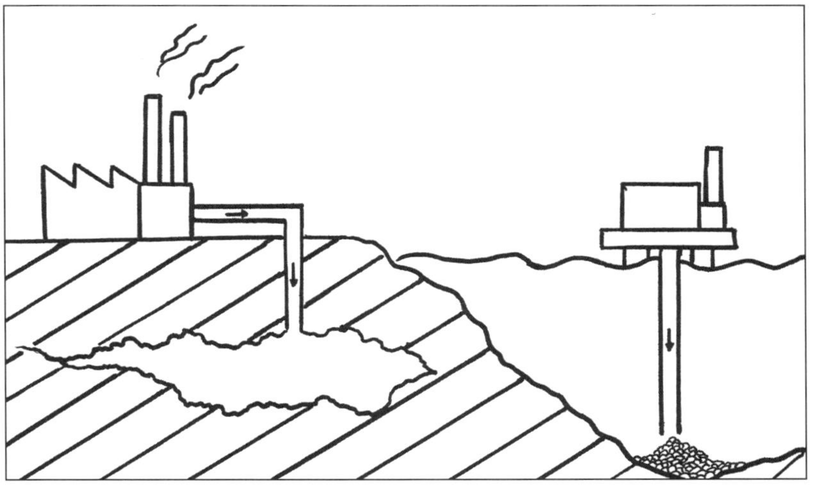

Abbildung: Carbon Capture and Storage (CCS)
Technisches Verfahren, mit dem der Ausstoß von CO_2 in die Atmosphäre verringert werden soll. Die von Industrie und Kraftwerken erzeugten CO_2-Emissionen sollen bei deren Entstehung abgefangen und anschließend gespeichert werden. Als Lagerstätte kommen dabei bestimmte Gesteinsformationen, leere Erdölkammern sowie der Meeresgrund infrage. Neben dem großen Energieverbrauch besteht vor allem die Gefahr von Undichtigkeiten der Lagerstätten zum Beispiel durch Erd- oder Seebeben. (Zeichnung: Quentin Fietzek)

So könnten unvorhersehbare Erdbeben und vulkanische Aktivitäten die Freisetzung von verpresstem CO_2 zur Folge haben.

Der Erderwärmung in Folge der steigenden CO_2-Konzentration in der Atmosphäre könnte man auch mit großräumigen Eingriffen in die Lufthülle der Erde entgegentreten. So könnte man versuchen, die einfallende Sonnenstrahlung zu reduzieren – man spricht vom Solar Radiation Management (Regulierung der Sonneneinstrahlung; siehe Abbildung). So könnte man zum Beispiel große Spiegel im Weltall installieren, welche das Sonnenlicht in den Weltraum zurückstrahlen. Diskutiert werden auch das Einbringen das Licht reflektierender Chemikalien in die oberen Luftschichten sowie die „Herstellung" künstlicher, die Sonneneinstrahlung reflektierender Wolken. Die genannten Methoden werden bisher aber weder im globalen Maßstab angeboten, noch sind sie von der Kostenseite her kalkulierbar.

Gentechnik

Zu den drängendsten Themen gehört die Frage, „Kann unsere Erde die Menschen noch ernähren?", die der Biochemiker und Züchtungsforscher Klaus Hahlbrock in einem 2007 erschienenen Buch mit diesem Titel erörtert. Die Aufgabe ist gigantisch, wie man sich leicht klarmachen kann, wenn man zur Kenntnis nimmt, dass die Landwirtschaft mit weniger Energie und knapper werdenden Böden und Nutzflächen eine zunehmende Zahl von Menschen ernähren muss. Schätzungen gehen von zehn Milliarden Menschen im Jahre 2050 aus. Wie muss eine nachhaltige Landwirtschaft aussehen, die diesen Menschen ausreichend Nahrungsmittel liefert, die möglichst auch zur Gesundheit der Konsumenten beitragen? Eine sogenannte rein biologische Wirtschaftsweise, die auch ohne Kunstdünger auskommt, würde hierfür sicherlich nicht ausreichen. Die diesbezüglichen Antworten greifen oftmals auf die grüne Gentechnik zurück, mit deren Hilfe Nutzpflanzen gegen Schädlinge oder Trockenheit resistent gemacht und so eingestellt werden können, dass sie effizienter mit dem Stickstoff aus der Luft umgehen. Mit dieser Form der Gentechnik können sich selbst einige ihrer einstmaligen Gegner anfreunden. Bisherige Erfahrungen mit zum Beispiel schädlingsresistentem genetisch manipuliertem Mais sind vielversprechend.

Mut zur Nachhaltigkeit

Was alles zu dem für eine global lebenswerte Zukunft aufzubringenden „Mut zur Nachhaltigkeit" gehört, hat der ehemalige Wirtschaftsmanager und heutige Stifter Klaus Wiegandt in einem 2016 erschienenen Band mit diesem Titel zusammengestellt. Im Untertitel kündigt er „12 Wege in die Zukunft" an. Auf ihnen geht es unter anderem um die Bedrohung der Ozeane, die Gefährdung der Ressource Wasser allgemein, die zunehmende Migration der Weltbevölkerung und die Möglichkeit künftiger Seuchen und Pandemien. Bereits viele Jahre vor dem Auftreten von Covid-19 hat der Infektionsbiologe Stefan H. E. Kaufmann die „Mindestanforderungen zur Seucheneindämmung" aufgezählt: „Ausstattung mit gut geführten Kliniken und Implementierung ausreichender Hygienestandards. Sicherstellung einer funktionierenden medizinischen Grundversorgung. Schaffung globaler Organisationen für den Kampf gegen Erreger ohne Grenzen. Einrichtung globaler Überwachungsstrukturen, die rasch neue Gefahrenherde ausmachen, möglichst bevor sich aus einem lokalen Ausbruch eine Epidemie entwickelt. Einrichtung eines internationalen Zentrums für globale Notfallmaßnahmen, das wirksam Eingriffe bei Gefahrensituationen gewährleistet. Stärkung von Forschung und Entwicklung für neue Medikamente, Impfstoffe, Diagnostika, medizinische Geräte sowie Ausrüstung für den Infektionsschutz."

Reboundeffekt
englisch für „Rückschlag-" oder „Bumerangeffekt". Bezeichnung für die Beobachtung, dass Einsparungen im Energieverbrauch, zum Beispiel durch Energiesparlampen, insgesamt nicht zu einem geringeren Stromverbrauch und somit geringerem CO_2-Ausstoß führen. Der eingesparte Strom wird beispielsweise für andere und zusätzliche Geräte verbraucht oder kostengünstig in andere Länder exportiert.

Zur aktuellen Bekämpfung der Corona Pandemie trägt die Weltgesundheitsorganisation WHO (World Health Organisation) bei, die 2009 zusammen mit dem UN-Kinderhilfswerk UNICEF und der Weltbank in einem gemeinsam erstellten Bericht feststellte: Mit „Ausnahme von sauberem Wasser hat keine Maßnahme die Zahl der Todesfälle erfolgreicher zurückgedrängt als Impfstoffe – auch nicht Antibiotika". Impfstoffe sollen (und werden) den Menschen auch bei der derzeit grassierenden Corona-Seuche helfen. Doch dies hindert viele Querdenker trotz übereinstimmender Sicht der Virologen und Infektionsbiologen nicht daran, sich skeptisch und abschätzig gegenüber den gegen Covid-19 entwickelten Impfstoffen zu äußern. Statt über die extrem kurze Entwicklungszeit der therapeutischen Angebote zu staunen, jammert man über die Profitgier der Pharmabranche und verbreitet Verschwörungstheorien abstrusester Art. Dies führt zu der These zurück, dass Nachhaltigkeit ein Thema der Kultur ist, und dass das mit diesem Wort bezeichnete Ziel nur erreicht werden kann, wenn die Menschen dies auch verstehen.

Ein erster Schritt: Die Waldoption

Der Menschheit droht Gefahr, weil ihre Mitglieder aus Profitgier Regenwälder abholzen und verbrennen, weil sie die Artenvielfalt reduzieren, weil sie mit ihren Schiffen und Abfällen die Ozeane kontaminieren und vermüllen, weil Menschen allgemein nach kurzfristiger Gewinnmaximierung streben und sich an verschwenderische Lebens- und Konsumstile gewöhnt haben. Es lässt sich ausrechnen, dass zum Erreichen des bekannten Ziels, die Erderwärmung auf höchstens zwei Grad zu begrenzen, bis zum Jahre 2050 der derzeitige Energiebedarf um die Hälfte reduziert und der größte Teil der fossilen Brennstoffe durch erneuerbare Träger ersetzt werden muss. Dabei soll es weiter gelingen, das Wachstum der Wirtschaft durch technologische Innovationen zu erhalten, was zusammen höchst unwahrscheinlich klingt – jedenfalls solange sich die Politik weigert, dafür zu sorgen, dass für natürliche Ressourcen ökologisch angemessene Preise gezahlt werden. Die durch den aufgestauten Bedarf in Schwellen- und Entwicklungsländern zustande kommenden Reboundeffekte (siehe Erläuterung) machen viele Effizienzgewinne zunichte, die technischen Entwicklungen zu verdanken sind. Und allgemein gilt, dass radikale Umstellungen von Lebens- und Konsumstilen und Änderungen in der industriellen Produktionsweise deshalb weder durchführbar noch zu verantworten sind, weil dies in vielen Ländern Massenarbeitslosigkeit zur Folge hätte, die wiederum Fluchtbewegungen auslösen würde.

Angesichts dieser Lage schlägt Klaus Wiegandt (www.mut-zur-nachhaltigkeit.de) das vor, was er die Waldoption nennt. Sie besteht aus den beiden Schritten „Regenwälder erhalten" und „ein weltweites Aufforstungsprogramm" beginnen. Ein Stopp der Vernichtung der Regenwälder würde die CO_2-Emissionen um Milliarden von Tonnen senken, wobei die damit verbundenen Ertragsausfälle in den Schwellen- und Entwicklungsländern jährlich mit 50 Milliarden US-Dollar bezahlt sein würden, was eine stemmbare Summe für die Weltgemeinschaft ausmacht. Wissenschaftlichen Studien zufolge können auf 200 Millionen Hektar Aufforstungsprogramme ohne Nachteil etwa für die Sonnenabstrahlung durchgeführt werden. Dies scheint ein praktikables Mittel, um die Emissionen ausreichend zu reduzieren, ohne dabei soziales Elend zu verursachen.

Eine Frage der Bildung

Es ist hinreichend klar, dass die Herausforderungen im Bereich der Nachhaltigkeit weniger technischer Art und mehr kultureller Natur sind. Der Klimaforscher Hans-Joachim Schellnhuber schreibt in seinem Buch *Selbstverbrennung:* „Es ist aus moralischen Gründen unerlässlich, dass die Botschaften der Wissenschaften so weit ins Bewusstsein der Entscheidungsträger eindringen, dass diese eine klare Vorstellung davon haben, dass sie eine Wahl unter bestimmten Optionen zu treffen haben." Es muss nicht eigens hinzugefügt werden, dass die erwähnten Botschaften auch in den Köpfen breiter Schichten der Bevölkerung ankommen müssen. Doch kaum schlägt man diese Art der modernen Aufklärung vor, melden sich Sozialwissenschaftler zu Wort, die auf die Gefahren einer ungeschminkten Ausbreitung der Wahrheit hinweisen, weil sie befürchten, Menschen fallen dann entweder in eine Schockstarre, die sie handlungsunfähig macht, oder sie entscheiden sich für das hedonistische Prinzip (siehe Erläuterung) und unternehmen alles, um die Welt und ihren Luxus noch einmal zu genießen.

Man kann natürlich darauf warten, dass die entscheidenden Impulse zum Klimaschutz und zur Rettung vor den erkannten und drohenden Gefahren von Entscheidungen der Politik ausgehen, die den Weg für erhoffte technische Lösungen freimachen. Man kann auch der Ansicht sein, dass schon alles zu spät ist und man nur noch warten kann, bis der planetare Notstand eintritt und die Menschen auf der Erde wieder das beginnen können, was sie im Laufe der Evolution groß gemacht hat und Überlebenskampf heißt. Als der Nobelpreisträger Dennis Gabor in den 1960er-Jahren über die „Menschheit morgen" nachdachte und die Zukunft konkret erfinden wollte, meinte er im Angesicht

Hedonistisches Prinzip
von altgriechisch *hedone* für „Lust", „Genuss", „Freude". Von Aristippos von Kyrene (ca. 435–355 v. Chr.) begründete und von Epikur (ca. 341–271 v. Chr.) weiterentwickelte philosophische Lehre, derzufolge die Maximierung der Lust und die Minimierung von Schmerz die zentralen handlungsleitenden Prinzipien des Menschen sind und auch sein sollten. Die Mehrung der Lustempfindungen wird dabei nicht zwangsläufig als unmoralisch verstanden. So ist für Epikur die Steigerung der Lust am Essen zum Beispiel etwas anderes als maßlose Völlerei.

„Ich fordere die Suche nach einer endgültigen Lösung, um den *sturnus vulgaris* (Gemeiner Star) in die für die Jagd freigegebenen Arten aufzunehmen und damit die erheblichen Schäden, die der betreffende Wildvogel der apulischen Landwirtschaft zufügt, zu begrenzen, da er bis zu 5 kg Oliven pro Tag fressen kann … Eine Richtlinie der EU hat in der Tat alle Arten des Stares unter Schutz gestellt und irrtümlich die Art *sturnus vulgaris* in die geschützten und gefährdeten Arten aufgenommen…“ (Der Regionalrat der demokratischen Partei in einem Schreiben, welches er im Dezember 2014 an den Landwirtschaftsrat und die apulischen EU-Abgeordneten richtete.) Aus der Arbeit AUSPICIA von Daniela Friebel, 2018, Pigmentdruck auf Baryt-Papier, 66,5 x 100 cm (Ausschnitt).

des grandiosen Wirtschaftswachstums und der erstaunlichen Fortschritte der Wissenschaft in seinen Tagen, dass die kommende Menschheit das Pech haben könnte, sich im paradiesischen Luxus zu Tode zu langweilen. Besser wäre es, sie könnte oder müsste Notfallsituationen der katastrophalen Art erleben und durchhalten, weil ihre biologische Geschichte sie darauf vorbereitet habe .

Damit ist das entscheidende Stichwort der Geschichte gefallen, die in den hiesigen Breiten ohne die Wissenschaften unterrichtet wird. Als 1999 ein Bestseller unter der Überschrift *Bildung* verkündete, hier finde man „alles was man wissen muss", wurden die Naturwissenschaften explizit davon ausgenommen – und ein Technikverständnis hat noch nie dazu gehört. Natürlich geht es bei der Nachhaltigkeit um die Zukunft, aber „Zukunft braucht Herkunft", wie der Philosoph Odo Marquard schreibt. Die Gegenwart, die Menschen erleben, hängt von der Wissenschaft ab, die sie in der Vergangenheit entwickelt und eingesetzt haben. Die Fortschritte, die sie dabei erzielen konnte, haben der abendländischen Kultur zu der Humanität verholfen, die Menschen zu allen Zeiten als Ziel ihres Daseins betrachtet haben. Die moderne Version dieser Humanität kennt die Gegenwart als Bemühen um Nachhaltigkeit. Ihr kann und will Ausdruck verleihen, wer deren Herkunft kennt. Ihr Werden und ihre Form nennt man Bildung. Auf ihre allgemeine Form wird es ankommen. Wenn Hölderlin recht hat, sollte jetzt die Bereitschaft der Menschen wachsen, sich die Bildung anzueignen, mit der sie sich retten können. Wer klagt, dass dies teuer wird, sollte sich daran erinnern, was John F. Kennedy in seiner Antrittsrede als Präsident der USA gesagt hat. Das einzige, was teurer ist als Bildung, ist keine Bildung. Sie würde diesmal das Überleben der Menschen kosten.

Ernst Peter Fischer hat als Professor Vorlesungen über Wissenschaftsgeschichte in Konstanz und Heidelberg gehalten. Zuletzt erschien von ihm das Buch *Vom Staunen in der Welt. Was Wissenschaft möglich macht – und was nicht* im Hirzel Verlag.

Rebecca Wolfs

Die Wirklichkeit im Fluss – Nach mir die Sintflut?

Alfred North Whiteheads Prozessphilosophie und Klimaethik

Welche Rolle spielt das Handeln eines einzelnen Menschen angesichts der globalen Problematik des Klimawandels? Gleichen die Bemühungen der Einzelnen nicht eher dem Versuch, einen Flächenbrand auszupusten? Kann der Klimawandel nur durch groß angelegte politische Maßnahmen von Staaten aufgehalten werden oder können auch kleinste persönliche Entscheidungen spürbare Veränderungen bewirken?

Januar 2041
Heute hat mich ein Kind gefragt, wie Schnee aussieht. „Wie Federn, die vom Himmel fallen", habe ich geantwortet, „wie Puderzucker, der auf dem Boden liegen bleibt." Mit einer Mischung aus Faszination und Ungläubigkeit sahen mich weit aufgerissene Kinderaugen an: „Erzähl mir mehr von früher." Also begann ich zu erzählen, von sich abwechselnden Jahreszeiten, davon, wie der Frühling duftete, von unzähligen Tierarten, die es überall gab, nicht nur im Zoo. Ich erzählte, wie der schmutzig graue Fluss vor unserem Fenster einmal kristallklar und von Enten bewohnt war. „Warum ist es jetzt nicht mehr so? Was ist passiert?" Ich zögerte zu antworten. „Wir haben früher wohl viel falsch gemacht." „Hat niemand gewusst, dass es falsch ist?" Wieder suchte ich nach Worten. „Das war alles nicht so einfach." „Hättest du etwas ändern können?"

Januar 2021
Durch eisrandiges Fensterglas beobachte ich Vögel und Eichhörnchen. Die Wiese ist puderzuckerweiß, der Fluss vor meinem Fenster schimmert im Sonnenlicht und kein Kind fragt mich nach Schnee. Aber dennoch scheinen mir solche Fragen wichtig. Abstrakt formuliert fragt das Kind von 2041 nach der individuellen Verantwortung im Bereich der Klimaethik: Welche Rolle spielt das Handeln eines einzelnen Menschen angesichts der globalen Problematik des Klimawandels? Können auch kleinste persönliche Entscheidungen eine planetarische Veränderung bewirken oder gleichen die Bemühungen eines Individuums eher dem Versuch, einen Flächenbrand auszupusten?

Die Frage nach dem Beitrag des einzelnen Menschen zu globalen Problemen ist ein Element der Prozessphilosophie Alfred North Whiteheads (1861–1947). In seinem Hauptwerk *Prozeß und Realität: Entwurf einer Kosmologie* (1929) präsentiert der britische Philosoph und Mathematiker eine nach den Prinzipien mathematischer Logik konstruierte, philosophische Kosmologie. Sein Anliegen ist es, die gesamte Weltwirklichkeit als ein in sich zusammenhängendes System zu verstehen. Dabei gelingt es ihm auch, die Bedeutsamkeit eines jeden Einzelwesens für den gesamten Kosmos aufzuweisen.

Die Grundthesen von Whiteheads Prozessphilosophie

Die Realität ist ein Prozess
Whitehead versteht die Welt als einen Prozess, der sich in permanentem Wandel befindet. Das kleinste Element des Weltprozesses bezeichnet er als Ereignis (*actual entity* – siehe Erläuterung). Die Abfolge unzähliger, einander ablösender Ereignisse bildet den Weltprozess. Bildhaft kann man sich den Weltprozess wie einen Fluss vorstellen: Die einzelnen Wassertropfen des Flusses stellen die Ereignisse der Welt dar. In ihrer Gesamtheit formen sie einen Fluss, den Weltprozess, der sich in stetiger Bewegung befindet.

Die Realität ist ein Organismus
Der Weltprozess ist keine Kaskade unverbundener Ereignisse. Vielmehr bauen alle Ereignisse aufeinander auf und bilden einen Organismus. Um dem Bild des Wassers treu zu bleiben: Eine lose Abfolge von Ereignissen kann als Nacheinander von nicht zusammenhängenden Wassertropfen, als Regenschauer, vorgestellt werden. Der Weltprozess aber zeichnet sich durch die

***actual entity*/Ereignis**
Der Begriff *actual entity* ist der grundlegende Terminus von Whiteheads Prozessphilosophie. Dieser Ausdruck wird in der Sekundärliteratur allerdings unterschiedlich übersetzt. Zuweilen wird er als „aktuale Entität" ins Deutsche übertragen, teils wird er als „wirkliche Gegebenheit" (Mühlenberg) oder „wirkliches Einzelwesen" (Holl) wiedergegeben. Whitehead bezeichnet mit *actual entity* in seiner Kosmologie den kleinsten, fundamentalen Baustein der Wirklichkeit. Ähnlich wie die Vertreter des naturphilosophischen Atomismus', zum Beispiel der griechische Philosoph Demokrit, die Welt als ein aus kleinsten Teilen (Atomen) zusammengesetztes Ganzes verstehen, betrachtet auch Whitehead die Realität als Verbund kleinster Elemente. Jedoch ist die Wirklichkeit Whitehead zufolge keine Summe von Gegenständen, sondern ein Prozess von momenthaften „Geschehnissen" oder „Ereignissen". Dieser Prozess ist in keiner Weise vorherbestimmt oder vorhersehbar; das einzelne „Ereignis" ist die treibende Kraft, die den Weltprozess bestimmt. Auch der Mensch ist in Whiteheads Denken eine Abfolge von „Ereignissen" beziehungsweise die Summe seiner Entscheidungen. Entsprechend muss man sich die menschliche Existenz als einen nicht vorherbestimmten Prozess vorstellen. Um dem dynamischen und aktiven Charakter des Begriffs *actual entity* gerecht zu werden, wird er in diesem Artikel als „Ereignis" wiedergegeben.

Abbildung:
Die Klasse Löbbert im Lago Maggiore
Foto: Maik und Dirk Löbbert, 2014

Verbundenheit seiner Ereignisse aus; so, wie man sich einen Fluss als Verbund von Wassertropfen denken kann.

Die Realität ist vergänglich
Jedes einzelne Ereignis des Weltprozesses ist einmalig und vergänglich. Sobald sich etwas ereignet, vergeht es schon wieder. Durch sein Vergehen bildet ein Ereignis den Ausgangspunkt für neue Ereignisse, die an das vergangene Ereignis anschließen und auf es aufbauen können. Kein Ereignis ist unendlich, aber jedes Ereignis stößt eine unendliche Folge weiterer Ereignisse an. Damit ist die Welt als ein stetiger Prozess des Werdens und Vergehens zu verstehen, was sich auch im Bild eines Flusses veranschaulichen lässt: Tag für Tag sieht man denselben Fluss. Dennoch befindet sich dieser Fluss niemals im Stillstand, er wird gleichsam in jedem Augenblick von neuen Wassertropfen durchflossen. Man blickt an jedem Tag auf denselben Fluss und zugleich immer wieder auf einen völlig anderen. Das heißt, mit den Worten Heraklits gesprochen: Man kann nicht zweimal in denselben Fluss steigen.

Diese drei Thesen bilden die Basis für Whiteheads Prozessphilosophie. Darauf aufbauend schließen sich weitere Überlegungen an, in denen sich mögliche Antworten auf die Kinderfragen von 2041 finden lassen.[1]

„Wie ist das passiert?"

Mit einem Blick auf den schmutzigen Fluss ohne Leben möchte das Kind von 2041 verstehen, wie aus der Vergangenheit Gegenwart geworden ist und wie Gegenwart sich in Zukunft wandelt. Whitehead setzt zur Beantwortung solcher Fragen bei dem kleinsten Wassertropfen des Flusses beziehungsweise der kleinsten Einheit des Weltprozesses, dem Ereignis, an. Jedes Ereignis beginnt für Whitehead mit einer Entscheidung. Dabei beziehen sich Entscheidungen, die Ereignisse zur Folge haben, immer auf alle diesen vorangegangenen Ereignisse. In einer Entscheidung wird aus der Vielzahl der durch die Vergangenheit gebotenen Möglichkeiten eine neue Wirklichkeit kreiert. Das Ereignis ist so zur Vollendung und damit zu seinem Ende gelangt. Nun wird das vollendete Ereignis zur konstituierenden Vergangenheit aller folgenden Ereignisse. Auch wenn es vergangen ist, wird es die Zukunft unweigerlich beeinflussen; das Ereignis ist begrenzt, seine Wirkung jedoch unbegrenzt.

Diese Überlegungen erscheinen zunächst sehr abstrakt. Was bedeuten sie für den einzelnen Menschen? In Whiteheads Denken ist der Mensch eine Summe von Ereignissen, eine Fülle von kleinsten Entscheidungen. Eine solche Entscheidung könnte etwa darin liegen, ob man auf sein Handy schaut oder das Fenster öffnet, um auf einen Fluss zu sehen. Entscheidet man sich für das Öffnen des Fensters, vollendet sich das Ereignis, indem man das Fenster öffnet. Mit jeder Entscheidung setzt man weitere Ereignisse in Gang. Beispielsweise wird ein Vogel vor dem Fenster durch das Geräusch des Öffnens erschreckt und fliegt davon. Die kleinsten Entscheidungen der Gegenwart sind es also, welche die Ereignisse der näheren und ferneren Zukunft bedingen.

Auf die Frage „Wie ist das passiert?" lässt sich mit Whitehead antworten: Die Gegenwart ist das Begreifen und Loslassen der Vergangenheit zugleich. Jedes Ereignis der Gegenwart ist unweigerlich gebunden an seine Vergangenheit. Man kann sich in vollkommener Freiheit dafür entscheiden, die Entscheidungen der Vergangenheit fortzuführen oder diese zu verwerfen und einen neuen Weg einzuschlagen. Wer wir sind und wie wir handeln ist nicht durch unsere Vergangenheit, unser Umfeld oder die Gesellschaft vorausbestimmt, sondern ist einzig unsere Entscheidung. Wir gelangen also erst in unseren Entscheidungen zur Existenz. Auch die Gegenwart kann niemals verloren gehen, sie lebt als Vergangenheit unsterblich in der Zukunft weiter. Mit jedem noch so kleinen Ereignis in der Gegenwart wird Zukunft gesät.

Jedes Ereignis ist begrenzt, seine Wirkungen hingegen unbegrenzt.

Für das Jahr 2021 und die Frage nach einer individuellen Klimaethik ist diese Einsicht bedeutsam: Dass der menschengemachte Treibhauseffekt eine Reihe von Konsequenzen wie Hitzeextreme, Trinkwasserknappheit, Waldbrände etc. zeitigt, ist kein Geheimnis. Auch wenn man darum weiß, erfüllt diese Nachricht einen nicht mit Schrecken. Das liegt möglicherweise an der großen räumlichen und zeitlichen Distanz, in der diese Phänomene die meisten Menschen der westlichen Industriestaaten betreffen. Noch betreffen sie vor allem Menschen in anderen Teilen der Welt und werden besonders die Generationen nach uns betreffen. Diese räumliche und zeitliche Distanz kann zur Gleichgültigkeit einladen. Vor dem, was einem nicht direkt vor Augen liegt, braucht man noch nicht einmal seine Augen verschließen, um es zu verdrängen. Also nach uns die Sintflut?

Whiteheads Kosmologie bietet eine neue Perspektive an. Keine Entscheidung der Gegenwart ist unwichtig, da sie für die Zukunft eine unweigerlich gegebene und nicht veränderbare Vergangenheit darstellen wird. Dies gilt sogar für die kleinsten Alltagsentscheidungen, wie die Kaufentscheidung für ein Rindersteak, das dank billigen Sojas aus dem abgeholzten Regenwald des Amazonas billigst im Supermarkt angeboten werden kann, der Weg zur Arbeit mit dem Fahrrad oder dem Auto etc. Denn mit solchen Entscheidungen gestaltet jeder Mensch Zukunft. Menschen, die noch nicht geboren sind, haben keine Lobby, daher können wir versuchen, in unserem Handeln ihre Fürsprecher zu sein. Denn wenn es um die Zukunft geht, gibt es keine Bedeutungslosigkeit!

„Hat niemand gewusst, dass es falsch ist?“

Das Kind von 2041 fragt nach einem universalen Maßstab, einer Bewertungskategorie für Handlungen, die ohne jeden Zweifel bestimmt, was „richtig“ und „falsch“, „gut“ und „böse“ ist. In Whiteheads Begriffen gesprochen: Wenn jedes Ereignis des Weltprozesses mit einer Entscheidung beginnt, wer bestimmt dann, ob diese Entscheidung richtig oder falsch ist? Die Antwort auf diese Frage ergibt sich aus Whiteheads Vorstellung von der Welt als Organismus: Whitehead stellt sich den Kosmos als ein System vor, in dem alles mit allem verbunden ist. Jedes einzelne Ereignis steht in Beziehung zu allen übrigen Ereignissen des Weltprozesses. Die Entscheidung, mit der ein Ereignis beginnt, vollzieht sich also nicht isoliert, sondern stets in Bezug auf alle anderen Ereignisse der Welt.

Eine Entscheidung kann also niemals nur für sich betrachtet werden, sondern muss stets im Verhältnis zu den anderen Lebewesen und Dingen gesehen werden, das heißt, sie betrifft mehr oder weniger immer alles.

Daraus folgt, dass eine Entscheidung isoliert betrachtet nicht als richtig oder falsch beurteilt werden kann. Sie kann bestenfalls in ihrer Beziehung zu anderen richtig oder falsch sein. Die Kategorien „gut“ und „böse“, „richtig“ und „falsch“ existieren also in Whiteheads Denken nicht in einem absoluten Sinne, sondern nur situationsgebunden. In ein konkretes Beispiel gefasst bedeutet dies: Wenn man sich dazu entscheiden würde, seinen Plastikmüll in einem Fluss zu entsorgen, würde diese Entscheidung für einen selbst zunächst nur bedeuten, dass der Müll nicht mehr in der Wohnung ist, dass er „aufgeräumt“ wurde. Aus der engen Perspektive des eigenen Haushalts wäre eine solche Entscheidung also nicht falsch. Darüber hinaus wäre ein „richtig“ oder „falsch“ zumindest nicht unmittelbar zu spüren. Betrachtet man diese Entscheidung aber in ihren Auswirkungen auf die übrigen Menschen, Tiere und Pflanzen, die im oder am Fluss leben, kann sie mit guten Gründen als eine falsche Entscheidung bewertet werden.

Entsprechend sind „richtig“ und „falsch“, ebenso wie „gut“ und „böse“ keine überzeitlichen, absolut existierenden Kategorien. Sie ergeben sich aus einem sozialen Gefüge heraus. Die Frage nach „richtig“ oder „falsch“ ist demnach nicht durch eine Autorität oder ein festgeschriebenes Regelwerk zu beantworten. Die Antwort findet sich vielmehr in einem Blick auf die Welt, auf die Menschen und auf uns selbst.

Auch diese Überlegungen lassen sich auf die individuelle Klimaverantwortung im Jahr 2021 übertragen: Es existiert weder eine „Weltpolizei“ noch eine „Klimapolizei“, die als global verbindliche Autorität unser Verhalten als „richtig“ oder „falsch“ klassifizieren würde. Klimapolitik ist nicht selten räumlich durch nationale Grenzen und zeitlich durch Legislaturperioden begrenzt. Das Verhalten eines Individuums und einer Gesellschaft unterliegt diesen Grenzen nicht. Die Entscheidung, welche Rolle man in diesem weltumspannenden Gefüge spielen möchte, nimmt einem niemand ab. In ähnlicher Weise formuliert es der französische Philosoph Jean Paul Sartre: „Der Mensch ist verurteilt frei zu sein!“ Diese Freiheit ist jedem Menschen gleichermaßen zugemutet wie zugetraut. Es gibt kein Ver-

Aphorismenschneise • Aphorismens

Für Selbstkritik will man gelobt werden.

Todesverdrängung ist Zeitverschwendung.

Wer vom Leben nicht genug kriegen kann,
hat nicht gelebt.

Letztlich ist auch Wollen
eine Frage des Könnens.

Pokal: Ruhmurne.

Im Suizid verkümmert der Todeswunsch
zur Bedürfnisbefriedigung.

Alexander Eilers

bot oder keine Anweisung, auf die man warten muss, um zu handeln. Auch wird es keinen erhobenen Zeigefinger geben, der einem die „richtige“ Richtung zeigen wird. Um zu wissen, was richtig ist, muss man sich nur umsehen. Man muss in die Gesichter der Menschen sehen, die einen umgeben, und in seiner Fantasie auch in die Gesichter zukünftiger Menschen, zum Beispiel der im Jahr 2041 lebenden Kinder. Zuletzt muss man vertrauen: in seine eigene Freiheit und seine eigene Urteilskraft.

„Hättest du etwas ändern können?“

Mit dieser letzten Frage ist das Kind von 2041 bei dem Kern der Problematik angelangt. Es stellt gleichsam die „Gretchenfrage“ der Klimaethik: Kann das Verhalten eines einzelnen Menschen tatsächlich einen Unterschied machen, gar etwas verändern? So wie die ursprüngliche „Gretchenfrage“ in Goethes *Faust* „Nun sag', wie hast du's mit der Religion?“ im Grunde die Frage nach Gott stellt, beantwortet auch Whitehead diese letzte Frage mit Gott. Jedoch versteht er den Begriff „Gott“ keineswegs in gewöhnlicher Weise.

In Whiteheads Kosmologie ist Gott, ebenso wie die Welt, als Prozess zu denken. Whitehead versteht die Welt als einen sich stetig wandelnden Fluss von Ereignissen. Jedes Ereignis beginnt mit einer Entscheidung, die sich auf alle durch die Vergangenheit vorgegebenen Möglichkeiten bezieht. Gott ist in diesem Denken nichts anderes als die Summe aller Möglichkeiten, die einem Ereignis bei seiner Entscheidung zur Verfügung stehen. Letztlich ist Gott für Whitehead pure Potenzialität, die Verkörperung von allem, was möglich ist. Daraus ergibt sich die Beziehung von Gott und Welt. Gott bildet die Summe aller Möglichkeiten für die Entwicklung des Weltprozesses. In jedem einzelnen Ereignis des Weltprozesses finden diese Möglichkeiten ihre Verwirklichung. Jedes Ereignis der Welt verwirklicht also Gott. Gott existiert damit nicht unabhängig von der Welt, sondern kommt erst in der Welt zur Erscheinung. Welt und Gott sind permanent aufeinander angewiesen. Gott stellt der Welt seine Möglichkeiten zur Verfügung, die Welt stellt Gott ihre Wirklichkeit zur Verfügung, so Whitehead.

Die Kategorien „gut“ und „böse“, „richtig“ und „falsch“ existieren nur situationsgebunden.

Whitehead stellt sich Gott also nicht im klassischen Sinne als Schöpfer und Lenker der Welt vor. Gott stellt vielmehr die Möglichkeiten bereit, die von den Ereignissen der Welt verwirklicht werden. Entscheidend ist dabei, dass Gott nicht bestimmen kann, welche Möglichkeiten in der Welt verwirklicht werden und auf welche Weise dies geschieht. Dies liegt in der vollkommen freien und selbstbestimmten Entscheidung eines jeden Lebewesens. Gott wird also nicht als Schöpfer, sondern als Ermöglicher der Welt gedacht. Die Welt ist ihre eigene Schöpferin. Jedes noch so kleine Ereignis des Weltprozesses besitzt schöpferische Kraft. Jeder einzelne Mensch ist Mitschöpfer der Welt. Wenn ein Individuum des Weltprozesses eine in seiner konkreten Situation schlechte Entscheidung trifft, geschieht dies auch, weil Gott es ermöglicht hat. In diesem Fall wird Gott auf eine schlechte oder nicht optimale Weise verwirklicht, denn Gott kann nicht anders verwirklicht werden als im Weltprozess.

Was bedeutet das für den einzelnen Menschen? Heute sind wir mit einer Problematik konfrontiert, die in klimaethischen Debatten als *contributor's dilemma*, wörtlich „Mitwirkenden Dilemma“, bezeichnet wird. Das heißt: Die meisten Menschen haben ein großes Interesse daran, dass den mit Klimawandel und Umweltzerstörung einhergehenden massiven Problemen mit mutigen Lösungen begegnet wird. Gerne sind auch viele bereit, einen Beitrag dazu zu leisten. Gleichzeitig fürchten sie jedoch, dass ihr individueller Beitrag in der Bedeutungslosigkeit verschwindet. Was kann der Beitrag eines Einzelnen angesichts der über Jahrzehnte gewachsenen, weltumspannenden Missstände schon verändern? Alle Bemühungen von einzelnen Menschen scheinen dem Kampf des Don Quijote gegen die Windmühlen zu gleichen, während andere sich rückhaltlos amüsieren und bereichern.

Whiteheads Kosmologie hilft hier, sich daran zu erinnern, dass auch minimale Beiträge jeden zum „Schöpfer“ machen. Sicher wird keiner allein die Welt retten, aber wir alle können ihr einen kleinen Schubs geben, bevor wir gehen und die Misere den nachfolgenden Generationen überlassen. Wenn man sich als Teil eines großen Flusses begreift, versteht man, dass Vergangenheit, Gegenwart und Zukunft einzigartige Chancen sind: Man kann aus der Vergangenheit lernen und daraus eine Gegenwart erschaffen, nicht perfekt, aber so gut es eben möglich ist. Denn die Gegenwart dient nicht dem Warten auf das, was das Schicksal bringen mag, sondern dem Gestalten der Zukunft!

Rebecca Wolfs ist Doktorandin am Fachbereich Evangelische Theologie an der Philipps-Universität Marburg.

Anmerkung:

1. Whiteheads Prozessphilosophie basiert primär auf kosmologischen Überlegungen. Ethische Fragen werden von Whitehead selbst eher am Rande behandelt. Dessen ungeachtet bietet seine Kosmologie eine gute Ausgangsbasis, ethische Impulse für heutige klimaethische Debatten zu entwickeln.

Literatur:

- Birnbacher, Dieter: Klimaethik. Nach uns die Sintflut? Stuttgart 2016, Seite 129
- Cobb Jr. J.B.; Griffin, D.R.: Prozess-Theologie. Eine einführende Darstellung. (Theologie der Ökumene, Band 17) Übersetzt von Marianne Mühlenberg. Göttingen 1976
- Suchocki, M.H.: The End of Evil. Process Eschatology in Historical Context. New York 1988
- Whitehead, Alfred North: Prozeß und Realität. Entwurf einer Kosmologie. Übersetzt und mit einem Nachwort versehen von Hans-Günter Holl. Frankfurt am Main 1984

„Überall auf der Welt gab es zahlreiche drastische Versuche, den Star zu bekämpfen, allerdings ohne nennenswerte mittel- bis langfristige Ergebnisse (‚*no longterm solution*'). Was nicht funktioniert: 1. Gift, 2. Reinigungsmittel, die über die Schlafbäume versprüht werden und wegen des Verlustes der Isolationseigenschaften des Gefieders durch Unterkühlung zum Tode führen, 3. Sprengstoff, der unter den Schlafbäumen gezündet wird, 4. Fangen mit Fressfallen, 5. Töten mit Schusswaffen." (Star (*sturnus vulgaris*). Ecologia urbana, 2006) Aus der Arbeit AUSPICIA von Daniela Friebel, 2018, Pigmentdruck auf Baryt-Papier, 35 x 52,5 cm (Ausschnitt).

Norbert Bolz

Die Religion der Angst

Über die Ethik der Weltverantwortung

Das ökologische Problembewusstsein ist in eine kollektive Angstreligion umgeschlagen. Die Furcht vor dem Herrn wurde durch die Furcht vor dem Menschen und seinem Handeln ersetzt. In der durch die Wissenschaften entzauberten Welt hat das politische Handeln seine rationale Basis verlassen und schielt nur noch auf emotionale Erregungszustände. Eine Besinnung tut not!

Als Max Weber den Gesinnungsethikern seiner Zeit eine Verantwortungsethik entgegenstellte (siehe Erläuterung), war dieser Begriff der Verantwortung ein Ausdruck des politischen Augenmaßes im Bewusstsein, dass man mit jeder wertorientierten Lebensentscheidung in Teufels Küche gerät. Seither hat sich die Bedeutung des Begriffs Verantwortung geradezu in ihr Gegenteil verkehrt. Terroristen übernehmen weltöffentlich „Verantwortung" für ihre wahnsinnigen Mordtaten, und große Unternehmen blähen sich mit Konzepten wie „Corporate Responsibility" als Großbürger der Weltgesellschaft auf. Dem entspricht auf der Ebene intellektueller Empfindsamkeit der Anspruch der Gutmenschen, von den Ereignissen der ganzen Welt „betroffen" zu sein.

Die Ethik der Weltverantwortung entspringt dem rein religiösen Bedürfnis, inmitten der entzauberten Welt das Mysterium des Humanen wieder zur Geltung zu bringen. Es steht und fällt mit dem Fantasma, der Mensch sei „Mandatar eines Wollens der Natur". Die religiösen Intimkenntnisse dieses Wollens verleihen dann die Lizenz zur ethischen Kritik des Wissenschaftsprozesses. Und ganz offensichtlich will die Natur den gentechnischen und atomphysikalischen „Vorstoß in den Kern" nicht.

Diese Formulierungen stammen von Hans Jonas, dessen Ethik die religiöse Grundstruktur des Humanitarismus besonders deutlich macht (siehe Erläuterung). Das „Prinzip Verantwortung" von Jonas ist zentriert um die Begriffe von Furcht und Tabu, um das Humanum und das Heilige. Sachlich stellt sich hier das Problem, das Heilige zu rehabilitieren, ohne auf den Gott der Juden oder Christen zurückzugreifen. Wir brauchen das Heilige, weil wir wieder Furcht und Zittern, Scheu und Ehrfurcht brauchen. Jonas' Ausgangspunkt ist dabei das Tabu über den Menschen als Geschöpf Gottes, das heute von der Gentechnik angetastet wird. Von hier startet Jonas einen Generalangriff gegen die wissenschaftliche Entzauberung der Welt. Und dieser Humanitarismus ist stets bereit, in Fundamentalismus umzukippen – so fordert Jonas ausdrücklich: „Unsere so völlig enttabuisierte Welt muss angesichts ihrer neuen Machtarten freiwillig neue Tabus aufrichten."

Das ist der Kern der politischen Theologie zum Beispiel der Partei Die Grünen. Mit der paradoxen Formel von den freiwilligen Tabus meint Hans Jonas Praktiken, die uns das fürchten lehren. Was er „Heuristik der Furcht" nennt (von altgriechisch *heuriskein* für „finden", „entdecken"), ist die ökologische Findekunst, die uns anweist, immer vom schlimmst möglichen Fall auszugehen.

Schon Günther Anders bescheinigte der modernen Welt einen „Analphabetismus der Angst" – das heißt, wir müssen wieder das Fürchten lernen, weil wir apokalypse-indifferent sind. Wir sollen uns fürchten vor dem, was wir können. Der Mensch ist sich hier selbst zum bösen Demiurgen geworden, gegen den er Sicherheitsvorkehrungen treffen muss. Technik ist des Teufels, der uns einem Absolutismus des Machbaren unterworfen hat. In dieser Version des Teufelspakts wird Faust, der ja einmal der tragische Held neuzeitlicher Selbstbehauptung war, nicht nur vom Teufel geholt, sondern selbst zum Teufel. Mit anderen Worten: Der faustische Mensch mit seinen technischen Möglichkeiten wird zum letzten und eigentlichen Feind der Menschheit stilisiert.

Die Deutschen bilden die Avantgarde der Angst.

Das „Prinzip Verantwortung" ist also im Kern eine „Ethik der Furcht vor unserer eigenen Macht". Eine Angstkultur soll das naturwissenschaftlich-technische Wissen der Gegenwart vermenschlichen. Damit wird Furcht zur ersten Bürgerpflicht – nicht mehr die „Furcht vor dem Herrn", sondern die Furcht des Menschen vor sich selbst. Die Angst des Menschen vor den eigenen Techniken tritt hier die Erbschaft der archaischen Weltangst und der mittelalterlichen Angst vor Gottes Allmacht an. Es ist das große Verdienst von Hans Jonas, diese Denkstruktur so klar herausgearbeitet zu haben, dass sie als religiöses Fundament der fundamentalistischen Ökologen erkennbar wird.

Gesinnungsethik, Verantwortungsethik
Während sogenannte Utilitaristen (von lateinisch *utilitas* für „Nutzen") alle Handlungen nach deren Folgen respektive deren Nutzen bewerten, treten Gesinnungsethiker für ein Handeln ein, das sich an Grundsätzen der (subjektiven) Gesinnung respektive an oft religiös begründeten moralischen Werten orientiert. Verantwortungsethiker vertreten eine Zwischenposition. Sie fordern, die Folgen von Handlungen in die Entscheidungsgründe einzubeziehen. Sittlichkeit solle folgensensibel verwirklicht werden.

Es ist heute schon zu einer interessanten Selbstverständlichkeit geworden, dass man Menschen nicht nur Pflichten gegen seinesgleichen, sondern gegen die ganze Menschheit zumutet. Das „Prinzip Verantwortung“ überlastet die Ethik mit dem größten aller möglichen Gegenstände: der Zukunft der Menschheit – wobei es im Kern um das Dass einer Zukunft überhaupt geht, also ums Überleben. Diese Mythologie einer kosmischen Verantwortung für das Leben im Ganzen resultiert daraus, dass Hans Jonas den technischen Stand der Dinge immer so darstellt, dass er einen unmittelbar theologischen Charakter bekommt. Nicht Gott, sondern die Technik bekleide den Menschen mit dem Amt, der „Wächter der Schöpfung“ zu sein.

Das Humanum wird bei Jonas zum Fetisch eines Gegenzaubers gegen die entzauberte Welt der Wissenschaften. Da ist es auch ganz konsequent, dass er, wie im Mittelalter, die Neugierde in den Lasterkatalog aufgenommen sehen möchte. Wer entscheidet aber über die Unterscheidung, die Jonas im Willen zum Wissen trifft? Wer soll Erkenntnis, die „zum Adel des Menschen gehört“, von „bloßer Neugierde“ trennen? Das läuft allerwege auf Denkverbote, zumindest aber auf einen hartnäckigen Willen zum Nichtwissen hinaus. Das nennt man bekanntlich Ignoranz. Und in der Tat propagiert Jonas, im Gegenzug zum neuzeitlichen Prozess der theoretischen Neugierde, ein Bündnis von kontemplativer Theorie und Ignoranz.

Das Grundrecht der Ignoranz soll unser prometheisches Leiden heilen: dass wir zu viel wissen (siehe Erläuterung). Der Wille zum Nichtwissen wird von Jonas als Mittel einer asketischen Ethik eingesetzt, mit der es schließlich gelingen soll, die Pandorabüchse der Wissenschaften unter Verschluss zu halten. Wenn er etwa über das Cloning dekretiert: „Es besteht kein echtes legitimes Wissensinteresse, an dieser Stelle weiterzugehen“, so kann er wohl breiter Zustimmung sicher sein. Aber es wäre eben interessant, zu wissen, wer über die Legitimität von Wissensinteressen entscheidet.

Die moderne Technik hat unsere Gesellschaft radikal von sich abhängig gemacht und konfrontiert sie ständig mit den Risiken ihrer Nebenfolgen. Darauf antwortet Technikangst. Sie ist aber nicht nur eine Angst vor bestimmten Techniken wie Atomkraft und Gentechnologie, sondern mehr noch eine Angst vor jener radikalen Abhängigkeit. Denn bei Themen wie Umweltverschmutzung, Klimawandel, Energieversorgung und Überbevölkerung spürt jeder, dass die Zukunft von Techniken abhängt, die derzeit noch nicht zur Verfügung stehen.

Unsere Gesellschaft ist deshalb durch einen latenten Bürgerkrieg zwischen Machern und Mahnern gekennzeichnet. Die Identität von Risiko und Chance wird nämlich vor allem an der Technik deutlich. Die Macher können darauf verweisen, dass man die Risiken moderner Technologien nur abschätzen kann, wenn man sich auf sie einlässt. Die Mahner dagegen proklamieren das Precautionary Principle (Vorsorgeprinzip), das die Installation technischer Innovationen davon abhängig machen möchte, dass deren Beherrschbarkeit im vorhinein nachgewiesen werden kann.

Nun ist aber die Rationalität der modernen Gesellschaft ans Risiko geknüpft. Deshalb erregt sie ein permanentes Unbehagen. Denn das Kalkül mit dem Risiko ist komplex, die Angst vor der Gefahr und die entsprechende Forderung nach Sicherheit dagegen sind einfach. Es kann deshalb nicht überraschen, dass die ökologischen Folgen der Technik im öffentlichen Diskurs ihre zweckrationalen Perspektiven verdunkeln.

Die Faszination durch die möglichen Katastrophen verstellt den Blick auf die Technikabhängigkeit der Gesellschaft. Wer Angst hat, kennt kein akzeptables Risiko. „Katastrophe“ heißt nämlich: Ich will nicht rechnen. Deshalb haben die Propagandisten des Vorsorgeprinzips leichtes Spiel. Dieses Vorsichtsprinzip läuft auf die Vermeidung von Risiken hinaus – und damit auf eine Verdrängung der modernen, auf Statistik und Wahrscheinlichkeitsrechnung basierten Rationalität durch Angst. Man muss nur ein dramatisches Bild des möglichen Schadens zeichnen, um jedes Risiko-Kalkül zu blockieren. Die Angst vor der Katastrophe lässt sich nicht vorrechnen.

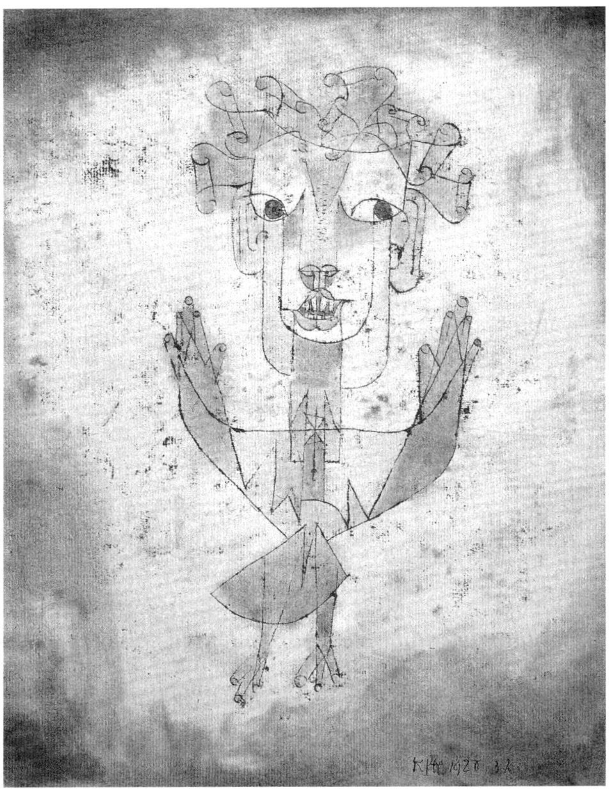

Abbildung: **Angelus Novus** Paul Klee, 1920; aquarellierte Zeichnung, 31,8 x 24,2 cm

Das Bild *Angelus Novus* von Paul Klee hatte für Walter Benjamin, in dessen Besitz es sich befand, eine hohe symbolische Bedeutung. Er sah in dem flüchtig und durchscheinend wirkenden Wesen mit dem eindringlichen Blick den „Engel der Geschichte“. In den Thesen *Über den Begriff der Geschichte* schreibt er 1940: „Er hat das Antlitz der Vergangenheit zugewendet. Wo eine Kette von Begebenheiten vor uns erscheint, da sieht er eine einzige Katastrophe, die unablässig Trümmer auf Trümmer häuft und sie ihm vor die Füße schleudert. Er möchte wohl verweilen, die Toten wecken und das Zerschlagene zusammenfügen. Aber ein Sturm weht vom Paradies her, der sich in seinen Flügeln verfangen hat und so stark ist, dass der Engel sie nicht mehr schließen kann. Dieser Sturm treibt ihn unaufhaltsam in die Zukunft, der er den Rücken kehrt, während der Trümmerhaufen vor ihm zum Himmel wächst. Das, was wir den Fortschritt nennen, ist dieser Sturm.“

Das Precautionary Principle institutionalisiert die Ängstlichkeit. Dieses Vorsorgeprinzip ist das Gegenteil des neuzeitlichen Risikoprinzips: Der Mangel an wissenschaftlicher Gewissheit darf angesichts der Gefahr irreversibler Umweltschäden kein Argument mehr sein. Daraus folgt, dass schlechte Prognosen für die Menschheit besser sind als gute. Man soll handeln, auch wenn die Ursache-Wirkungs-Zusammenhänge noch unklar sind. Wenn etwas möglicherweise gefährlich ist, ist das schon ein Grund zur Sorge – und Vorsorge. So muss für technologische Innovationen jetzt nachgewiesen werden, dass sie garantiert unschädlich sind. Das schließt natürlich jedes riskante Verhalten aus. Auch die Abwägung von Risiken gegeneinander. So entsteht eine risikoaverse Gesellschaft, die nicht mehr in der Lage ist, auf reale Katastrophen sinnvoll zu reagieren.

Die Deutschen bilden weltweit die Avantgarde der Angst. „German Angst" und der deutsche Größenwahn, der uns immer wieder heißt „voranzugehen", sind offenbar Komplementärphänomene. In unserem Verhältnis zur Technik erweist sich dieses Vorangehen allerdings als Rückweg, nämlich vom Risiko zum Tabu, das heißt von einem rationalen zu einem magischen Verhalten. Das zeigt sich sehr deutlich an jenem Vorsorgeprinzip. Es geht hier um die Gefahr der noch unerkannten Gefahr, mit der eine Politik der Angst die technologische Entwicklung lähmt. Wir sollen uns fürchten vor dem, was wir können.

So wie in den 60er- und 70er-Jahren revolutionäres Klassenbewusstsein produziert wurde, wird heute apokalyptisches Umweltbewusstsein produziert – die Bewusstseinsindustrie hat von Rot auf Grün umgestellt. Man könnte von einer grünen Inversion der Revolution sprechen. Statt das Heil der klassenlosen Gesellschaft erwartet man das Unheil der Klimakatastrophe. Was die alte rote Utopie und die neue grüne Dystopie jedoch miteinander verbindet, ist das, was der Philosoph Odo Marquard den „Heißhunger nach dem Ausnahmezustand" genannt hat.

Und wie damals die Roten, so beuten heute die Grünen das Schuldbewusstsein der westlichen Kultur aus. Dabei entfaltet sich eine Dynamik, die jedem Religionswissenschaftler vertraut ist: Die apokalyptische Drohung produziert Heilssorge. Zugleich wirkt in der apokalyptischen Drohung aber auch die Verheißung, die eigene Lebenszeit mit der entfremdeten Weltzeit endlich zur Deckung zu bringen, die eigene Existenz mit der Welt zu synchronisieren. Das Unheil kann ja jederzeit hereinbrechen, und weil es absolut aktuell ist, muss sich jeder fragen, was jetzt zu tun ist, um es abzuwenden. Wenn aber das Ende unmittelbar bevorsteht, ist alles andere gleichgültig. Jeder muss, oder besser: darf erwarten, „das eschatologische Ereignis noch selbst zu erleben". So hat es Max Weber noch im Blick auf die Propheten des antiken Judentums formuliert. Aber das gilt eben auch heute wieder. Sei es der Untergang der Welt oder der Sonnenaufgang des Kommunismus, sei es die Rache der Natur an der Zivilisation oder das Flammenzeichen des Millenniums – das Entscheidende geschieht in deiner Lebensfrist!

Die Theologie des Weltuntergangs ist durch die Ökologie des Weltuntergangs ersetzt worden. Und hier handelt es sich um eine präzise Umbesetzung im religiösen Stellenrahmen: Der Untergang der Welt ist das Jenseits als Diesseitserwartung. Statt „Was darf ich hoffen?" fragt die heutige Religiosität „Was muss ich fürchten?" Wenn es nämlich keinen positiven Gegenstand der Verehrung mehr gibt, richtet sich die für jede Religion charakteristische Sehnsucht nach Abhängigkeit auf das Unvorhersehbare, das die alten Griechen *tyche* nannten. So hat sich in der westlichen Welt eine Ökumene der Ängstlichen formiert, die Schützenhilfe von engagierten Wissenschaftlern bekommt.

Seit dem Fall der Berliner Mauer beobachten Medienwissenschaftler eine Inflation der Katastrophenrhetorik. Offenbar hat das Ende des Kalten Krieges ein Vakuum der Angst geschaffen, das nun professionell aufgefüllt wird. Man könnte geradezu von einer Industrie der Angst sprechen. Politiker, Anwälte und Medien leben ja sehr gut von der Angst. Und eine ständig wachsende Anzahl von Wissenschaftlern nutzt die Univer-

Humanitarismus
von lateinisch *humanitas* für „Menschlichkeit", „Milde": Auf das Wohlergehen des Menschen zielende Grundhaltung, menschenfreundliche Gesinnung.

sitäten als eine Art Zulieferindustrie. Der Philosoph Hans Blumenberg hat von „kassandrischer Forschung" gesprochen: Gefälligkeitswissenschaftler produzieren Gefahrenszenarios, welche die Angstindustrie der Medien befeuern und Politikern die Gelegenheit verschaffen, zu warnen, zu mahnen und zu retten.

Wenn es nach den Alarmisten geht, ist es längst nicht mehr nur fünf vor zwölf. Die seit 1947 von Atomwissenschaftlern immer wieder neu eingestellte „Weltuntergangsuhr", die der Weltöffentlichkeit das Risiko einer globalen Katastrophe verdeutlichen soll, steht jetzt auf 100 Sekunden vor Mitternacht. Auch die Nobelpreisreputation einiger beteiligter Wissenschaftler ändert nichts an der Albernheit dieser Veranstaltung. Es handelt sich hier um eine Verschmutzung der Wissenschaft durch Politik, die eine vernünftige Debatte über die großen Angstthemen wie Klimawandel und Massenmigration unmöglich macht. Man könnte von einer globalen Erwärmung des Meinungsklimas reden, die Irrationalismen und Panikreaktionen fördert.

Wer in der Politik die Aufmerksamkeit der Wähler gewinnen will, muss Probleme erfinden. Wer in den Medien hohe Quoten haben will, muss Katastrophen vermelden. Wer in den Wissenschaften Forschung finanzieren lassen will, muss Alarm rufen. Umso erstaunlicher, dass einige Journalisten sich noch in der Tradition der Aufklärung sehen und dass einige Universitätsprofessoren noch der Versuchung widerstehen, als Gefälligkeitswissenschaftler in den Dienst der Warner und Mahner zu treten. Aber es wird immer wichtiger, daran zu erinnern, dass Journalisten nicht belehren, sondern berichten und dass Wissenschaftler nicht alarmieren, sondern analysieren sollten.

Statt „Was darf ich hoffen?" fragt die heutige Religiosität „Was muss ich fürchten?"

Untergangspropheten waren schon immer die erbittertsten Feinde der Aufklärung – das gilt gerade auch für die Öko-Propheten der Klima-Apokalypse. In der Faszination durch die Katastrophe oszilliert aber auch eine Dialektik von Heilsversprechen und Elendspropaganda, die zugleich Hysterie und Hoffnung produziert. Denn die Welt ist noch zu retten, wenn wir alle am Gottesdienst der Vorsorge und Sicherheit teilnehmen. Schon heute ist die Religion des Sorgens und Schützens die eigentliche Zivilreligion der Deutschen. Sie folgen dabei den grünen Hohepriestern, die sie weg von Gott Vater und hin zu Mutter Erde führen. Dieser Kult der Natur, der den Verlust der Gnade kompensiert, gipfelt in der Liebe zum Lebendigen an sich.

Wie schon erwähnt, haben die Apokalyptiker der Umweltbewegung ihre Vordenker in Günther Anders und Hans Jonas gefunden. Doch wie die Sorge um die Schöpfung in Apokalyptik umschlägt, kann man bei einem Denker der Zwischenkriegszeit noch besser beobachten: Walter Benjamin. Es sind drei „dialektische" Bilder, die Benjamins „Geschichtsphilosophische Thesen" für eine grüne Theologie brauchbar machen. Da ist zunächst einmal das Bild von der kosmischen Kommunikation. Die heilsame, erlösende Haltung zur Welt zeigt sich darin, dass der Mensch, „weit entfernt die Natur auszubeuten, von den Schöpfungen sie zu entbinden" trachtet, „die als mögliche in ihrem Schoße schlummern". Dass uns das nicht gelingt, hat seinen Grund darin, dass der Menschheit die Rezeption der Technik missglückt ist. Was Benjamin damit kritisiert, ist aber gerade das Neue an der Neuzeit: die Autonomie der Technik. Für ihn ist deshalb der technische Fortschritt selbst die Katastrophe. Und damit sind wir beim zweiten „dialektischen" Bild. Der Engel der Geschichte, den Benjamin auf Paul Klees Bild *Angelus Novus* erkannt haben will, sieht in den historischen Ereignissen „eine einzige Katastrophe, die unablässig Trümmer auf Trümmer häuft". Wer derart rückwärts in die Zukunft treibt, kann natürlich keine Vorstellung von einem Ziel, Zweck oder Telos mehr entwickeln, sondern nur noch auf das Ende hoffen. Und so begreift Benjamin – das ist das dritte Bild – die Revolution als „Griff nach der Notbremse", durch den ein „wirklicher Ausnahmezustand" herbeigeführt werden soll.

Prometheus
Weil er einem Mythos der Antike zufolge den Göttern das Feuer entwendete und den Menschen brachte, gilt der Titan Prometheus als Sinnbild der menschlichen Zivilisation. Günther Anders bezeichnete die Sehnsucht des Menschen, so perfekt zu sein wie die von ihm konstruierten Maschinen, als prometheische Scham.

Walter Benjamin ist bis zum heutigen Tag ein Kultautor der Linksintellektuellen. Das liegt daran, dass er in einem Zeitalter der Angst zur radikalen Umkehr aufruft. Neuzeit statt Endzeit – das wird jetzt wieder revidiert! Es geht dabei weniger um eine Revolution im klassischen Sinne als vielmehr um eine Umwertung der Werte. Sie hat in der abendländischen Geschichte drei Umbesetzungen erfahren: Christentum, Sozialismus und Umweltbewegung.

Eric Robertson Dodds hat die Faszination des Christentums in einem Zeitalter der Angst durch Motive erklärt, die dann auch für den Sozialismus des 19. Jahrhunderts und die Umweltbewegungen von heute charakteristisch sind. Das Christentum verlangt nur den unbedingten Glaubensgehorsam, der dem einzelnen die Last der Freiheit abnimmt; es ist egalitär und setzt keinerlei Bildung voraus; es ködert das Schuldgefühl der Menschen durch die Ankündigung des nahen Endes und die Verheißung einer besseren Welt; und es schenkt den Einsamen die menschliche Wärme der Gemeinschaft. Dieses Angebot machen heute die Öko-Apokalyptiker. Das ist aber schlicht ein Verrat an der Neuzeit. Und deshalb ist es wieder an der Zeit, die Neuzeit zu verteidigen – so wie damals gegen den theologischen, so jetzt gegen den ökologischen Absolutismus.

Norbert Bolz war Professor für Medienwissenschaften an der Technischen Universität Berlin. Zuletzt erschien von ihm *Die Avantgarde der Angst* bei Matthes & Seitz.

Fred Luks

Verschwenderische Nachhaltigkeit

Über die notwendige Freiheit zur Unvernunft

Im Rahmen eines Konzerts der Reihe *Musik im Dialog* im März 2021 richtet der Schriftsteller Navid Kermani das Wort an das WDR-Sinfonieorchester: „Das ist kein schönes Leben ohne Sie, ohne ein Orchester, ohne ein Theater, ohne all das Überflüssige. Wozu lebt man denn? Doch nicht für das, was zweckmäßig ist. Sondern für das, was darüber hinausgeht, für die Momente, die eben nicht aufgehen in irgend einem betriebswirtschaftlichen Nutzen." Diese Sätze haben grundsätzliche Gültigkeit auch über die Zeiten einer Pandemie mit erzwungenen Kontaktbeschränkungen hinaus.

Ein unterschätztes Problem des herrschenden Diskurses über die Nachhaltigkeit liegt darin, dass die „irrationale" Seite des Lebens so gut wie gar nicht thematisiert wird – und wenn, dann als etwas, das potenziell unser Überleben gefährdet. Dass auch ein Leben innerhalb von (nicht zuletzt: ökologischen) Grenzen Raum geben muss für Grenzüberschreitungen ist eine Idee, die aktuellem Nachhaltigkeitsdenken gänzlich fremd ist. Problematisch ist dabei weniger das Ziel eines nachhaltigen Lebens als vielmehr der Weg dahin. Auf der einen Seite steht der Grundsatz der Suffizienz, der innerhalb des Nachhaltigkeitsdiskurses eine wichtige Rolle spielt. Gemeint ist damit das Gegenteil von Verschwendung und Überfluss, die Beschränkung auf das Ausreichende, das heißt eine Selbstbescheidung auf das für das Leben Notwendige. Dem steht die Anti-Ökonomie Georges Batailles gegenüber, die sich als radikales Gegenprogramm zu rationaler Mäßigung und Einschränkung lesen lässt.

Rationale Reduktion: Strategien der ökologischen Vernunft

Grundsätzlich unterscheidet man drei Wege zu einer nachhaltigen Lebensweise: Effizienz, Konsistenz und Suffizienz. Effizienz setzt auf technische Lösungen zur besseren – produktiveren – Ausnutzung von Ressourcen (zum Beispiel den Einsatz effizienterer Motoren), Konsistenz auf das Einpassen von Produktions- und Konsumtionsprozessen in natürliche Kreisläufe (zum Beispiel der Einsatz kreislauffähiger Materialien), Suffizienz auf Umweltschonung durch das Überdenken von Zielen und die Einschränkung von Konsum. Doch die Grundsätze Effizienz, Konsistenz und Suffizienz werden sich als höchst uneffektiv erweisen, wenn kein Platz bleibt für Ineffizienz, Unvernunft und Grenzüberschreitungen. Was fehlt ist gleichsam der blinde Fleck der herrschenden Nachhaltigkeitsdebatte: das urmenschliche Bedürfnis nach Opulenz, nach Verschwendung, nach Irrationalität.

Die Anleitung zu einem nur vernünftigen Leben ist ein Rezept für das Unglücklichsein.

Von Verschwendung ist in positiver Hinsicht allenfalls im Diskurs über Konsistenz die Rede – und dort basiert die Referenz leider auf einem Missverständnis: Denn die Verschwendung wird der Natur zugeschrieben. Aber die verschwenderische Natur der Natur sagt uns zunächst einmal gar nichts. Viel wichtiger ist ein Verständnis davon, welche Rolle die Verschwendung *gesellschaftlich* spielt.

Dieses Verständnis ist auch im Effizienzdiskurs vollständig abwesend. Verschwendung kommt hier nur als etwas vor, das auf jeden Fall vermieden werden muss. Effizienz ist geradezu definitionsgemäß Abwesenheit von Verschwendung. Wer verschwendet, handelt ineffizient – und aus dieser Perspektive schlicht irrational. Betriebs- und Volkswirtschaftslehre, das kann man ohne Übertreibung sagen, sind Lehren der Verschwendungsvermeidung. Ökonomische Vernunft ist gleichbedeutend mit Effizienzsteigerung durch Verschwendungsvermeidung.

Ähnlich vernünftig und anti-verschwenderisch gibt sich die Fraktion derer, die der Nachhaltigkeit auf dem Wege der Suffizienz näherkommen wollen. Genau wie Effizienz und Konsistenz hat diese Strategie ihre Berechtigung: Ohne sie wird es keine nachhaltige Entwicklung geben. Denn eine nachhaltige Entwicklung erfordert ohne Zweifel, dass nicht nur effizienter gewirtschaftet und Wirtschaft besser in die Natur eingepasst wird – sondern auch ein Nachdenken darüber, dass Schrumpfung und Genügsamkeit einen Platz in unserem Umgang mit der Welt haben müssen. Während mit den Prinzipien von Effizienz und Konsistenz wesentlich auf technische Veränderungen gesetzt wird, basiert die Suffizienz nicht zuletzt auf moralischen Erwägungen. Und damit sind wir mitten im Problem.

Utilitarismus
von lateinisch *utilitas* für „Nutzen": Theorie, derzufolge der moralische Wert einer Handlung ausschließlich nach ihren Folgen bewertet wird. Bewertungskriterium ist der größtmögliche Nutzen für die größtmögliche Anzahl von Menschen. Umstritten ist dabei vor allem, anhand welcher Wertmaßstäbe der Nutzen einer Handlung bestimmt werden soll.

Maßlose Mäßigung: Sparsamkeit als Nachhaltigkeitsstrategie

Forderungen nach Suffizienz – die auf eine Einschränkung des Konsums und langfristig auch einen Rückbau von Infrastrukturen hinauslaufen – lassen sich nicht leicht in „Win-Win-Szenarien" verpacken, die von politisch Handelnden so geschätzt werden. Der Diskurs über Suffizienz, das heißt die Debatten um Konsumverzicht, Schrumpfung der Wirtschaftsleistung und damit um Sinnfragen, sind unverzichtbarer Teil eines ehrlichen Nachhaltigkeitsdiskurses.

Eine zentrale Schwierigkeit dieses Ansatzes liegt darin begründet, dass er mehr noch als andere Strategien politisch und rhetorisch höchst lust- und lebensfeindlich daherkommt. Dass eine moderne Gesellschaft sich am guten Leben orientieren soll, wird zwar gerne behauptet – tatsächlich geht es aber oft nur um das nackte Überleben: Die Akzeptanz von Begrenzungen im Großen wird um den Preis eingefordert, dass Grenzüberschreitungen im Kleinen den moralischen Bannstrahl unökologischen Verhaltens auf sich ziehen. Dabei besteht nicht nur die Gefahr einer Entpolitisierung des Diskurses, sondern auch das große Risiko einer Freudlosigkeit, die strategisch fatal ist und der Plausibilität des Strebens nach Nachhaltigkeit schadet. Denn: Wenn ein maßvolles Leben keine Freude macht, bleibt es gewiss ein Minderheitenprogramm.

Dass sich hier Widerstand regt, kann nicht überraschen. Der Medientheoretiker Norbert Bolz lässt in seinem 2020 erschienenen Buch mit dem sprechenden Titel *Die Avantgarde der Angst* kein gutes Haar an Transformationsbestrebungen in Richtung Nachhaltigkeit. Mit seinem höchst polemischen (und höchst lesenswerten) Text kritisiert er *Fridays for Future*, die Erdsystemforschung und alle, die sich für Klimaschutz und Nachhaltigkeit einsetzen. Auch wenn man damit nicht einverstanden ist, kann man doch von seinen Ausführungen lernen. So trifft er mit seinem Hinweis auf die halbreligiösen Züge, die der Nachhaltigkeitsdiskurs bisweilen trägt, einen kaum beachteten Punkt, der für das Verständnis dieser Debatte relevant ist.

Aufschlussreich ist vor allem die Bolz'sche Kritik der Moralisierung. „Wer nach Moral ruft", schreibt Bolz, „ist nicht bereit umzulernen und will sich das Denken ersparen. Statt nachzudenken, verteilt man Achtung und Missachtung. Und diese Ignoranz verschafft sich dadurch ein gutes Gewissen, dass sie jeden, der anders beobachtet, als affirmativ oder zynisch bezeichnet." Welch große Wirkung diese ungute Dynamik im Nachhaltigkeitsdiskurs hat, zeigt ein genauerer Blick auf die Suffizienzdebatte.

Der bei Weitem bekannteste Vertreter des Suffizienzdenkens ist der Siegener Postwachstumsökonom Niko Paech. In seinem äußerst lesenswerten 2012 erschienenen Bestseller *Befreiung vom Überfluss* zeigt er sich als messerscharfer Kritiker des Effizienzparadigmas. Wenn radikalökologische Positionen gefragt sind, klopfen *Süddeutsche Zeitung, Deutschlandfunk* und *DIE ZEIT* gerne bei Paech an. In der *BILD*-Zeitung trat Paech als „Deutschlands härtester Konsumkritiker" auf, und das Blatt fragte mit Blick auf seine Vorschläge: „Spinnt der?" Wie wenige andere zeigt Paech klar und deutlich auf, warum Wirtschaftswachstum kein sinnvolles Ziel mehr sein kann und warum innovationsbasierte Strategien der Entkopplung von Werteproduktion und Umweltentlastung regelmäßig scheitern. Grund dafür ist unter anderem der Rebound-Effekt, bei dem Einsparungen durch Mehrverbrauch kompensiert werden. Beispiel: Wenn effiziente Autos mehr gefahren werden, kann der ökologische Nettoeffekt am Ende null oder sogar negativ sein. Höchst problematisch sind jedoch einige der Schlussfolgerungen, die er zieht. Denn *Befreiung vom Überfluss* ist ein programmatischer Titel: Überfluss wird hier strikt abgelehnt – Nachhaltigkeit lässt sich aus dieser Perspektive nur erreichen, wenn er abgeschafft wird.

Das Buch mit dem ebenfalls programmatischen Titel *All you need is less*, das Paech 2020 gemeinsam mit Manfred Folkers vorgelegt hat, spitzt diese Sicht der Dinge noch zu. Hier wird in aller Deutlichkeit gesagt, worin eine nachhaltige „Kultur des Genug" wesentlich besteht: in der autoritären Ablehnung jeder Grenzüberschreitung und von allem vermeintlich Überflüssigen. Aus der Begrenztheit der Ressourcen der Erde wird rigoros die Pflicht zur individuellen Selbstbeschränkung abgeleitet – und zwar in einer Form, die

Abbildung:
Ohne Titel (Frau)
Uwe Schloen, 2021;
Höhe 29 cm,
Bronze, patiniert

Ohne Titel
(Mantelfigur)
Uwe Schloen, 2021;
Höhe 33 cm,
Bronze, patiniert

Uwe Schloen wird vertreten durch die Galerie per-seh in Hannover.

Ausnahmen nicht denken kann und sich selbst rhetorisch nicht beschränkt: „Exzesse an ökologisch rücksichtslosen Handlungsroutinen" werden dort ebenso gegeißelt wie „Ausschweifungen" und „Enthemmung". Was Nachhaltigkeit hier bedeutet, liegt offen zu Tage: Beschränkung, Begrenzung, Bescheidung.

Damit ist nicht gemeint, dass jede Beschränkung automatisch Unfreiheit bedeutet. Nein: Gerade eine offene Gesellschaft lebt von der (Selbst-)Beschränkung ihrer Mitglieder und dem Setzen von Grenzen. Auch eine freiheitskompatible Umweltpolitik definiert Grenzwerte und setzt Begrenzungen. Was gemeint ist: Dass Appelle zur Bescheidung dann freiheitsbedrohend werden, wenn sie sich selbst nicht begrenzen können. So gesehen wirft Paechs Diagnose, ökologisch destruktives Handeln sei auf „Neugierde, Verführbarkeit und Steigerungsdrang" zurückzuführen, unmittelbar die Frage auf, inwieweit das Programm der Suffizienz mit einer freiheitlichen Gesellschaft zusammenpassen soll, deren Bürger nicht nur überleben, sondern gut leben wollen und in der Neugierde, Vorstellungskraft und „Verführbarkeit" ihren Platz haben. Die Vorstellung eines „Zurück"-Fahrens und „Zurück"-Nehmens grundiert Paechs Konzepte von Suffizienz und Postwachstum. Das führt zu einem auffallend engen Souveränitätsbegriff: „Wer es sich in der wattierten Nonstop-Rundumversorgung gemütlich gemacht hat, kann nicht zugleich die Souveränität eines Individuums bewahren, das seine Ansprüche nur an jene Möglichkeiten bindet, die nötigenfalls durch eigene Leistungen reproduziert werden können." Souverän ist bei Paech, wer spart und suffizient lebt. Man kann aber Souveränität auch ganz anders verstehen.

Maßlose Verschwendung: Anti-Ökonomie

Mit einem Blick in Georges Batailles Werk über *Die Aufhebung der Ökonomie* gelingt ein Perspektivwechsel. Gerd Bergfleth spricht im Hinblick auf Batailles Anti-Ökonomie von einem „Diskurs der Sprengung". Diese explosive Wirkung zeigt sich trefflich, wenn man sie mit dem eben skizzierten Nachhaltigkeitsdenken kontrastiert. Georges Batailles Texte stehen für die Auseinandersetzung mit Dingen, um die der Nachhaltigkeitsdiskurs einen großen Bogen macht. Zum Beispiel Verschwendung, Lust, Ausschweifung, Heiliges, Unheiliges, Tod, Perversion, Schmutz, Schrecken. Um Dinge also, die sich nicht mit Begriffen von Nützlichkeit und Effizienz fassen lassen, sondern sich solchen utilitaristischen Erwägungen entziehen (siehe Erläuterung).

Bataille schreibt über das unumgehbare „fundamentale Verlangen des Menschen", „sich selbst zu finden, das heißt eine souveräne Existenz zu haben jenseits eines nützlichen Handelns". Ökonomisch sei

Anthropologie
von altgriechisch *anthropos* für „Mensch" und *logos* für „Lehre"; Erforschung und Beschreibung der Wesensmerkmale des Menschen.

Aphorismenschneise •

Im Alter wird aus Gewissheit Glaube.

Seinen Egoismus sollte man
schon aus Eigeninteresse zügeln.

Die Dialektik hat uns
um den Widerspruch betrogen.

Alexander Eilers

Souveränität „die Verwendung der Ressourcen für unproduktive Zwecke" und drücke sich „in der Verwendung des Überschusses für unproduktive Zwecke" aus. Souveränität liegt in dieser Lesart also dezidiert jenseits der Nützlichkeit und auch jenseits rationaler Kalkulation, Mäßigung und Beschränkung. Dieser Souveränitätsbegriff ist das exakte Gegenteil der suffizienzorientierten Variante.

Diese Sicht der Dinge scheint durch und durch unvereinbar mit so etwas wie nachhaltiger Entwicklung, die ja wesentlich auf Zukunftssicherung angelegt ist. Bataille macht die Gegenwartsfixiertheit auch sehr explizit, denn er betont: „Unsere souveränen Augenblicke, wo nichts zählt als das, *was da ist*, was *in der Gegenwart* empfunden wird und entzückt, sind das Gegenteil von Zukunftserwägungen und Berechnungen, die die Basis der Arbeit bilden." Souverän sein heißt, zumindest für einen Augenblick, Arbeit, Zukunft, Nutzen, Effizienz, Vorsorge und Produktivität *zu vergessen*.

Die Bezüge von Batailles Anti-Ökonomie zum Nachhaltigkeitsdiskurs frappieren. Das betont auch Gerd Bergfleth in seiner *Theorie der Verschwendung* von 1985. Die Allgemeine Ökonomie Batailles passe zur ökologischen Bedrohung, „als wäre sie eigens dafür geschrieben". Überhaupt sei diese Allgemeine Ökonomie, anders als die Politische Ökonomie, eine Ökonomie der Natur. Mit Blick auf Debatten über Wachstumsgrenzen, Ökologie und Umweltschutz lässt Bergfleth uns wissen: „Die Verschwendung wird verpönt, nicht nur weil sie nutzlos und profitlos ist, sondern weil sie vernünftig nicht zu rechtfertigen ist."

Am Ökologiediskurs, der so hieß, bevor er sich in den Nachhaltigkeitsdiskurs verwandelte, lässt Bergfleth in seiner verschwendungstheoretischen Interpretation von Batailles Werk kein gutes Haar: „Die ganze ökologische Debatte bewegt sich nach wie vor im Schema von Produktion und Konsumtion, das heißt in demselben Schema, das das Unheil angerichtet hat. Die Grundkategorien der beschränkten Ökonomie: Produktivität, Effektivität, Nützlichkeit sind nach wie vor in Geltung, auch wenn man allmählich beginnt, die Pervertierungen zu sehen: den Umschlag von Produktivkraft in Destruktivkraft, von Effektivität in Verschleiß, von Nützlichkeit in Zerstörung." *Die Grenzen des Wachstums,* so der Titel des Berichts des Club of Rome zur

Lage der Menschheit und zur Zukunft der Weltwirtschaft von 1972, seien „von A bis Z der Wachstumsideologie verhaftet“, die in dieser Studie geforderten Einstellungsänderungen blieben, so Bergfleth, „ein bloßer Appell, vages moralisches Geschwätz, nichts weiter“.

Man muss all das in seiner Radikalität und Kompromisslosigkeit nicht teilen, um einen entscheidenden Punkt zu sehen, der im herrschenden Nachhaltigkeitsdiskurs schmerzlich abwesend ist: Dass es nämlich jenseits von Rationalität, Nützlichkeit und Effizienzdenken etwas gibt, das man nicht versuchen sollte aus der Welt zu schaffen – zumindest dann nicht, wenn man die Idee der Nachhaltigkeit nicht mit einem leblos-statischen ökologischen Konservativismus verwechselt. Wo lustfeindlicher Moralismus gewinnt, droht nicht nur die Lähmung durch politische Korrektheit, sondern auch der Verlust von Offenheit und Vorstellungsvermögen – zwei zentrale Faktoren für eine erfolgreiche Transformation der Gesellschaft hin zu einer nachhaltigen Wirtschafts- und Lebensweise.

Maßvolle Mäßigung: Paradoxien der Nachhaltigkeit

Als sicher kann gelten, dass der technische Weg für eine Transformation zur Nachhaltigkeit nicht reichen wird: Es braucht, darin ist Autoren wie Niko Paech vehement zuzustimmen, einen kulturellen Weg in die Nachhaltigkeit. Aber: Wenn Maßlosigkeit Teil unserer Natur und unserer Kultur ist, wird die Forderung nach dem rechten Maß zu einem Problem, wenn sie *nur* auf Einschränkung hinausläuft. Wer den kulturellen Weg zur Nachhaltigkeit als vollkommene Durchrationalisierung imaginiert, interessiert sich offenbar wenig für die real existierende Befindlichkeit von real existierenden Menschen in real existierenden Gegenwartsgesellschaften. Denn diese kommen nicht ohne Verschwendungen aus wie: Feiern, Feste, Fasching, Karneval, Museen, Taufen, Hochzeiten, Beerdigungen, Sportveranstaltungen und – siehe das Zitat von Navid Kermani – Musik. Die Vorstellung, dass diese Dinge in einer nachhaltigen Gesellschaft verschwunden sein sollen, ist ebenso historisch unplausibel wie soziologisch naiv und anthropologisch abwegig (siehe Erläuterung).

Es gilt also, das Maßlose zu akzeptieren und anzunehmen, vielleicht sogar als notwendig anzuerkennen, statt es moralisch zu verteufeln. Und hier lässt sich von Theoretikern wie Bataille etwas lernen. Wir brauchen Verschwendung, weil sie zu unserem Mensch-Sein gehört. Wir brauchen Spiele, Rituale, Unvernünftiges, Ineffizientes, um gut leben zu können. Wie das mit einem vernunftgesteuerten Hin zum Maß zusammengebracht werden kann, ist keine triviale Frage. Das bedeutet, zumindest gedanklich die Spannung zu akzeptieren, die aus dem vernünftigen Umgang mit Unvernunft erwächst. Ein *dauerhaftes* Leben im rechten Maß ist ein Rezept für das Unglücklichsein, wenn rechtes Maß bedeutet, *immer* maßvoll zu leben.

Denn, salopp formuliert: Nach allem was wir wissen, wollen Menschen auch mal unvernünftig sein. Robert Pfaller formuliert 2013 in seinem Buch *Wofür es sich zu leben lohnt*: „Eines ist ganz offensichtlich: Wenn man ein Leben haben will, das seinen Namen verdient, dann darf man nicht unentwegt vernünftig oder erwachsen sein. Man muss vielmehr imstande sein, sich auch kleine Verrücktheiten oder kindische Dummheiten zu gönnen.“ Und: „In vollen Zügen leben und dementsprechend das Leben als Gabe begreifen heißt eben, diese Gabe nicht in ein kleinliches Haushalten der Bewahrung um jeden Preis zu überführen.“ In diese Richtung gilt es weiterzudenken, wenn man an einer Transformation zur Nachhaltigkeit interessiert ist.

Eine auf den ersten Blick überraschende Quelle für diese gedankliche Suchbewegung ist die Enzyklika *Laudato Si'*, die Papst Franziskus 2015 veröffentlicht hat. Die Hoffnung auf eine nachhaltige Entwicklung wird hier nicht nur durch Glauben angetrieben, sondern auch durch eine Analyse der Wirklichkeit und durch die Formulierung einer Perspektive, die dem

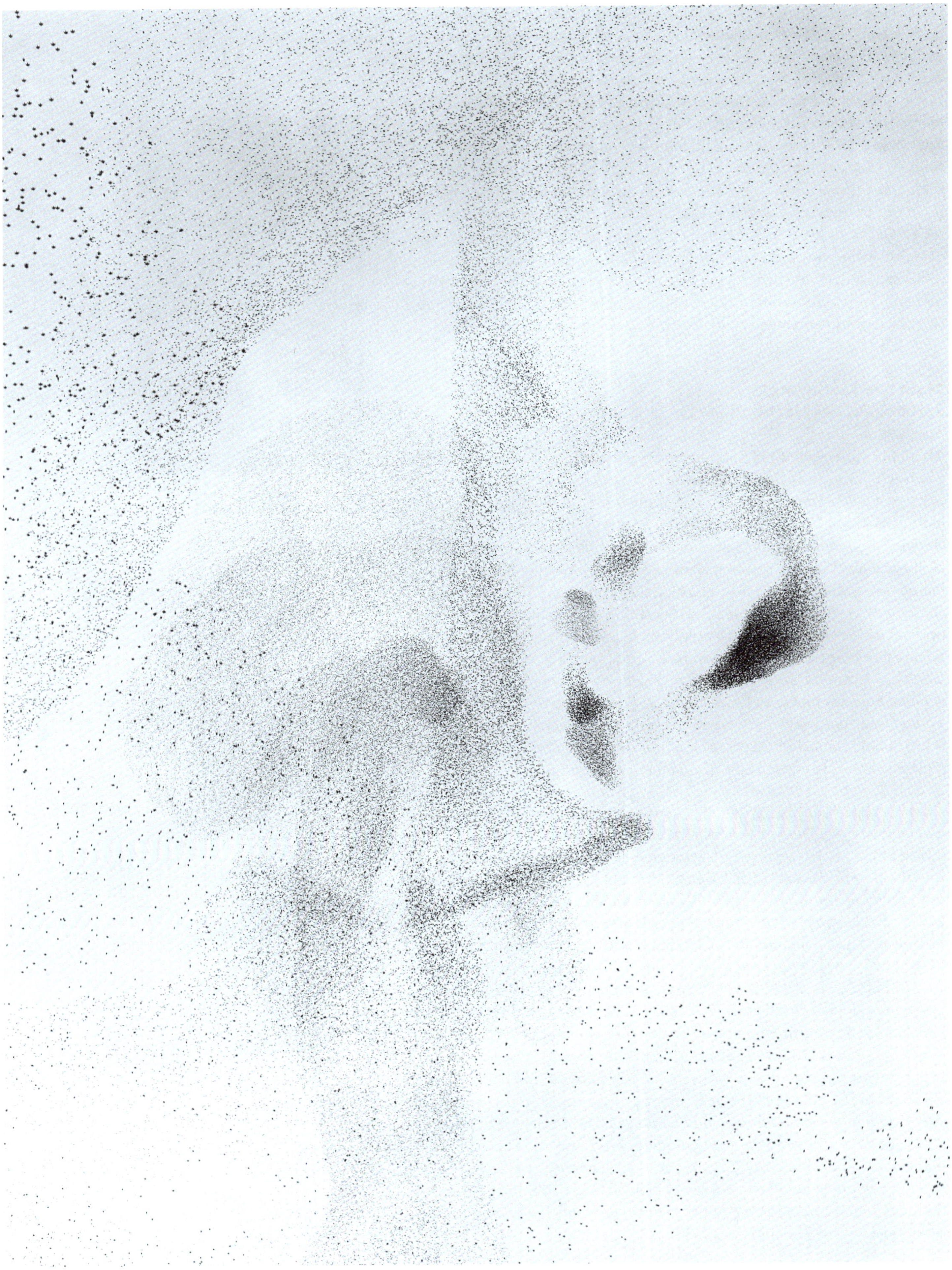

„Zugvögel richten ihre Migration zeitlich nach den profitablen Jahreszeiten in stark saisonalen Ökosystemen und ziehen in andere Gebiete, wenn die Umstände unwirtlich werden." („Klimawandel und der zeitliche Rahmen von Brutverhalten und Migration von Vögeln in Europa." Climate Research, 2007.) Aus der Arbeit AUSPICIA von Daniela Friebel, 2018, Pigmentdruck auf Wallpaper, 33 x 22 cm, Detail einer vierteiligen Sequenz.

gesellschaftlichen und ökonomischen „Mainstream" nahezu diametral gegenübersteht: Fülle als Eigenschaft der Welt und Effizienzwahn als gesellschaftlich hochproblematischer Entwicklungsmodus. Zur Kritik der Effizienz und zum Lob der Fülle passt auch die Thematisierung einer Eigenschaft der Welt, die in aktuellen Zukunftsdiskursen keinerlei Rolle spielt: Schönheit. Unter anderem spricht Franziskus von der „Schönheit der Herausforderung" – eine Perspektive, die sich von einer verbreiteten Katastrophenrhetorik abhebt und die eine Haltung der Hoffnung auf den Begriff bringt.

Franziskus schreibt: „Auf die Schönheit zu achten und sie zu lieben, hilft uns, aus dem utilitaristischen Pragmatismus herauszukommen. Wenn jemand nicht lernt innezuhalten, um das Schöne wahrzunehmen und zu würdigen, ist es nicht verwunderlich, dass sich für ihn alles in einen Gegenstand verwandelt, den er gebrauchen oder skrupellos missbrauchen kann." Durch die Würdigung des Schönen den herrschenden Utilitarismus zu dekonstruieren und die Orientierung an ökonomischen Nutzenerwägungen in seine Schranken zu weisen – das kann man als Agenda der Hoffnung bezeichnen, die über den heutigen Mainstream des Nachhaltigkeitsdenkens hinausweist und Batailles Souveränitätsinterpretation wohl nähersteht als rationalistischen Nachhaltigkeitskonzeptionen.

Die Dystopie der Perfektion

Nachhaltigkeit braucht weniger Moral und mehr Fantasie. Begriffe wie Fülle, Schönheit und Großzügigkeit können helfen, die Zukunft neu zu denken. Es liegt auf der Hand, dass moderne Gesellschaften sich begrenzen müssen, wenn sie nachhaltig wirtschaften wollen. Grenzenlose Verschwendung ist nicht nachhaltig. Grenzenlose Mäßigung aber auch nicht. Eine vollkommene rationale und in diesem Sinne „perfekte" Gesellschaft ist keine Nachhaltigkeitsutopie, sondern eine Dystopie. So wie heute kann die Menschheit nicht weiterwirtschaften, wenn sie nachhaltig gut leben will – aber eine Diktatur von Vernunft, Mäßigung und Reduktion ist gewiss keine plausible Strategie.

Wie man schon in Isaiah Berlins berühmtem Essay über *Zwei Freiheitsbegriffe* nachlesen kann: Manche Denker nehmen an, dass trotz all unserer Wünsche und Leidenschaften die vernünftigen Zielsetzungen aller Menschen letztlich übereinstimmen oder zur Übereinstimmung gebracht werden müssten. Dort, so Isaiah Berlin, gelte auch: „Zur Freiheit gehört nicht die Freiheit, das Irrationale, Dumme oder Falsche zu tun." Dieser Vernunftglaube und auch die Auffassung, Irrationalität gehöre nicht zur Freiheit, ist im Nachhaltigkeitsdiskurs weit verbreitet. Irrationalität, so kann man den Mainstream dieses Diskurses wohl zusammenfassen, hat in einer nachhaltigen Gesellschaft keinen Platz. Nachhaltigkeit und Freiheit gehören aber zusammen: Illiberale Nachhaltigkeit ist keine.

Wer die Moderne modernisieren und dazu beitragen will, dass gesellschaftlicher Fortschritt möglich bleibt, kommt nicht an der Frage vorbei, wie die Expansions- und Eskalationsdynamik unserer Lebensweise verändert werden kann. Dabei werden eine überbordende Moralisierung und maßlose Apelle zur Mäßigung wenig hilfreich sein. Wesentlich produktiver ist eine Neuinterpretation von Begriffen wie Nutzen, Verschwendung und Wohlstand. Gerade im Zeichen der Krise brauchen wir den Mut, nicht nur über Knappheit, Effizienz und Mäßigung zu reden, sondern Vorstellungen von Fülle, Schönheit und Großzügigkeit stark zu machen. Die paradoxe Herausforderung einer plausiblen Nachhaltigkeitskonzeption liegt darin, ökologische Grenzen ernst zu nehmen – viel ernster als das heute der Fall ist – und gleichzeitig der Lust und dem Luxus, dem Exzessiven und Verschwenderischen einen Platz zu geben. Transformationsbestrebungen, die hierauf keine Antwort finden, werden krachend scheitern.

> *Wenn jemand nicht lernt innezuhalten, um das Schöne wahrzunehmen und zu würdigen, ist es nicht verwunderlich, dass sich für ihn alles in einen Gegenstand verwandelt, den er gebrauchen oder skrupellos missbrauchen kann.*
>
> Papst Franziskus

Fred Luks ist Ökonom, Nachhaltigkeitsforscher und Publizist. Sein jüngstes Buch *Hoffnung. Über Wandel, Wissen und politische Wunder* ist 2020 bei Metropolis erschienen.

Emanuele Coccia

Über die Gärtner der Welt

Nachhaltigkeit oder das Ende des Kampfes der Arten

Krieg scheint überall zu sein. Am heftigsten ist der, den eine Spezies – die menschliche – gegen alle anderen führt: ein grausamer, wütender Kampf, oft unbewusst und immer ohne Gnade. Es ist vor allem ein sinnloser Konflikt, hinter dem kein Verlangen und keine Form des perversen Genusses steht. Ein unfreiwilliges Massaker, ein Nebeneffekt oder abgelenktes Echo eines Narzissmus', der nicht einmal die Kraft hat, den anderen als Feind zu wählen, den man hassen und verachten muss. Er ignoriert es.

Krieg, so scheint es, hat es schon immer gegeben. Ein geräuschloser Krieg, weit verbreitet, von Individuen geteilt, die sich in Geschlecht, Alter, geografischer Lage, Stärke und sogar Art unterscheiden. In einem der ersten Texte der wissenschaftlichen Ökologie schreibt Henrik Christian Daniel Wilcke, dass „wenn ein Mensch, wirklich nackt wie im Augenblick der Schöpfung oder der ersten Geburt, aber noch in der besten Periode des Lebens, sich eines reifen Urteils erfreut, in diese Welt stürzte, und mit all seinen wachen Sinnen den Globus als neue Heimat betrachtete, würde er den Himmel mit unzähligen Pflanzen von großer Vielfalt bedeckt sehen, die sich in der größten Verwirrung vermischen und von Würmern, Insekten, Fischen, Amphibien, Vögeln und Säugetieren bis zum Erbarmen missbraucht werden: würde er sehen, wie diese Lebewesen nicht nur die schönsten Blumen verschlingen, sondern sich auch mit überraschender Tyrannei und ohne Selbstgefälligkeit gegenseitig zerfleischen. Kurzum, er würde nichts als den Krieg aller gegen alle bemerken, und auf der anderen Seite würde er sich wehrlos und der Gewalt der größten Zahl ausgesetzt sehen; beunruhigt und unsicher würde er es schwierig und sogar unmöglich finden, einen Zufluchtsort zu finden."[1] Die biologische Vielfalt scheint der Ort eines Konflikts zu sein. Ökologie ist sowohl die Beschwörung als auch der Exorzismus gegen diesen Krieg. Die moderne Biologie, beginnend mit Charles Darwin, hat alles getan, um diesen Krieg zu radikalisieren und in dieselbe Dynamik einzuschreiben, welche die Artenvielfalt hervorbringt. Die Darwin'sche Evolutionslehre ist vor allem dies: die Intuition, dass durch den Krieg und im Krieg die Artenvielfalt erzeugt werden kann.

Die Entstehung der Arten

Unter den unendlichen Versionen des Konflikts der Arten gibt es eine, die es verdient, wieder gelesen zu werden. Es ist die Passage aus Platons *Protagoras*, in welcher der Versuch unternommen wird, die Entstehung der Technik zu erklären. Diese Seiten sind bis zum Überdruss gelesen, übersetzt, kommentiert, wiederholt, paraphrasiert und umgeschrieben worden, doch zu wenig wurde darüber nachgedacht, warum in dieser Urszene, um die Gründe für die Entstehung der Technik zu erklären, alle lebenden Arten aufgerufen werden. Platon erzählt, dass die unsterblichen Götter, als sie sterbliche Lebensformen erschaffen wollten, die beiden Riesen Prometheus und Epimetheus (wörtlich „derjenige, der zuerst denkt" und „derjenige, der später denkt", der Ahnungslose) mit der Aufgabe betrauten, jede Art mit geeigneten Kräften auszustatten. Epimetheus bittet darum, die Verteilung vornehmen zu können, er gibt den einen „die Kraft ohne die Geschwindigkeit", den anderen nur die Geschwindigkeit; den einen die Waffen der Verteidigung und des Angriffs, den anderen die Fähigkeit, sich zu verstecken, weil sie winzig sind, oder sich zu retten, weil sie riesig sind. In der Verteilung der Eigenschaften, die jeder Art eigen sind, suchte Epimetheus das Gleichgewicht und machte das Aussterben für alle unmöglich. Er gab einigen Fell, um der Kälte zu widerstehen, Hufe und härtere Felle. Er verteilte die Nahrung unter den Arten, die Reihenfolge, die es den einen erlaubte, die anderen zu fressen sowie die Kraft der Fortpflanzung. Aber er vergaß eine Spezies, die menschliche: „Alle Tierarten wurden bequem mit allem versorgt, während der Mensch nackt, barfuß und hilflos war." Als Prometheus dies bemerkte, stahl er Hephaistos und Athene ihr technisches Wissen zusammen mit dem Feuer (das die Anwendung der Technik ermöglicht) und gab es den Menschen.

Platon fügt diesem Mythos drei Noten hinzu. Erstens beinhaltete die Weisheit der Athene und des Hephaistos nicht die Politik: Es war Zeus, der dieses Wissen später durch Hermes an die Menschen verschenkte, und erst ab diesem Zeitpunkt konnten die Menschen Krieg gegen andere Arten führen, „denn die Kunst des Krieges ist ein Teil der politischen Kunst". Die Gabe der

Ressentiment
Gefühl der Unterlegenheit und Verletztheit, das zum Gefühl des Hasses gegenüber dem Überlegenen werden kann. Friedrich Nietzsche interpretiert Ressentiment als Vergeltungsgefühl und als Ausdruck eines hinterlistigen Willens zur Macht: Die Unterlegenen nehmen die Definitionsmacht über Gut und Böse für sich in Anspruch, um die Starken durch ein schlechtes Gewissen zumindest moralisch zu schwächen.

Technik verlieh den Menschen dann eine Verwandtschaft mit den Göttern: Deshalb baut nur die menschliche Spezies Altäre und Statuen von Göttern. Schließlich ist es der Technik zu verdanken, dass der Mensch in der Lage ist, „die Stimme zu verschmelzen und Worte zu artikulieren, Häuser, Kleider, Schuhe, Betten zu bauen und Nahrung aus der Erde zu schöpfen": Die Sprache ist nur eine Folge dieser Weisheit, nicht ihre Grundlage. Mit anderen Worten: Die Technik geht der Vernunft voraus; sie ist ihr Fundament, die Bedingung der Möglichkeit.

Der erste Punkt, der in diesem Mythos hervorzuheben ist, ist die Tatsache, dass der Ursprung des Krieges zwischen den Arten aus einer ungerechten Teilung stammt. Oder vielmehr: Das, was wir Biodiversität nennen, die Vielfalt der Arten, ist selbst eine Form von Willkür, das heißt von Ungerechtigkeit. Es ist eine Teilung, die von einer unklugen und unfähigen Gottheit (Epimetheus) betrieben wird, welche die Kräfte, die jede Spezies kennzeichnen, unausgewogen verteilt. Schon in diesem Merkmal steckt etwas äußerst Radikales: Die Arten werden nicht nach ihrem Sein, sondern nach dem „Haben" von Eigenschaften charakterisiert. Jede Identität ist nicht von Natur aus so wie sie „ist", sondern eine ihr willkürlich zugeteilte Anlage. Das heißt: Die Teilung der Arten ist an sich das Zeichen einer Willkür, einer politischen Form der Verteilung dessen, was von Natur aus niemandem gehört. Diese Teilung produziert eine Art Nicht-Spezies, eine Art Proletariat der Lebenden: Für alle Arten wird Identität durch den Besitz von Macht definiert. Der Mensch hingegen ist ohne Macht. Daraus ergibt sich das Ressentiment, das den Krieg definiert (siehe Erläuterung). Auf der anderen Seite provoziert dieses Ressentiment eine Art Bovarismus, das heißt den Willen, so zu sein wie die andere Spezies.

Ein Irrglaube: Der Krieg der Arten erzeugt Artenvielfalt.

Angesichts des von einem Gott verursachten Unrechts – so der Mythos weiter – versucht ein anderer Gott, Prometheus, in Deckung zu gehen. Aber seine Lösung erzeugt eine weitere und doppelte Ungerechtigkeit: die Nicht-Spezies, die proletarischste der Spezies, erhält durch den Diebstahl eine Qualität, die eigentlich nur den Göttern gehört, den Besitzern der Qualitäten. Diese zusätzliche Gabe – Technik und Feuer – als die Kraft betrachtet, welche die Manipulation von Materie und Realität ermöglicht, erlaubt es der Menschheit, sich in einem Verhältnis hierarchischer Überlegenheit einzurichten. Die Geste, welche die der Gewaltenteilung innewohnende Ungerechtigkeit beheben sollte, produziert eine weitere. Noch radikaler: Das Interesse des Mythos liegt in der Tatsache, dass die Religion zur stillschweigenden und impliziten Sanktion einer Art von Rache wird, die es dem Aschenputtel der Spezies erlaubt hat, Überlegenheit zu beanspruchen aufgrund seiner Nähe zu den Besitzern all der Eigenschaften, die es dem Leben erlaubt haben, sich zu teilen. Religion ist die Beseitigung des mit der Biodiversität verbundenen Unrechts und gleichzeitig die Rückgabe des Entfernten. Und, was noch interessanter ist, im Zentrum der Religion steht nicht eine spirituelle Suche, sondern die Technologie, die zusätzliche Gabe, die es dem Menschen einerseits ermöglicht, wie andere Arten zu leben, aber besser als andere. Andererseits ist die Technik in diesem Mythos das, was die Ungerechtigkeit der Teilung des Lebens heilen und reparieren soll; sie ist in gewisser Weise der Ausdruck des Ressentiments der menschlichen Nicht-Spezies und eine Art ihres Bovarismus: Die Nicht-Spezies versucht, wie die anderen zu leben, sich zu verhalten, als wäre sie ein gewöhnliches Tier. Technik entsteht in erster Linie als das, was uns erlauben würde, wie andere zu sein. Ob es sich um einen Pelzmantel oder ein Auto, ein Haus oder eine Brille handelt, nach diesem Mythos ist jedes technische Objekt ein Versuch, sich mit einem Bären oder einem Geparden, mit einer Foraminifere (einem Einzeller) oder einem Adler zu identifizieren. Deshalb ist es auch kein Wissen, das sich gegen die Tierwelt wenden lässt: Der Krieg kommt später und betrifft Willkür und Kontingenz, die nur die Politik übernehmen kann.

Die Gabe der Politik ist aus dieser Sicht auch ein Versuch, die ursprünglich ungerechte Aufteilung der Lebensformen zu reparieren. Und auch sie versucht, genau wie die Technik und die Religion, das Unrecht mit einem weiteren Unrecht zu korrigieren. Dieser Krieg ohne Gnade hat das Opfer zur Kaiserin werden lassen.

Das Geschenk der Politik

Platons Mythos beschreibt die Vielfalt der Arten als Ort der Willkür, einer von einer unbedeutenden Gottheit betriebenen Gabe. Diese folgt einem Kriterium, das nichts Rationales an sich hat, sondern im Gegenteil ein Symptom der Leichtigkeit, der Sorglosigkeit ist (dies ist eine der möglichen Übersetzungen des Namens Epimetheus). Aber gerade weil die Gabe willkürlich und zutiefst ungerecht ist und eine zweite Ungerechtigkeit

Abbildung:
Stuhl im Haus im Berg
Timm Ulrichs, 1991/ Bochum 1993/95; rotbrauner, geschliffener Sandstein, Gesamtmaß: 300 x 220 x 1060 cm

folgt – die von der Religion und später von der Politik sanktioniert wird –, verlangt die Trennung der Arten nach einer Aufhebung. Was in Frage gestellt wird, ist nicht so sehr, oder zumindest nicht nur, die menschliche Natur, sondern die Natur aller Arten, das heißt die Begründung des Artenbegriffs anhand vorgeblich natürlicher Eigenschaften. Der Duldsamkeit, welche die Biologie, die Politik, die verschiedenen Theologien, aber auch und vor allem die Ökologie vor der vermeintlichen Binsenweisheit der Trennung aller Arten an den Tag gelegt haben – was bedeutet, dass *Canis lupus* (Wolf) nicht *Homo sapiens* (Mensch) ist, *Quercus suber* (Korkeiche) nicht *Amanita muscaria* (Fliegenpilz), dass *Saccharomyces cerevisiae* (Backhefe) nicht *Morpho menelaus didius* (Himmelsfalter) ist – sollte ein weniger tröstlicher Diskurs entgegengesetzt werden. Das Sein der Art ist keine ontologische Tatsache (siehe Erläuterung), sondern eine technische Tatsache. Aus diesem Grund sollte die taxonomische Frage – das heißt die Ordnung, die eine Art von den anderen trennt, welche die gegenseitige Stellung der verschiedenen lebenden Arten im Baum oder vielmehr im Netz des Lebens[2] definiert – in eine rein politische und nicht mehr in eine genealogische Frage verwandelt werden.

Der Hierarchie der Arten muss ein biotischer Kommunismus entgegengesetzt werden.

Die Biologie lehrt uns seit langem, dass die Identität der verschiedenen Arten nicht das Ergebnis einer ursprünglichen Einteilung ist, die der Zeit vorausgeht und von einer höheren Instanz entschieden wird: Ein Eichhörnchen oder ein Schwein, ein Kiwi oder ein Löwenzahn zu sein, ist kein Schicksal, das von einem unsterblichen Subjekt zugewiesen wurde und das wir als natürliches Element akzeptieren müssen. Das Gesicht jeder Spezies ist ein Artefakt, im wahrsten Sinne des Wortes: Es ist etwas, das im Laufe der Zeit aus den unterschiedlichsten und disparatesten Materialien konstruiert wird. Wir sollten aufhören, die Unterschiede zwischen den Arten unter dem Modell der Abstammung aus dem neunzehnten Jahrhundert zu betrachten, nicht zuletzt, weil die Abstammungsmetapher in Wirklichkeit nur halbherzig ist. Wir sprechen von Genealogie (siehe Erläuterung), wir behaupten, dass eine Spezies von einer anderen gezeugt wird, und doch, wenn das der Fall wäre, müsste die Systematik des Lebens mit dem System der menschlichen Verwandtschaft übereinstimmen: eine Reihe von rein relativen Merkmalen, welche die kulturelle, nicht die natürliche Beziehung zwischen Individuen definieren. Würden wir die genealogische Metapher wörtlich nehmen, dann müssten wir zunächst sagen, dass *Homo sapiens* nur vor Mutter- und Vaterspezies *Homo sapiens* ist, aber vor genealogisch weiter entfernten Spezies einfach anonymes Leben ist, so wie ich vor meiner Tochter ein Vater und vor meiner Mutter ein Sohn bin, aber im Vergleich zu fast allen anderen Menschen ein einfaches und anonymes menschliches Individuum.

Ontologie
von altgriechisch *to on* für „Sein“ und *logos* für „Lehre“: Lehre vom Aufbau und der Struktur der Wirklichkeit. Auch als Bezeichnung dafür gebraucht, dass „etwas“ in der Natur der Sache, im Wesen des Seins begründet liegt.

Genealogie
von altgriechisch *genea* für Geburt: Lehre von der Abstammung, Ahnenforschung.

Artengerechtigkeit: Das Haus als Lebensraum für alle

Aber wir sollten noch weiter gehen: Wahre Gerechtigkeit liegt darin, über die Idee der Arten hinauszugehen. Das Leben ist immer ein und dasselbe, für alle Arten. Jedes Mal, wenn wir versuchen, den Unterschied zwischen den Arten als etwas Reales, Ontologisches, Endgültiges zu bekräftigen, bekräftigen wir Ungleichheit und eine Form von Hierarchie, Ungleichheit und vor allem Ungerechtigkeit. Die Ökologie der Zukunft wird sich von der Vorstellung eines Lebens befreien müssen, das durch Formen und Kräfte geteilt ist, von denen jede Spezies behauptet, der alleinige Besitzer zu sein. Gegen diese Vorstellung des Lebens wird sie das Leben als eine Form der Zirkulation, als die gemeinsame Nutzung aller Güter denken müssen. Alle Arten haben in direkter Ausübung die Eigenschaften, die sie charakterisieren, aber sie gewähren in der Anwendung diese gleichen Eigenschaften dem ganzen Planeten und allen Lebewesen. Der Biodiversität, die noch immer von einem Gedanken des Eigentums, der Unterscheidung, der Hierarchie durchdrungen ist, wird eine Art biotischer Kommunismus entgegengesetzt werden müssen, in dem nicht nur das Leben allen gehört, sondern alle Kräfte allen Arten gehören. Die Existenz der Welt – in Zeit und Raum – wird dann nur noch die praktische und geistige Bestätigung der Gleichheit aller Lebewesen sein. Die Geschichte des Planeten ist nicht die Produktion von immer mehr und höher entwickelten Arten (wie uns manche Evolutionstheoretiker glauben machen wollen), sondern der Beweis für die naturgeschichtliche Gleichwertigkeit aller Arten.

Diese Gleichwertigkeit zwischen den Arten muss, bildlich gesprochen, von den Häusern her gedacht werden. Die Häuser und Städte der Zukunft müssen den Krieg zwischen den Arten auslöschen. In der neuen Wohnung der Zukunft soll der Gegensatz, der die moderne architektonische und städtebauliche Kultur geprägt hat, undenkbar werden. Tiere müssen nicht mehr außerhalb der Stadt leben: Sie können im Haus wohnen. Oder vielmehr, das Haus soll zu einer Multispezies-Einbettung werden. Die Anwesenheit einer Art verdrängt die anderen nicht mehr: Die Ansiedlung einer Art ermöglicht die Ankunft und Ansiedlung anderer.

Eine solche Revolution in der Idee des häuslichen Raums sollte durch eine Neudefinition unserer Beziehung zu Bäumen stattfinden. Das Haus war nicht immer mit der Stadt verbunden. „Zu Hause zu sein" war oft nicht gleichbedeutend mit „in der Stadt zu sein", noch mit dem Wunsch, eine zu bauen. Das Haus war nomadisch, reisefähig und oft mit tierischen Materialien statt mit Stein gebaut. Es war der Garten, der das Haus zu etwas Städtischem, Stabilem, an das Territorium Gebundenem und somit Mineralischem machte. Als die Menschheit beschloss, ihr Schicksal an eine Reihe von Bäumen oder mehrjährige Pflanzen zu binden, die an einem Ort wachsen, hörten die Häuser auf zu reisen und wurden wie die Pflanzen an das Territorium gebunden. In gewissem Sinne könnte man sagen, dass alle städtischen Behausungen stabile, nichtmobile Orte eine Form des Pflanzenbovarismus sind. Jules de Gaultier hatte in der Haltung von Emma, der Protagonistin von Gustave Flauberts Roman *Madame Bovary*, das Symptom einer Tendenz identifiziert, die nichts Pathologisches hat, sondern den tiefsten Zug der menschlichen Natur definiert: „die dem Menschen gegebene Fähigkeit, sich anders vorzustellen, als er ist". Die Menschheit ist keine Form unter Formen, keine Spezies unter Spezies: Sie ist die Form, die in der Lage ist, so zu tun oder zu glauben, alle anderen zu sein. Jedes Mal, wenn wir unsere Heimat auf ein stabiles Territorium fixieren, jedes Mal, wenn wir an Heimat unter dem Deckmantel der Stadt denken, geben wir vor, Pflanzen zu sein, wir stellen uns als Bäume vor. Die Stadt ist in diesem Bild eine Reihe von menschlichen Individuen, die davon träumen, Wald zu sein.

Wir müssen das Leben als eine Form der Zirkulation, als gemeinsame Nutzung aller Güter denken.

Die Idee, dass es der Garten und damit die Landwirtschaft war, die das Heim in der Stadt eroberte, wird seit langem gehegt und gepflegt. Die erste beispielhafte Formulierung stammt von dem berühmten Archäologen Vere Gordon Childe, der die Entstehung des Ackerbaus um das 12. Jahrhundert v. Chr. erstmals als „neolithische Revolution" beschrieb: Es war seiner Ansicht nach die „erste Revolution, die die menschliche Wirtschaft veränderte, indem sie ihr die Kontrolle über ihre eigene Nahrung gab". „Der Mensch", schreibt Gordon Childe, „begann, essbare Gräser, Wurzeln und Bäume zu pflanzen, zu kultivieren und durch Selektion zu verbessern. Und er schaffte es, bestimmte Tierarten zu domestizieren und fest an sich zu binden – als Gegenleistung für das Futter, das er ihm bieten konnte, den Schutz, den er gewähren konnte, und die Weitsicht, die er ausüben konnte." Die „urbane Revolution" ist nur eine Folge der Landwirtschaft und der Möglichkeit, Lebensmittel langfristig am gleichen Ort anzusammeln und zu lagern. Die Stadt ist eine Emanation des Gartens, das heißt, sie ist aus ihm hervorgegangen.

Nimmt man diese Intuition ernst – die in jüngerer Zeit von Gilles Clément bekräftigt wurde –, dann ist es die Idee der Heimat selbst, die transformiert wird. Tatsächlich sind die Häuser, die wir bewohnen, ursprünglich Multispezies-Projekte: Häuser kann es nur dort geben, wo es Bäume oder Pflanzen gibt. Umgekehrt sind die heimischen Pflanzen, die wir in unseren Wohnzimmern beherbergen, keine Verweise auf das, was außerhalb der Stadt existiert, sondern Beweise dafür, dass sich unser Zuhause nur deshalb nicht mehr bewegt, weil es sich in irgendeiner Form in der pflanzlichen Existenz verankert hat. Es ist die Liebe zu Pflanzen, die es uns erlaubt hat, das Nomadentum aufzugeben, es ist die Besessenheit von Gärten, die es uns erlaubt hat, Häuser als Städte zu organisieren. Gärten sind nie das Gegenteil des Stadtgefüges: Sie sind sein ursprünglicher Kern.

Aus dieser Perspektive ist die Welt weniger ein Zoo als vielmehr ein Garten. Die Pflanzen sind nicht nur der Inhalt dieses Gartens, sondern dessen Bewohner und auch die Gärtner. Jedes Lebewesen ist in diesem Sinne der Garten und Gärtner anderer Spezies. Die Welt wird so zur wechselseitigen Kulturbeziehung (die weder durch die Logik des Nutzens noch durch die Logik des freien Gebrauchs aller bestimmt wird). Diese Tatsache anzuerkennen bedeutet: Die Erde hat nichts Transzendentales, das heißt, sie wurde nicht von jenseitigen Mächten geschaffen, sondern sie ist ein Ort des Gärtnerns der sie bewohnenden Spezies. Wenn der Geist eine Sache von Atomen, Molekülen und Stofflichkeit ist, dann ist er überall, in allen Spezies. Die architektonische oder städtebauliche *agency* ist keine rein menschliche Angelegenheit, sondern zählt zu den allgemeinsten Fähigkeiten eines jeden Lebewesens, denn die Vernunft drückt sich auch durch nichtmenschliche Formen aus.

Emanuele Coccia ist Professor für Philosophiegeschichte an der École des Hautes Études en Sciences Sociales (EHESS) in Paris.

Anmerkungen:

1. Biberg, Isac: Specimen Academicum de Oeconomia Naturae. Upsala 1749
2. Seit man weiß, dass genetisches Material nicht nur von Vorfahren auf Nachfahren übertragen werden kann, sondern auch, nicht an Fortpflanzungsorgane gebunden, zwischen zwei bereits existierenden Organismen (horizontaler Gentransfer), scheint die Metapher des Netzes die treffendere.

Zur Vertiefung empfohlen:

– Coccia, Emanuele: Metamorphosen. Das Leben hat viele Formen. Eine Philosophie der Verwandlung. Hanser, München 2021
– Coccia, Emanuele: Die Wurzeln der Welt. Eine Philosophie der Pflanzen. Hanser, München 2018

Thomas Rohkrämer

Mensch und Natur im technischen Zeitalter

Konservative Kulturkritik und ökologisches Denken

Die Diskussion um Natur und Technik bewegt sich im Spannungsfeld von zwei polaren Denkansätzen: von fortschrittsgläubiger Technikbegeisterung und Machbarkeitsdenken einerseits und dem Gedanken des nachhaltigen Hütens und Bewahrens andererseits. Der menschliche Geist wird als umweltzerstörender Widersacher einer empfindsamen naturverbundenen Seele verdammt oder als heilbringender Retter über die Unbill der Natur gepriesen – es werden aber auch zunehmend Versuche unternommen, die realitätsferne Entgegensetzung zu überwinden.

Abbildung:
Ins eigene Fleisch
Timm Ulrichs, 1972;
Stahl (Axt mit 1000 g Kopfgewicht), Holz,
59 x 12 x 20,8 cm

der blaue reiter

Weite Teile des liberalen Bürgertums folgten lange dem Fortschrittsglauben. Auch die marxistisch geprägte Arbeiterbewegung erachtet bei aller Kritik der bestehenden Verhältnisse die Steigerung der Produktivkräfte für eine notwendige Bedingung auf dem Weg zu einer gerechten Gesellschaft. Demgegenüber ist der Konservatismus gespalten: Die Industrialisierung kann bejaht werden als Mittel nationaler Stärke und als Kitt zur Stabilisierung der bestehenden Verhältnisse. Doch es gibt auch viele konservative Stimmen, welche die negativen Seiten der Entwicklung betonen und nach Alternativen suchen.

Frühes ökologisches Bewusstsein oder irrationale „Tarzan-Philosophie"?

Die Anfänge der modernen Kultur- und Technikkritik reichen zumindest bis zur Romantik zurück. Eine prononcierte Technikkritik setzte in Deutschland jedoch erst gegen Ende des 19. Jahrhunderts ein. Mit rascher Industrialisierung und Urbanisierung erschien die Technisierung der Welt zunehmend als übermächtig. Die Entstehung zahlreicher Organisationen zum Natur- und Heimatschutz zeigt, dass langsam ein Bewusstsein für die Gefährdung der überkommenen Umwelt aufkam. Anlass hierfür waren Industriegebiete mit gesundheitsgefährdender Luft, vormals klare Flüsse, die nurmehr Kloaken waren, Wasserkraftwerke, deren Bau einst schöne Naturgebiete zerstört hatte. Mäandernde Flüsse waren begradigt worden und ein abwechslungsreiches Landschaftsbild mit gliedernden Hecken und Bäumen als Lebensräume zahlreicher Arten zwischen kleineren Feldern infolge der Flurbereinigungen vielerorts verschwunden. Die sogenannte Lebensreformbewegung (siehe Erläuterung) suchte nach Wegen, in dieser „zweiten" artifiziellen Umwelt Formen eines naturgemäßen Lebens zu finden.

Im Rahmen einer Publikation der Jugendbewegung, die zur Lebensreformbewegung zählt, erschien ein Aufsatz, der als fulminantes Fanal einer an die Wurzeln gehenden Technikkritik gesehen werden kann: Ludwig Klages' *Mensch und Erde* von 1913.[1] Der Sonderling aus der Schwabinger Boheme-Szene schäumte nicht nur gegen Schienenstränge, gegen Stromleitungen und Mietskasernen, sondern auch gegen die Urbarmachung von Feuchtbiotopen, das Fällen von Hecken und Bäumen, die Verschmutzung der Flüsse und die zunehmenden, durch Flurbereinigungen entstandenen klaren Linien im Landschaftsbild. Nicht zuletzt war für Klages auch der Mensch Opfer der umfassenden Modernisierung, welche die Welt in ein großes Chicago verwandele. In den Kolonien würden die Ureinwohner ermordet, in der entwickelten Welt die Menschen durch das „stählerne Gehäuse" von Industrie, Bürokratie und Verrechtlichung (Max Weber) an der Entfaltung ihrer Persönlichkeit gehindert. Während Klages in der emotionalen Verbindung des Menschen mit seiner natürlichen Umwelt das Ideal sah, interpretierte er die moderne Technik als nichts weniger denn den Ausdruck einer „entfesselten Mordlust“, die das gesamte Leben vernichten wolle.

Ludwig Klages war eine schillernde Persönlichkeit: Graphologe und philosophischer Autodidakt mit einem Kreis von Getreuen und großem gesellschaftlichem Einfluss, paranoid und hasserfüllt, besonders auch gegen die monotheistischen Religionen des Christen- und Judentums, besessen und pauschalisierend, aber auch mit wichtigen Erkenntnissen, die selbst so andere Denker wie Walter Benjamin und Theodor W. Adorno beeindruckten. Wie der Soziologe Max Weber diagnostiziert er eine „Entzauberung der Welt“ in der Moderne, wie die Vertreter der Kritischen Theorie eine Vorherrschaft der instrumentellen Vernunft, die zu einer fortschreitenden Unterdrückung der menschlichen und nicht-menschlichen Natur führe. Sein Hauptwerk *Der Geist als Widersacher der Seele* enthält eine scharfe Kritik des Willens, der für ihn in der Technik seinen deutlichsten Ausdruck findet. Auch wenn Klages eindrucksvoll eine positive Verbindung des Menschen zur Natur schildert, auch wenn er schließlich einen positiven „Willen zum Werk“, der die Belange des Lebens fördere, von einem selbstherrlichen Willen zur Macht und rücksichtsloser Herrschaft über das Leben absetzt, so bleibt doch das dunkle Bild eines zur instrumentellen Vernunft verengten Geistes der Moderne. Einen solchen erachtet er als unnatürlichen Eindringling in das Leben. Wenn nicht ein Wunder geschehe oder die Natur durch die Selbstzerstörung der Menschheit gerettet werde – würde dies unweigerlich zur Vernichtung des Lebens auf der Erde führen. Auch wenn Ernst Bloch abwertend von Klages' „Tarzan-Philosophie“ sprach, antizipiert sein Werk viel von den Gedanken des späten Martin Heideggers, auch von Überlegungen Max Horkheimers und Adornos *Dialektik der Aufklärung* – vor allem die Betonung des Zusammenhangs von Vernunft und Unterdrückung der Natur sowie des Ideals einer engen Verbindung zwischen Mensch und Natur, ja einer geradezu auf Einklang gründenden Bestimmung des Menschen durch die natürliche Umwelt.

Heidegger war überzeugt, dass selbst ein Untergang besser sei als ein „Weiter-so“.

„Perfektion der Technik“ zwischen Traum und Alptraum

Mit Weltkriegen und Genoziden, vor allem der nationalsozialistischen Judenvernichtung, aber auch mit dem Beginn von Massenproduktion und Konsumgesellschaft, trat die Macht der Technik mit ihren Potenzialen und Gefahren immer deutlicher in den Vordergrund. Weil sie trotzdem als stabilisierende Ordnungsmacht erschien, versuchten in der frühen Bundesrepublik Intellektuelle wie der Soziologe Helmut Schelsky und der Philosoph Arnold Gehlen ein zwar nicht unkritisches, aber doch überwiegend positiv-konstruktives Verhältnis zur Technik zu finden. Doch es gab auch Gegenstimmen, vor allem die des Schriftstellers Friedrich Georg Jünger, dessen Arbeiten in dieser Zeit große Resonanz fanden.

Mit dem Buch *Der Arbeiter* hatte sein Bruder Ernst Jünger schon gegen Ende der Weimarer Republik eine positive Vision der Technik in technokratischer Form vorgelegt, allerdings mit eindeutig rechts-extremer Tendenz und militaristisch-totalitärer Orientierung. Mit der Erfahrung von Nationalsozialismus und totalem Krieg trat Friedrich Georg aus dem Schatten seines älteren Bruders und legte 1949 mit seiner Schrift *Die Perfektion der Technik* einen Standardtext der konservativen Technikkritik vor.[2] Während andere Konservative zumeist vor allem die destabilisierenden soziokulturellen Folgen der Technik für besorgniserregend hielten, zielte Friedrich Georg Jüngers Angriff auf den Kernbereich des Fortschrittsglaubens. Er bestritt kategorisch, dass die moderne Entwicklung den Menschen mehr Freizeit und Muße beschere oder Reichtümer schaffe. Vielmehr führe sie zu immer mehr hektischer Betriebsamkeit. Indem sie natürliche Ressourcen verschwende und den Menschen als Sklaven in das technische System einbinde, werde die Welt de facto ärmer.

Die technische Welt ist für Friedrich Georg Jünger schlicht unmenschlich und zerstörerisch. Die Welt werde zur mechanischen Tretmühle, der Mensch zu einem Rädchen in einem unüberschaubaren System. Natürliche Ressourcen würden erschöpft, die Gefahr von Katastrophen wachse. Gegen diese Verhältnisse

Aphorismenschneise • Aphorism

Selfmarketing:
Die leere Hülle stülpt sich nach außen.

Was blendet, schillert nicht.

Selbstjustiz kennt bloß eine Instanz.

Lügen erkennt man
an ihrem Wahrheitsanspruch.

Begegnung auf Augenhöhe heißt,
dass sich einer verneigen muss.

Alexander Eilers

Nihilismus
von lateinisch *nihil* für „nichts“: Verneinung der Existenz einer objektiven Grundlage für Moral, Sinn und Erkenntnis.

setzte er unvermittelt ein traditionell-idyllisches Ideal: „Der Mensch, der vergessen und verlernt hat, die Erde wie eine Mutter zu behandeln, ist kein Sohn der Erde mehr. Er befindet sich auf dem cartesianischen Globus, der Tod ist und als tote Kugel rücksichtslos vernutzt werden kann ... Die Erde bedarf des Menschen als eines Pflegers und Hirten. Wir müssen wieder lernen, sie wie eine Mutter zu behandeln. Dann werden wir auf ihr gedeihen."

Technik als Unheil und Chance für einen neuen Anfang

Der Mensch nicht als Amokläufer, sondern als Pfleger und Hirte – das hört sich schön an, aber wie soll es zu diesem Einstellungswandel kommen? Wie bei Ludwig Klages wird bei Friedrich Georg Jünger ein hoffnungslos erscheinendes Bild präsentiert, denn beide hatten nicht die Hoffnung, dass gegen die Macht der Modernisierung die Uhr zurückgedreht werden könne. Außerdem stellt sich die Frage, ob eine polare Gegenüberstellung von rückhaltloser Nutzung und harmonischer Kooperation produktiv ist: Muss es nicht einen Mittelweg geben, auf dem die moderne Technik weiterhin für die wachsende Zahl an Menschen genutzt wird, aber mit mehr Rücksicht auf die Natur?

Mit dem Anspruch, über diese Polarität hinauszudenken, betrat Martin Heidegger die Bühne. Auch er hatte eine kritische Einstellung zur Moderne, die sich in seinem späteren Denken vor allem gegen die Selbstherrlichkeit des Menschen richtete. Der ungezügelte Willen zu herrschen hatte seiner Meinung nach nicht nur die Beziehung zur Natur zu einer rein instrumentellen werden lassen, sondern auch eine nihilistische Welt geschaffen (siehe Erläuterung). Nur im Hören auf das Sein, in der Vorbereitung auf das Hören eines neuen Gottes, könne diese Lage durch einen „neuen Anfang" überwunden werden. Der Mensch, der in geistiger Selbstherrlichkeit in allem nur sich selbst sieht, ist für ihn verloren. Nur in der Erkenntnis, dass er von einem weiteren Sein bestimmt sei, könne der Mensch eine unheilvolle Entwicklung abwenden und sein Potenzial als „Hüter des Seins" leben.

Wie sollte all dies zu einer anderen und produktiveren Sicht der Technik führen? Für Heidegger ist die Technik an sich ein positiver Bezug zur Natur: Sie enthüllt eine – allerdings nur begrenzte – Wahrheit über die Welt. Aber in der Moderne habe sie einen aggressiven Charakter gewonnen, indem sie absolut gesetzt wurde. Während der Bauer früher das Feld schonend nutzte, sieht der Philosoph in der Moderne nur noch eine Ernährungsindustrie am Werk. Während eine Brücke dem Fluss seine Eigenständigkeit belässt, wird dieser in einem Kraftwerk als „Wasserdrucklieferant" zu einem Teil des technischen Systems reduziert. Für die Freizeitindustrie ist selbst die Schönheit der Natur nur noch ein Mittel. Und wie die äußere Natur ist auch der Mensch nur noch Teil des technischen Systems – in Heideggers Terminologie des „Gestells": als Menschenmaterial und als ein Wesen, das immer mehr auf das Denken in technischen Kategorien reduziert wird. Damit erscheint die moderne Technik als *Unheil*: Der Blick des Menschen reduziert sich auf den Willen zur Herrschaft über die Natur und zur bloßen Selbsterhaltung; er erkennt nicht mehr die Weite des Seins, sondern nur noch instrumentelle Zwecke für die materielle Reproduktion einer nihilistischen Welt.

Leben ist mehr als Überleben.

Heideggers Diagnose ist nicht wesentlich anders als vorangegangene Technikkritiken, sein Lösungsvorschlag hingegen schon. Er lehnt kategorisch den Versuch ab, die Probleme der technischen Welt technisch zu lösen. Den Versuch, eine nachhaltige Nutzung der Natur zu finden, hätte er als eine Fortsetzung der menschlichen Überheblichkeit gesehen, die Welt perfekt managen zu können. Auch moralische Appelle sind für ihn falsch: In der Moral sieht er nur einen weiteren Versuch, der Welt menschliche Maßstäbe auf-

Lebensreformbewegung
Oberbegriff für Mitte des 19. Jahrhunderts entstandene, voneinander unabhängige Vereine, deren Mitglieder die Skepsis gegenüber den Veränderungen der modernen Technik und der zunehmenden Verstädterung einte. Die Errungenschaften der Industrialisierung galten ihnen weniger als Fortschritt denn als Verfallserscheinung. Durch eine Rückkehr zu einer „naturgemäßen Lebensweise" sollten „Zivilisationskrankheiten" geheilt beziehungsweise vermieden werden. Sie warben für ökologische Landwirtschaft, vegetarische Ernährung und Naturheilkunde. Bekannte Anhänger sind unter anderem Sebastian Anton Kneipp, Namensgeber der Kneippkuren, der Arzt Maximilian Oskar Bircher-Benner, Erfinder des Birchermüslis, sowie der Maler und Sozialreformer Karl Wilhelm Diefenbach.

zuoktroyieren. Sie sei eine Form der menschlichen Selbstherrlichkeit, die er als Humanismus bezeichnet. Stattdessen könne der Mensch erkennen, und das ist für ihn *die* Chance der Gegenwart, dass er wie bei der Technik auch insgesamt nicht die Kontrolle innehabe, sondern weitere Kräfte über ihn und sein Denken herrschten. Nur mit einer neuen Bescheidenheit, welche die Gelassenheit vermittelt, im Kleinen eine neue Einstellung zum nicht erfassbaren Ganzen zu finden, könne sich eine Wende anbahnen. Nur wenn der Mensch die Welt wieder als seine Heimat erlebe, wenn er sich gegenüber einem Sein öffne, das in Wirklichkeit sein Leben bestimme, könnten die Worte Hölderlins wahr werden: „Wo aber Gefahr ist, wächst / Das Rettende auch." Doch dieses Rettende kann für Heidegger niemals in der Hand des Menschen sein. Der Mensch müsse sich für das Rettende öffnen, weil dieses seine Empfänglichkeit brauche. Aktiv werden muss Heidegger zufolge eine höhere Kraft: „Nur noch ein Gott kann uns retten" – sagte er in einem Gespräch mit dem politischen Magazin *Der Spiegel*, das wie ein Testament nach seinem Tod zur Veröffentlichung bestimmt war.

„Prinzip Hoffnung" oder „Prinzip Verantwortung"

Während Heidegger der Überzeugung war, dass selbst ein Untergang besser wäre als ein Weiter-so in einer nihilistischen Moderne, und alles auf einen „neuen Anfang" setzte, verurteilte Hans Jonas eine solche Alles-oder-nichts-Einstellung als verantwortungslos. Auch setzte er nicht auf ein im weiteren Sinne religiöses Denken, sondern gegen Heidegger auf eine vom Menschen gemachte Ethik für das technische Zeitalter. Allerdings stellte er sich nicht primär gegen seinen früheren Lehrer aus Freiburg, sondern vor allem gegen den Marxismus, den die Studentenrebellion wieder auf die Tagesordnung gesetzt hatte. Gegen die Betonung des „Prinzips Hoffnung", dessen Bedeutung besonders der Neomarxist Ernst Bloch als entscheidendes Agens für die Schaffung einer idealen Welt hervorgehoben hatte, setzte Hans Jonas „Verantwortung" als das entscheidende Prinzip für die Gestaltung menschlichen Lebens in der Gegenwart. Sein Buch *Das Prinzip Verantwortung*[3] ist ein philosophischer Markstein weit über kulturkritische Kreise hinaus: Waren doch seit den 70er-Jahren die Sorgen um die Bewahrung von Mensch und Natur gegenüber den hochtrabenden Hoffnungen bezüglich der technischen Entwicklung der 60er-Jahre gewachsen.

Vor den technischen Revolutionen der Industrialisierung war die Natur übermächtig; deshalb brauchte es keine Ethik für den Umgang mit ihr. Doch mit der Umkehrung dieses Verhältnisses sah Jonas es als seine Aufgabe, eine solche erweiterte Ethik systematisch zu entwickeln. Weil der Mensch die Welt verändern könne wie nie zuvor, ergebe sich auch ein historisch unbekanntes Maß an Verantwortung, nicht leichtfertig zu handeln, zumal es immer wahrscheinlicher sei, dass Dinge sich nicht so entwickeln wie geplant. Gerade weil das instrumentelle Handeln in der Moderne in den Vordergrund getreten sei, müsse es ethisch gebunden werden, um Gefahren in der „Risiko-Gesellschaft" (Ulrich Beck) zu minimieren.

Zum einen strebt Hans Jonas an, ein Eigenrecht der Natur aufzuzeigen. Gegen die philosophisch so starke Tradition einer kategorialen Trennung von Geist und Natur argumentiert er, dass es ein Kontinuum von tierischem Leben zum Menschen gebe. Es gebe zumindest rudimentäre Formen von Zwecken und Bewusstsein selbst in einfachsten Formen des Lebens: wenigstens die, das Leben wahren und unter angenehmen Bedingungen leben zu wollen. Deshalb dürfe, auch wenn es nicht mehr das Gefühl der Heiligkeit der Natur gebe, die Natur nicht als Mittel zum Zweck behandelt werden. Die Bewahrung des Lebens muss Jonas zufolge für das menschliche Handeln das oberste Gebot sein, das zweite, die Bedingungen für ein glückliches Leben zu erhalten und zu fördern.

In Hans Jonas' Ethik wird nicht nur die Verantwortung gegenüber der Natur betont, sondern auch die gegenüber zukünftigen Generationen. Auch hier gilt für ihn die Bewahrung des Lebens als oberstes Prinzip. Gerade weil die moderne Technik so weitreichende und unabsehbare Folgen habe, seien wir gegenüber den kommenden Generationen ethisch zur Vorsicht verpflichtet. Statt auf der Jagd nach einer unsicheren Utopie gewagte Schritte zu unternehmen, muss die Bewahrung des Lebens Grundlage aller Unternehmungen sein. Leben ist hierbei mehr als reines Überleben; es wäre ethisch unfair, das Leben zukünftiger Generationen mehr einzuschränken als unbedingt nötig. Die Lagerung von Atommüll, die zukünftige Generationen zu unabsehbaren Vorsichtsmaßnahmen nötigt, ist für ihn ein schlagendes Beispiel für ethisch verwerfliches Handeln.

Abbildung linke Seite:
Die natürliche Herstellung eines Axt-Stieles
Timm Ulrichs, 16.6.1972

Abbildung rechte Seite:
Die natürliche Herstellung eines Axt-Stieles
Timm Ulrichs, 4.4.1985;
Baum (Eiche) ca. 215 cm hoch, mit eingewachsener Axt

„Die Wälder werden Kinder gebären, die die Ursache ihres Todes sein werden."
Leonardo da Vinci

„…Wer mit wem interagiert, spielt der Studie zufolge die entscheidende Rolle für die Fähigkeit eines Netzwerks, mit Unsicherheiten effizient umzugehen und den Zusammenhalt aufrechtzuerhalten … Die Ergebnisse deuten darauf hin, dass die Robustheit gegenüber Unsicherheit ein Faktor in der Entwicklung gewesen sein könnte…" („Unsicherheit als Faktor im Schwarmverhalten von Staren birgt geringe Risiken." Computational Biology, 2013.) Aus der Arbeit AUSPICIA von Daniela Friebel, 2018, Pigmentdruck auf Baryt-Papier, 62 x 41,5 cm (Ausschnitt).

Ludwig Klages wollte lieber das Leben selbst als die Menschen retten, Heidegger zog ein würdevolles Ende einem nihilistischen Weiter-so vor – Hans Jonas hingegen beginnt mit konkreten ethischen Imperativen: Die erste Pflicht ist die Erhaltung des Lebens, die zweite die Förderung eines erfüllten Lebens im Einklang mit dem Wesen von Existenz. Zur Durchsetzung denkt er sogar an eine Art Öko-Diktatur. Da in einer Demokratie weder die zukünftigen Generationen noch die Natur eine Stimme hätten, würden deren Interesse in Wahlen nicht angemessen berücksichtigt. Aber Jonas versucht auch, sein ethisches Ideal attraktiv zu machen. Die Utopie eines marxistischen Reichs der Freiheit sei vor allem Zwang und in Wirklichkeit nicht lebenswert: Es werden nicht nur Vergangenheit und Gegenwart durch die Vision einer angeblich so viel besseren Zukunft entwertet, sondern auch jegliche Bedeutung der menschlichen Existenz zugunsten eines sinnleeren spielerischen Dahinplätscherns vernichtet. Die Verwirklichung des menschlichen Wesens erfordert seiner Meinung nach Ernst und Verantwortung, die Bewältigung wichtiger Aufgaben und die Identifikation mit einem Größeren, potenziell Ewigem, das heißt mit der gesamten Menschheit im Rahmen eines sich immer weiter entfaltenden Naturzusammenhangs. Wie Eltern Verantwortung für ihre Kinder übernehmen sollen, so der Mensch für die Natur. Hier berührt sich seine Vision mit der Heideggers, auch wenn Jonas weiterhin die aktive Bedeutung der menschlichen Existenz höher ansetzt und die Bedeutung einer Ethik zur Orientierung des Handelns hervorhebt.

> *Eine nachhaltige Nutzung der Natur zu finden, ist für Martin Heidegger die Fortsetzung der menschlichen Überheblichkeit, die Welt perfekt managen zu können.*

Konservative Einstellungen zu Technik und Natur – nur von historischem Interesse oder noch aktuell?

Ist das Dargestellte vor allem von historischem Interesse oder ist es auch noch heute bedenkenswert? Geht es nicht jetzt, wo jeder vernünftige Mensch das Problem erkannt hat, vor allem um praktische Lösungen wie Dämmung und Energieeffizienz, Filter und Elektromobilität, um ein nachhaltiges Wirtschaften zu erreichen? Oder müssen wir uns der ernüchternden Erkenntnis stellen, dass bei aller Weitsicht für die Gefahren keine Wende eingetreten ist?

Tatsächlich ist die Sensibilität konservativer Kulturkritiker für die Gefahren der Technisierung während der Epochen des Fortschrittsglaubens und des einsetzenden Wirtschaftswunders eindrucksvoll. Oft waren sie angesichts der Macht der Entwicklung vor allem verzweifelt. Doch sie erhoben in prophetischem Ton ihre warnende Stimme, manchmal übertrieben scharf, aber doch zu einem Thema, das immer deutlicher zu einer Schicksalsfrage geworden ist.

Sogenannte Grüne Themen werden immer stärker vor allem unter praktischen Gesichtspunkten diskutiert, und wer wollte deren Relevanz bezweifeln? Aber zugleich bedeutet dieser Fokus eine Verengung. Ist die energische Unterstützung für eine umweltpolitische Wende rechtzeitig zu erreichen? Werden notwendige Einschränkungen akzeptiert werden, wenn das Thema für uns nicht in einer erweiterten Perspektive erscheint? Und ist eine perfekt gemanagte Natur, um Nachhaltigkeit zu erreichen, die Zukunft, in der wir leben wollen?

Die Erhaltung des Lebens ist, wie Hans Jonas betont hat, sicherlich der höchste Imperativ. Darüber hinaus geht es aber auch um die Frage, *wie* die Menschheit leben möchte. Gegen eine rein technische Perspektive haben konservative Kulturkritiker darauf hingewiesen, was der Preis für einen solchen Realitätsbezug ist. Die Natur wird darauf beschränkt, ein Mittel, eine Ressource zu sein; entsprechend ist der Mensch dann auch nur noch eine *human resource*, wie man im englischsprachigen Raum sagt. Auch wenn es um wünschenswerte Ziele geht: Alles zu kontrollieren und auf ein Ziel auszurichten, ist eine eklatante Reduzierung des Lebens. Die Beschäftigung mit den Denkern der konservativen Kulturkritik erinnert daran, dass es bei der menschlichen Einstellung zur Natur nicht zuletzt auch um ein gelungenes Leben geht.

Thomas Rohkrämer war Reader an der Lancaster University (GB).

Anmerkungen:

1. Klages, Ludwig: Mensch und Erde. In: Klages, Ludwig: Sämtliche Werke. Band 3. Bouvier, Bonn 1974, Seite 614–636. Siehe zu einer ausführlicheren Darlegung meiner Gedanken zu Klages: Rohkrämer, Thomas: Eine andere Moderne. Zivilisationskritik, Natur und Technik in Deutschland 1880–1933. Schöningh, Paderborn 1999, Kapitel 11
2. Jünger, Friedrich Georg: Die Perfektion der Technik (verfasst 1939). Klostermann, Wiesbaden 1949. Siehe dazu ausführlicher Rohkrämer, Thomas: Martin Heidegger. Eine politische Biographie. Schöningh, Paderborn 2020, besonders Seite 201–203
3. Jonas, Hans: Das Prinzip Verantwortung. Versuch einer Ethik für die technologische Zivilisation. Suhrkamp, Frankfurt am Main 1984

Albert Kirchengast

Landschaft und Lebendigkeit

Die Suche nach dem Natürlichen der Natur

Versucht der heutige europäische Mensch sich zu vergewissern, über welche Vorstellungen er gemeinhin verfügt, sucht er nach dem Natürlichen, klingt das oft so: „Wir lieben nämlich die Bäume. Sie haben so was Natürliches. Wenn ein Baum stirbt, ist es so, wie wenn ein Mensch stirbt. Die Indianer sagen: Erst sterben die Bäume, dann die Menschen. Die Indianer haben noch natürlich gelebt. Das war, bevor der weiße Mann kam. Wir müssen wieder von den Indianern lernen, wie man natürlich lebt. Finde ich." Silvia, eine flippige Mittzwanzigerin in Robert Gernhardts Theaterstück *Die Toscana-Therapie* von 1987 spricht im Stakkato. Die Persiflage auf die deutsche Italienlust ist Symptom und Synonym einer Flucht in eine südlichere, fruchtbarere Kultur. Vieles deutet sich darin an, das auch heute in den Köpfen kursiert.

Spricht man heute von der „Natur" – zumal im Singular – muss man jedoch mehrfach Vorsicht walten lassen. Nicht nur deshalb zahlt es sich aus, zunächst bei der Unterhaltungsliteratur zu verweilen, bedienen sich jüngere wissenschaftliche Auseinandersetzungen doch gern einer pikanten Aussage des englischen Physikers Robert Boyle. Angesichts dreißig verschiedener Definitionen des Begriffs „Natur", die er bereits im Jahr 1682 gefunden haben will, schlägt er vor, diesen einfach fallen zu lassen. Aber niemand nimmt ihn beim Wort. Am wenigsten er selbst. Allein im *Historischen Wörterbuch der Philosophie* sind dem Begriff „Natur" 57 großformatige Seiten gewidmet. Dabei ist ihre Definition ganz prägnant – zumindest wenn man die Grundbedeutung des antiken altgriechischen Worts für Natur, *physis,* aufsucht: Einerseits ist sie „Beschaffenheit, Wesen", andererseits „Werden, Wachstum, Wuchs". (HWPh, 421) In der Antike konnte das Wesen einer Sache das Wachsen sein und Veränderung noch natürlich, weil sich die Natur in antiker Sicht auf diese Weise entfaltete.

Abbildung:
Broken Landscape I
Antti Laitinen, 2017;
130 x 180 cm,
Pigmentdruck, Diasec

Zurück in die Toskana, in die nahe Fremde, und auch in das Zeitalter der Ökologie. Ins Bäuerliche hat man vor rund einem halben Jahrhundert noch gemeint, sich „retten" zu können aus dem Wirtschaftsmotor Europas. Dort, im „Traditionellen", im „Ortsgebundenen" fühlte man sich wohl, in einer durch Routinen und Rituale, von „natürlichen" Restriktionen geformten Kultur: Kargheit galt als Inbegriff von Natürlichkeit. Auch wenn damit sicherlich nicht gemeint war, in einer vorindustriellen, ländlichen Lebensform unter der Maßgabe der Schonung des Vorhandenen sein Leben zu fristen. Die ewige Idylle, die seit jeher einen kargen griechischen Landstrich – Arkadien – zum Gegenbild der verdorbenen Stadt stilisiert, musste sich in der globalen „Agglomeration Moderne" mit besonderer Schärfe aktualisieren, weil *diese* Wachstumskultur per definitionem Grenzen unterläuft. Die Anerkenntnis von Grenzen aus der Notwendigkeit, dem eigenen Handeln Grenzen zu setzen, um schlichtweg zu überleben – etwa den Acker zuweilen brach liegen zu lassen oder mit Trinkwasser sparsam umzugehen, es zu sammeln –, hat die Fortschrittskultur ihrem Selbstverständnis nach gegen technische Innovationen eingetauscht. Ist das die Natur des Menschen? Wie weit indes ist deren „Eindringtiefe" zuträglich? Denn ist der Mensch auch noch so gut „bewaffnet", vollständig freisetzen von seinem Geboren-Sein, der eigenen Leiblichkeit kann er sich bislang nicht. Oder ist das die Zukunft: der hybride, der technisch aufgerüstete Leib? Man muss jedenfalls keinen Wechsel ins Science-Fiction-Genre mehr vornehmen, um darüber zu lesen.

Ganz grundlegend basiert die positiv oder negativ konnotierte „Differenz" zwischen Mensch und Natur auf der Befreiung von existenzbedrohenden Gefahren. Dies umfasst indes auch die Möglichkeit zur Reflexion über ein mehr an „Engagement" oder mehr an „Distanzierung" von der Natur, wie es in Norbert Elias' polarem Begriffspaar heißt. Elias zählt verschiedene kulturelle Entwicklungsstufen im zivilisationsgeschichtlichen Wechselverhältnis des Menschen zum Bestand jener Dinge auf, die immer schon zuvor da waren, nicht gemacht, eben „geboren" wurden, wie es das lateinische Wort *natura* besagt. Naturgemäß tilgt der radikale Veränderungsdruck der modernen technischen Zivilisation auch Spuren ihrer eigenen „Naturgeschichte der Kultur". Dass man dabei überhaupt von „Schäden" oder „Verlusten" spricht, hat für Elias mit einer emotionalen Bindung, einer Suche nach Naturnähe zu tun, die nie gänzlich verloren geht. Eine solche Argumentationsstrategie entgeht dem instrumentalisierenden Interesse am Wohlbefinden der Natur zugunsten einer zivilisationsgeschichtlichen Disposition. Nüchtern und patent meinte dagegen schon Jean-Jacques Rousseau – dem man die „Rückkehr zur Natur" ja nur in den Mund gelegt hat –, es brauche einen *contrat social*, einen Gesellschaftsvertrag. In der Wildnis herrsche weder Vernunft, noch könne es das Gute geben. Mit der *Toscana-Therapie* ironisiert Gernhardt nicht nur ein elitäres Gegenprogramm zur Technisierung, sondern spricht auch ein kulturelles Ideal an, das solch einem Vertrag nahe kommt: die Landschaft als kulturelle Leistung. In Silvias Worten erklingt das „Natürliche" aus der unmittelbaren Freude am Gewächs: der große Charakterbaum, figürlich gewachsen; das jahreszeitliche Wachstum des Weins, die Ernte, das Getränk, ein Verlauf von handwerklichen Verrichtungen, die Zyklen der Natur begleitend und mit dem menschlichen Leben synchronisierend. Die Freuden kultivierten Genusses eingeschlossen, die hinter der mühevollen Arbeit zu verschwinden scheinen. Aus all dem spricht zudem der Drang eines „ökologischen" Gewissens, das die intellektuelle Ader der verreisten deutschen Protagonisten noch mit der entfernten Idee von amerikanischen „Naturvölkern" zu verbinden weiß – eine gedankliche Flucht freilich, die der touristischen Flucht nicht unähnlich ist. Der „echte" Bauer aber ist auch hier ein Arbeiter, sein Äquivalent die industrialisierte Landwirtschaft, der alte Hof ein umgebautes Feriendomizil. Er kämpft ums Überleben. Auf dem Weltmarkt. Eine der wenigen Anweisungen an die Regisseure des Stücks: Er müsse eine amerikanische Schirmkappe tragen.

„Wenn man eine Spanne von siebzig Jahren lebt, ist am Ende die komplette Welt ausgetauscht."

Andreas Maier

Eine Gesellschaft im Zwiespalt. Die Sehnsucht nach dem Natürlichen hält an und in immer neuen Gewändern tritt sie auf. Der Verdacht drängt sich auf, sie sind nur übergestreift, vorgeschoben wie Kulissen. Technik selbst ist heute „grün", ob Windpark oder *smart city* – begrünte Hochhausfassaden auf Granulat-Basis, „Solardächer", Winde fürs gute Mikroklima: die Natur als Wert, englisch: *ecosystem value*. Die „Ökologisierung", der wohl letzte große Umbruch im modernen Naturverhältnis, begleitet die Gesellschaft ab den 1960er-Jahren wie ihr schlechtes Gewissen. Seit die akute Erzählung vom Naturverlust salonfähig wurde, hat sie den Wandel vom Birkenstock-Alarmismus zur technischen Hochrüstung hinter sich, das „Ozonloch" ist Teil ihrer Geschichte, das „Waldsterben" ein notwendig drastisches Szenario, der „saure Regen" eine denaturierende Metapher. Die Welt-Klima-Politik der Gegenwart packt das Drama in nüchterne Zahlen – dem Skifahrer wie dem Bauern liegt es faktisch vor Augen. Das Zeitalter des Menschen, das Anthropozän, ist als erdgeschichtliche Epoche Wirklichkeit und Anmaßung zugleich, die menschliche Spur überall. Will man *diese* Natur schützen, wird sie indes zum Symbol wie einst die Toskana. Diesmal jedoch als umzäuntes Jenseits,

Abbildung:
Broken Landscape VI
Antti Laitinen, 2019;
130 x 180 cm,
Pigmentdruck, Diasec

Naturpark und Wildnis, konserviert in Museen und Zoos. Eine paradoxe Schicksalsgemeinschaft paralleler Vorstellung von Separierung und totalem Zugriff. Gesteigert wird dies nur durch die Idee einer „Welt ohne uns", wie so mancher Gegenwartsroman sie beschwört; als literarische Nahtod-Erfahrung sozusagen. Die Natur ist, was wir zerstören, oder aber sie ist ohne uns. Immer aber liegt sie uns *gegenüber*.

Silvia wäre denn auch ernüchtert, hat sich die Ökologie mittlerweile doch als schnöde Naturwissenschaft entpuppt, die schlicht und einfach die Beziehungen der biotischen und abiotischen *Umwelt* untersucht. Artenvielfalt und Nachhaltigkeit, seit dem Kyoto-Protokoll von 1997 in aller Munde, ziehen nicht unbedingt am selben Strang; die Vorstellung einer Gesellschaft am End- beziehungsweise Höhepunkt ihrer Entwicklung, von einem „natürlichen Gleichgewicht", das der Mensch nur stören könne, ist eine Hypothese unter anderen.

Scholastik
von mittellateinisch *scholastica* für „Schulwissenschaft", „Schulbetrieb" und altgriechisch *scholastikos* für „studierend". Sammelbezeichnung für die abendländischen philosophisch-theologischen, stark von den Schriften des Aristoteles beeinflussten Lehren des Mittelalters, die inhaltlich vor allem durch die Verhältnisbestimmung von christlicher Offenbarungslehre und philosophischem Denken bestimmt sind.

Aus Wunschbildern folgt eben kein Sein. Die Repolitisierung junger, um ihre Zukunft bangender Menschen ist vermutlich die letzte gesellschaftliche Erscheinungsform eines ökologisierten Naturbegriffs, den die Ökonomisierung ganz natürlich begleitet. Doch Balance liegt nicht in der Natur von Protesten. Ob sie von der Gewissheit begleitet sind, dass weder die Flucht vor den realen Anforderungen des Lebens in Scheinwirklichkeiten, noch gesetzliche Verbote, noch technische Zurüstungen ein *zusammenhängendes* Naturverständnis gestalten können? Die Idee der Kulturlandschaft dagegen ist viel älter als die Ökologie, als Umwelt und Krise. Sie *war* einmal Realität, bevor sie zum Ideal wurde. Sie *ist* nicht nur eine literarische Posse.

Die Natur der Landschaft

In unseren Auffassungen der Natur spiegelt sich unsere Kultur. Ein Gemeinplatz, von dem auch „aufgeklärte" Naturethiker ausgehen. Es geht ihnen um die Frage, ob die Natur *Eigenwert* besitzt und wenn nein, wie man ihren Schutz und in welchem Umfang dennoch begründen kann. Angelika Krebs plädiert in ihrem Überblickswerk nicht für eine vermenschlichende Sichtweise: Auch wenn immer wir es sind, die über unser Verhalten gegenüber demjenigen nachdenken, das wir nicht gemacht haben, womit wir aber umgehen müssen – Natur. Bei aller Strukturiertheit in der Verhandlung einer Vielzahl verschiedenartiger Argumente *pro natura* bleibt ihr am Schluss nichts anderes übrig als anzuerkennen, dass es kein rationales Argument gibt, der Natur einen absoluten Wert beizumessen. Auch wenn manche moralische Forderung und Handlung, die sie aus unserem alltäglichen Umgang mit Tieren und Pflanzen und sogar Steinen ableitet, sich nicht allein „instrumentell" begründen lasse. (Krebs, 378 f.) Doch bei einer rein theoretischen Sichtweise der Mensch-Natur-Beziehung bleiben die religiösen, emotionalen, symbolischen und auch ästhetischen Aspekte nur Beiklang.

Abbildung:
Broken Landscape III
Antti Laitinen, 2017;
130 x 180 cm,
Pigmentdruck, Diasec

Teleologie
von altgriechisch *telos* für „Ziel", „Zweck", „Vollendung". Auffassung, dass Entwicklungen von einem (idealen) Ziel oder Zweck her bestimmt sind.

Rekapituliert man hingegen idealtypische vergangene Mensch-Natur-Verhältnisse, erzählt man nicht nur eine Kulturgeschichte der Natur. Die Natur wird derart zum wandlungsfähigen, kulturellen Reflexionsbegriff. Die einzelnen Stadien sind unserer Reflexion zwar zugänglich, aber nicht vollständig verfügbar. Man kann dann ein „magisches", steinzeitliches Naturverständnis von einem antiken abgrenzen, das die Natur als überwölbenden Kosmos und daher Ganzes begreift, in dem der Mensch eingelassen ist – auch wenn seine Kunstfertigkeit (altgriechisch *techne*) Eigenes hervorbringt. Im christlich-mittelalterlichen Naturbild wird die Natur als Schöpfung aufgefasst, welches das neuzeitliche Naturverständnis vorbereitet. Nun erst ist sie Ressource, striktes Gegenüber, über das wir verfügen. (Piechocki, 21 ff.) Innerhalb dieser vereinfachenden Rahmenvorstellung entwickeln sich Bilder des Natürlichen, an denen sich auch Silvia in Gernhardts Theaterstück reichlich bedient. Sie treten im Alltag auf, in Kunst und Kultur, leiten aber auch unser theoretisches Handeln, sogar die Naturwissenschaft und eben auch eine popularisierte Ökologie. Der französische Anthropologe Philippe Descola hat dieser entwicklungsgeschichtlichen Erzählung zuletzt sogar die Gleichzeitigkeit des Ungleichzeitigen beigestellt: die Verschiedenheit noch heute auftretender, auch vormoderner Naturvorstellungen. Sein bahnbrechendes Buch *Jenseits von Kultur und Natur* gibt den Verfechtern des westlich dualistischen Weltbilds, das auf einer Entgegensetzung von Mensch und Natur basiert, zu denken.

Die Ahnung, dass nicht alles auf den „Begriff" zu bringen ist, was Mensch und Natur verbindet oder trennt, findet Bestätigung beim genauen Blick auf das moderne Naturverständnis selbst. Der Historiker Rolf Peter Sieferle hat die Geschichte der Menschheit in Abhängigkeit zu ihren Energiesystemen untersucht und gelangt so von der „solaren" Jäger- und Sammlergesellschaft über die „fossile" Agrargesellschaft zur gegenwärtigen „totalen Transformation" der historischen Kulturlandschaft: „War es noch möglich, die Agri-Kulturlandschaft in dem Sinne als ‚natürlich' anzusehen, als sie ‚naturwüchsig' entstanden war und sich als formale Einheit stabilisiert hatte, so ist die transformierte Landschaft zum flüchtigen Resultat einer Vielzahl punktueller technischer Einwirkungen geworden. In diesem Sinne erscheint sie vielen als ‚unnatürlich': Sie gilt, im Gegensatz zur Kulturlandschaft, als bloßes Konstrukt, da in ihr die Spuren der Gestaltung offensichtlich und allgegenwärtig sind." (Sieferle, 220) Über die „Lebensfähigkeit" einer solchen „totalen Landschaft" schweigt Sieferle. Er schildert sie trocken, doch ohne

Fatalismus. Ihr mangelt es an jenem Wunschpotenzial, das Silvias Naturbild ebenso einseitig bestimmt. Und so mündet sein Buch *Rückblick auf die Natur* in die Aufzählung eines Bestands „ungereimter" Dinge: Baum, Auto, Kraftwerk stehen ununterschieden nebeneinander, alles ist zur Ressource geworden, ohne Abstammung und Geburt. Doch enthält diese plastische Vision auch eine Definition von Kulturlandschaften als Form jener kulturellen Praxis, die menschliche Eingriffe in die Natur so in sich aufzunehmen vermag, dass sie nicht „unnatürlich" erscheinen, sondern naturwüchsig. Das „Natürliche" ist *Teil* einer menschlichen Kultur, die langsam „wächst" und stabile Strukturen bevorzugt. Innerhalb dieser könnte sich eine dynamische Natur, eine indifferente, dem Menschen nicht an sich wohlgesonnene Natur, auf gute und wohlmeinende Weise entfalten, sie muss dazu jedoch „gezähmt" werden. Gerade ihre ungerichtete Lebendigkeit, in der sie dem Menschen *erscheint*, macht sie für ihn so wertvoll.

Dass wir zurück und vorwärts blicken und uns „einrichten" können in der Natur, ist demnach eine Folge unserer Herrschaft über die Natur. Doch pure Herrschaft stellt nicht die einzig mögliche Naturbeziehung dar. Der deutsche Philosoph Lothar Schäfer spricht vom „Baconschen Projekt der Erkenntnis", das seit dem 17. Jahrhundert eine naturwissenschaftliche Beziehung zur Natur grundiert. Eine technische Praxis der „Zergliederung". Allerdings entwarf der englische Philosoph Francis Bacon zugleich die Utopie einer humanen Welt, in der Menschen herrschen, ohne „Leid und Unrecht" zu tun. (Schäfer, 106) Schon Schäfer plädiert gegenüber den Folgewirkungen einer rein quantitativen Einstellung für einen „physiologischen Naturbegriff" – dem „Leib steht ein Einspruchsrecht gegenüber unseren Entwürfen technisierter Lebensverhältnisse zu". (Schäfer, 243) In der Folge argumentiert er, dass es dem Leib nicht zuträglich wäre, seine Umwelt zu „vergiften". Wovon er nicht berichtet: Dass die „Experimental-Natur" Galileis in der italienischen Renaissance auf eine neue Sinnesoffenheit rekurriert, welche die wissenschaftliche Erforschung von Welt und Weltall ebenso befördert wie die langsam sich entfaltende ästhetische Naturbetrachtung. Natur tritt in der Landschaft als naturästhetische Erfahrung in Form einer Ergänzung ihrer handfesten Nutzung auf. In seiner berühmten *Kultur der Renaissance* skizziert etwa der Kunsthistoriker Jakob Burkhardt die Grundlagen der beiden zueinander komplementären Naturzugänge: „Allein ausser dem Forschen und Wissen gab es noch eine andere Art, der Natur nahe zutreten, und zwar zunächst in einem besonderen Sinne. Die Italiener sind die frühesten unter den Modernen, welche die Gestalt der Landschaft als etwas mehr oder weniger Schönes wahrgenommen und genossen haben." (Burckhardt, 324)

Der „echte" Bauer ist Arbeiter in einer industrialisierten Landwirtschaft.

Man muss die Kunsthistorie nicht als philosophisches Argument zitieren. Die Geschichte der Naturästhetik erlangt in Kants *Kritik der Urteilskraft* von 1790 einen Höhepunkt. Kant spricht vom „freien Spiel der Erkenntnisvermögen", es geht ihm um „Harmonie", um „Gefühl" und „Reflexion" gleichermaßen. Joachim Ritter hat diese Entwicklung in seinem bis heute grundlegenden Text *Landschaft. Zur Funktion des Ästhetischen in der modernen Gesellschaft* subsumiert. Instrumentalisierend-technische und moralische Werteinstellungen werden im ästhetischen Bild der Landschaft als Idee eines Ganzen erfahrbar: „Landschaft ist Natur, die im Anblick für einen fühlenden und empfindenden Betrachter ästhetisch gegenwärtig ist ..." (Ritter, 419) Diese Definition wurde vielfach kritisiert. Unter anderem, weil man sie verkürzend mit der vergangenen, vorindustriellen Landschaft identifiziert hat und nicht mit der Struktur einer ästhetischen Erfahrungsweise, die sich Zeit nimmt, aus der eigenen, technisch angeleiteten Praxis herauszutreten. Zurecht wird an Ritters Essay bemängelt, dass die beschriebene, historische „Gefildelandschaft" zwar einmal alltäglich gelebt wurde, seit der ersten Industrialisierung aber unter massivem Veränderungsdruck steht. Der Hinweis auf die Landschaftsarchitektur des 18. Jahrhunderts,

Ohne Erdenschwere haben Gedanken kein Gewicht.

Alles geht mit der Zeit.

Dem Spiegelbild das Ich anbieten.

Seitdem er nicht mehr dagegen war, sprach nichts mehr dafür.

Realismus: Boden ohne Fass.

Alexander Eilers

somit auf die Rolle von Gestaltung als Werkzeug zur „Moderierung“ zwischen Natur und Technik, bleibt zu schwach und nur eine Fußnote. Was Ritter allerdings klar ausweist: Diese Landschaft wäre Ausdruck einer kulturell erlangten Balance, gerade weil sie den vielleicht gravierendsten Eingriff in die Natur darstellt: Menschen wurden sesshaft, eigneten sich Tier und Frucht an, veränderten sie durch Domestizierung und Züchtung, etablierten aber letztlich auch ein Maß, das sich ästhetisch darstellt. Es geht nicht um Stillstand und Waldeinsamkeit: Diese Landschaft ist kulturgeschichtlich die Grundlage florierender Städte und Wissenschaften. Dass diese Idee antiquiert erschien, rächt sich heute, da Kreisläufe der Nahrungsproduktion durchbrochen, die Energieversorgung und die Sättigung alltäglicher, fordernder Lebensverrichtungen instabil geworden sind.

Praxis der Ästhetik

So sehr die Opposition von Kultur und Natur zu den Grundmustern der Moderne zählt, in archaischer Sicht waren der Mensch und seine Kultur immer Teil der Natur – privilegiert, doch nicht von ihr ausgenommen. Martin Bubers und Franz Rosenzweigs Verdeutschung der *Genesis* aus dem Althebräischen rüttelt noch heute wach – „Genesis“ heißt dann „Im Anfang“ und so urmächtig ist auch ihre Sprache: „Gott sprach: / Machen wir den Menschen in unserem Bild nach unserem / Gleichnis! / Sie sollen schauen über das Fischvolk des Meeres, den Vogel / des Himmels, das Getier, die Erde all, und alles Gerege, das / auf Erden sich regt. / Gott schuf den Menschen in seinem Bilde, / im Bilde Gottes schuf er ihn, / männlich, weiblich schuf er sie. / Gott segnet sie, / Gott sprach zu ihnen: / Fruchtet und mehrt euch und füllet die Erde und bemächtigt euch ihrer!“ (Buber/Rosenzweig, 11) Zwar ist der Mensch hier durch seine Gottesebenbildlichkeit hervorgehoben, aber ebenso erschaffen wie alles andere. Diese hebräische Vorstellung wird in der Scholastik (siehe Erläuterung) um eine antik-griechische angereichert. Für Aristoteles war der Mensch bekanntlich ein *zoon politicon* (altgriechisch für „Gemeinschaftswesen“), die Stadt aber seine „Natur“ in einer Ordnung, die natürlich wie künstlich verursachte Bewegungen kennt, aber eben nur eine Technik, die der Natur folgt: Hierarchie statt Herrschaft.

Der Philosoph Robert Spaemann hat in diesem Sinn festgehalten, dass es der Bruch mit einem teleologischen Denken war (siehe Erläuterung), der die moderne Naturwissenschaft auszeichne und folgert: „Das Natürliche als solches ist das nicht vom Menschen Gemachte. Aber alles Gemachte ist auf näher zu bestimmende Weise auch natürlich. Alles Machen kann nur ein Verändern dessen sein, was schon ist. Und zwar so, dass es sich der Struktur dessen, was ist, anpassen muss, da die hervorgebrachten Strukturen das zugrunde liegende und selbst schon strukturierte Substrat zur bleibenden Voraussetzung hat." (Spaemann, 21) Kultur ist der natürliche Gegenpol zur Natur, verbleibt aber innerhalb einer „größeren", umgreifenderen Natur. Entscheidend wird die Gegenüberstellung von Natur und menschlicher Praxis für die Frage nach der Freiheit des Menschen als seiner „Natur", denn „herausgehen aus der Natur findet nur statt, wo Natur als sie selbst erinnert wird. Die Grundbedeutung des Wortes Kultur ist Ackerbau, Pflege eben jener Natur, aus welcher Kultur befreit. Jahrtausendelang bedeutet Kultur ein Verhältnis der Symbiose von Mensch und Natur, in welcher Natur zugleich als Feind, als Spenderin und als Gegenstand pflegender Herrschaft des Menschen auftrat ..." (Spaemann, 36) Diese Freiheit zum „Seinlassen" kann als Möglichkeit zur Gestaltung gedeutet werden. Statt einer gottgegebenen Ordnung oder dem wohl geordneten Gefüge der Antike, geht es hier um den Freiraum, in dem erst Kultur sich von Natur unterscheidet. Er kann nicht objektiviert werden, sondern bedarf einer ethisch-ästhetischen Grundlegung, denn die „Natur" erfüllt hier die Aufgabe einer Gegenfigur zur menschlichen Freiheit. Im rechten Umgang mit ihr allerdings stellte sich Freiheit erst dar, eine Allianz zwischen Natur und Mensch, eine Form der gesuchten wie erlebten Einheit. Gestaltung, die Gestaltung des eigenen Lebens und eines umgreifenderen Lebensraums wäre, verfährt immer projektiv, setzt ein Wünschen in die Tat. Freilich müsste das wiederum auf Basis anderer Gründe denn „faktischer" Handlungszwänge geschehen.

Es gibt nichts außerhalb der Natur, denn alles Machen des Menschen ist nur verändern.

Was ist die grundlegende Erfahrung des Naturschönen in der Landschaft, ihre „Natürlichkeit"? Die Erfahrung des Naturschönen ist eine Erfahrung positiver Enthaltsamkeit. „Das ästhetische Interesse an der Natur schließt dasjenige an einem Abstand zur menschlich gemachten und menschlichen gedeuteten Welt mit ein" (Seel, 316), meint Martin Seel, um in der Lebendigkeit der Natur, die von uns absieht, unsere Freiheit zu entdecken. In ihrer Vielfalt und Varianz, im Tagesgeschehen und jahreszeitlichen Treiben, im Blühen und Welken finden wir *uns* wieder. Aus dieser subjektiven Erfahrung spricht daher die Forderung nach intersubjektiver Geltung – in der historischen Kulturlandschaft ist sie raumgreifend geworden. Ihr Erlebnis ist zugleich ein Moment der Suspendierung von rein verstandesmäßiger Dominanz. Es scheint daher dringend angeraten, die wechselseitige Ausgrenzung von Gestaltung und Technik ebenso aufzugeben, wie die Gestaltungsdisziplinen auf „existenzielle" Grundlagen zu stellen. Darüber hinaus muss die Marginalisierung der ästhetischen Erfahrung für den „Schutz" der Natur aufgegeben werden. Ein Beispiel: Da lautet etwa die erste Forderung in Armin Naess' radikaler, „tiefenökologischer" Perspektive, mit der er die Ökosphäre als das Ganze der Welt in den Blick nimmt: „Das Wohlbefinden und Gedeihen menschlichen und nichtmenschlichen Lebens auf der Erde hat Wert in sich selbst." (Naess, 188) Man müsste darin ein geistiges Bild erkennen, das umso schöner erscheint, als jene Welt Wirklichkeit zu werden droht, in der es neben dem Menschen nur noch das ihm Nützliche, außer „Metropolis" samt wuchernder Infrastrukturkomplexe, nur noch touristische Reservate und Verbotszonen gibt. Die entscheidende ästhetische Erfahrung der Natur als Lebendigkeit: Es gibt nicht immer nur uns! Was es darüber hinaus gibt, braucht man nicht in Worte zu fassen. Auch das ist eine Form von Freiheit.

Dr. Albert Kirchengast ist Wissenschaftlicher Assistent am Kunsthistorischen Institut Florenz.

Literatur:

- Buber, Martin; Rosenzweig, Franz: Die Schrift, Das Buch „Im Anfang", Die fünf Bücher der Weisung I. Deutsche Bibelgesellschaft, Stuttgart 1992 (1954)
- Burckhardt, Jacob: Die Kultur der Renaissance in Italien. Ein Versuch. Stuttgart 1930 (1860)
- Descola, Philippe: Jenseits von Natur und Kultur, Berlin 2011 (2005)
- Elias, Norbert: Über die Natur. In: Merkur, 40. Jahrgang, Nr. 448, Juni 1986, Seite 469–481
- Gernhardt, Robert: Die Toscana-Therapie. S. Fischer, Frankfurt am Main 1986
- Krebs, Angelika (Hrsg.): Naturethik. Grundtexte der gegenwärtigen tier- und ökoethischen Diskussion. Suhrkamp, Frankfurt am Main 1997
- Naess, Arne: Die tiefenökologische Bewegung. Einige philosophische Aspekte. 1986. In: Krebs, Angelika (Hrsg.): Naturethik (siehe oben), Seite 182–210
- Piechocki, Reinhard: Landschaft – Heimat – Wildnis. Schutz der Natur – aber welcher und warum? Beck, München 2010
- Ritter, Joachim; Gründer, Karlfried; Gabriel, Gottfried (Hrsg.): Historisches Wörterbuch der Philosophie. Schwabe, Basel 1979–2007, Stichwort „Natur", Seite 421–478
- Ritter, Joachim: Landschaft. Zur Funktion des Ästhetischen in der modernen Gesellschaft. In: Ritter, Joachim: Subjektivität. Sechs Aufsätze. Suhrkamp, Frankfurt am Main 1974, Seite 141–163 und 172–190
- Schäfer, Lothar: Das Bacon-Projekt. Von der Erkenntnis, Nutzung und Schonung der Natur. Suhrkamp, Frankfurt am Main 1993
- Seel, Martin: Ästhetische und moralische Anerkennung der Natur. (1993) In: Krebs, Angelika (Hrsg.): Naturethik (siehe oben), Seite 307–330
- Sieferle, Rolf Peter: Rückblick auf die Natur. Eine Geschichte des Menschen und seiner Umwelt. Landtverlag, München 1997

Kirsten Meyer

Was schulden wir künftigen Generationen?

Nachhaltigkeit und die Idee des Generationenvertrags

Auch frühere Generationen mussten schon mit der Zerstörung natürlicher Ressourcen durch die vorherige Generation leben. Ein Beispiel dafür sind die Waldrodungen im Mittelalter. Der Klimawandel und andere globale Umweltprobleme haben das Ausmaß der Umweltzerstörung aber dramatisch verschärft. Daraus ergibt sich die Forderung, die Interessen künftiger Generationen stärker zu berücksichtigen. In diesem Zusammenhang spricht man auch von einem neuen Generationenvertrag. Doch inwiefern ist es überhaupt hilfreich, über Verträge zwischen den Generationen nachzudenken?

Das Handeln der gegenwärtig in den Industrieländern lebenden Menschen hat in vielen Bereichen großen Einfluss auf die Lebensbedingungen künftiger Generationen. Der Wandel des Klimas stellt bereits in der Lebensspanne gegenwärtiger Menschen ein erhebliches Problem dar. Die jeden Freitag streikenden Schülerinnen und Schüler verwiesen völlig zu Recht auch auf ihre eigene Betroffenheit. Künftige Generationen wird der Klimawandel aber ebenfalls empfindlich treffen. Treibhausgasemissionen halten sich über einen sehr langen Zeitraum in der Atmosphäre und der Temperaturanstieg, die Eisschmelze und der Meeresspiegelanstieg laufen verzögert ab. Diese Effekte, insbesondere der Anstieg des Meeresspiegels, werden sich über extrem lange Zeiträume nicht rückgängig machen lassen.

Doch nicht nur durch den Klimawandel gefährden wir die Lebensgrundlage zukünftiger Generationen. Auch unser Verbrauch nicht nachwachsender Rohstoffe, etwa der von Metallen, hat einen direkten Einfluss auf deren Verfügbarkeit für künftige Generationen. Weiterhin verbraucht die jetzige Generation zu viel Wasser. In vielen Gegenden der Welt ist sauberes Wasser schon heute eine immer knapper werdende Ressource. Wir entnehmen zudem nicht nur Stoffe, sondern wir hinterlassen auch zahllose Stoffe in veränderter und oft problematischer Form. Ein Beispiel dafür sind giftige Quecksilberverbindungen, die im Bergbau, in der Metall- und Zementproduktion entstehen. Zudem hinterlassen wir künftigen Generationen hochradioaktive Abfälle. Darüber hinaus hat die Abholzung der Regenwälder, zu der auch der Fleischkonsum in den westlich geprägten Ländern beiträgt, irreversible Folgen, weil die Rodungen mit einem Artensterben einhergehen.

Warum glauben wir, künftigen Generationen etwas zu schulden?

Die genannten Verhaltensweisen haben einen erheblichen Einfluss auf die Lebensumstände künftiger Generationen. Es stellen sich nun zwei Fragen. Die erste ist grundsätzlicher Natur: Schulden wir künftigen Generationen überhaupt irgendetwas? Wenn wir diese Frage mit „Nein!" beantworten, können uns die Auswirkungen unserer gegenwärtigen Lebensweise auf noch ungeborene Menschen offenkundig gleichgültig sein. Die folgende, zweite Frage wird dann relevant, wenn man zu dem Schluss kommt, dass wir künftigen Generationen sehr wohl etwas schulden: Was genau schulden wir zukünftigen Menschen konkret? Was sind unsere Pflichten gegenüber zukünftigen Generationen? Hier stellt sich zum Beispiel die Frage, wie sehr wir unseren Verbrauch natürlicher Ressourcen einschränken sollten, weil künftige Generationen ebenfalls einen Anspruch auf diese haben.

Der Hinweis auf einen Generationenvertrag scheint gleich beide Fragen zu beantworten. Gäbe es einen solchen Vertrag, wären wir es künftigen Generationen schuldig, diesen Vertrag auch einzuhalten. Zugleich könnten wir einem solchen Vertrag entnehmen, was genau wir künftigen Generationen schuldig sind: nämlich das, was ihnen vertraglich zugesichert wurde. Tatsächlich wird in der öffentlichen Debatte oft der Begriff des Generationenvertrags herangezogen, wenn es um generationenübergreifende Verpflichtungen geht. Dies geschieht seit Langem in Bezug auf Renten-, Kranken- oder Sozialversicherungssysteme, und seit einigen Jahren auch in Bezug auf die Forderung nach einer Klima- und Umweltpolitik sowie einer entsprechend nachhaltigen Entwicklung zum Schutz zukünftiger Generationen.[1] Allerdings kann es mit Blick auf die heute noch nicht lebenden Menschen allenfalls darum gehen, welchen Vertrag wir hypothetisch mit ihnen schließen würden. Tatsächlich haben wir ja noch gar nicht mit ihnen verhandelt und auch keinen Vertrag mit ihnen geschlossen. Es geht also um die Überlegung, worauf wir uns gemeinsam mit ihnen einigen könnten.

John Rawls über Gerechtigkeit und hypothetische Übereinkünfte

Was ist mit hypothetischen Überlegungen der Art „Worauf man sich einigen würde" gewonnen? Der wohl prominenteste Vertreter eines solchen Gedankens ist der amerikanische Philosoph John Rawls. Im Rahmen seiner *Theorie der Gerechtigkeit* (englisch: *A Theory of Justice*) stellt Rawls vor allem Überlegungen zur Ge-

der blaue reiter

Die Diktatur des Angebots
bestimmt die Nachfrage.

Künstliche Intelligenz kann sich
selbst nur benutzen.

Beim Rückzug steht einem
die Gefolgschaft im Wege.

Weil wir keine Zeit verlieren wollen,
vertun wir sie.

Ohne den Tod könnten wir nicht leben.

Alexander Eilers

rechtigkeit innerhalb einer Generation und innerhalb einer Gesellschaft an.[2] Dabei geht er davon aus, dass sich Fragen der Gerechtigkeit und Fairness beantworten lassen, indem man überlegt, worauf sich alle Mitglieder einer Gesellschaft einigen könnten. Man solle sich also vorstellen, dass gemeinsam die Grundsätze gewählt werden, nach denen die Grundrechte und die Verteilung der gesellschaftlichen Güter in der Gesellschaft bestimmt werden. Die Entscheidung, die vernünftige Menschen hier treffen würden, so Rawls, bestimmt die Grundsätze dessen, was wir gemeinhin Gerechtigkeit nennen.

Es geht dabei um eine hypothetische Übereinkunft in einem sogenannten Urzustand. Rawls betont nämlich, dass eine Übereinkunft unter tatsächlich existierenden Bedingungen nie gerecht ausfallen würde. Die Stärkeren würden den Schwächeren die Regeln schlicht diktieren. Um festzulegen, was eine gerechte Gesellschaft ausmacht, solle man sich daher überlegen, worauf sich die Mitglieder einer Gesellschaft einigen könnten, wenn sie nicht wüssten, welchen Platz sie in dieser Gesellschaft nach einer solchen Einigung innehätten. Daher befinden sich die Vertragspartner im Gedankenexperiment von Rawls hinter einem „Schleier des Nichtwissens". Dieser enthält ihnen alle relevanten Informationen über ihre Position in der Gesellschaft vor. Während der Verhandlungen wissen die Vertragspartner also nichts über ihre soziale Herkunft, ihren Bildungsabschluss und alle anderen Dinge, die sich für sie als vor- beziehungsweise nachteilig erweisen könnten. Rawls ist überzeugt: Ohne Wissen über die Vor- und Nachteile, welche die Ergebnisse der Verhandlungen für sie persönlich haben werden, können sich die Vertragspartner allein aufgrund vernünftiger Erwägungen auf Regeln für eine gerechte Gesellschaft

Abbildung:
Voyage
Antti Laitinen, 2008;
115 x 115 cm,
C-Print, Diasec

Abbildung:
Voyage
Antti Laitinen, 2008;
Videostandbild,
Video: 4 min 30 sec,
HDV

einigen. Er meint, dass sich die Vertragspartner hinter dem „Schleier des Nichtwissens" unter anderem darauf einigen würden, dass insbesondere für diejenigen Gesellschaftsmitglieder gesorgt wird, die vergleichsweise am schlechtesten dastehen. Das liege daran, dass niemand das Risiko eingehen möchte, nach der getroffenen Vereinbarung selbst schlecht dazustehen. Die Vertragspartner würden also dafür Sorge tragen, dass es den schwächsten Mitgliedern der Gesellschaft möglichst gut geht, weil sie selbst in diese Situation geraten könnten. Die gemeinsam vereinbarte Regel, die dafür sorgt, dass es den am schlechtesten gestellten Gesellschaftsmitgliedern möglichst gut geht, nennt Rawls „Differenzprinzip".

All diese Überlegungen betreffen bei Rawls aber primär die Gerechtigkeit unter Zeitgenossen. Es geht ihm um die Aushandlung eines Gesellschaftsvertrags, nicht so sehr um einen Generationenvertrag. Ganz unbeachtet lässt Rawls die intergenerationelle Gerechtigkeit jedoch nicht. Seine Ausführungen dazu finden sich insbesondere in §44 seiner *Theorie der Gerechtigkeit*. An dieser Stelle überlegt Rawls, was sich aus der Annahme ergeben würde, dass die Vertragspartner ebenfalls nicht wissen, *wann* sie leben, also zu welcher Generation sie gehören.[3] Man stelle sich vor, dass Menschen gemeinsam Verhaltensregeln festlegen, ohne zu wissen, ob sie sich im Jahre 500, im Jahre 2021 oder im Jahre 3000 befinden. Auf welche Regeln würden sie sich dann einigen?

Grundsätzlich scheint klar zu sein, dass sie sich auf Regeln einigen würden, die beinhalten, dass jede Generation *überhaupt* etwas für künftige Generationen bereitstellen muss und nicht alle Ressourcen für sich behalten darf. Denn in einem Szenario, in welchem den Vertragspartnern die Zugehörigkeit zu einer bestimmten Generation unbekannt ist, würden alle gleichermaßen Wert darauf legen, dass die jeweilige Vorgängergeneration auch die Interessen der nachfolgenden Generation im Blick hat. Jeder müsste sonst befürchten, dass seine Vorfahren die Ressourcen bereits skrupellos für sich verbraucht haben. Dementsprechend wären alle Vertragspartner zu einer Regelung bereit, die es jeder Generation auferlegt, die Interessen der nachfolgenden Generation zu berücksichtigen.

Was schulden wir künftigen Generationen?

Doch was lässt sich aus den genannten Überlegungen inhaltlich ableiten? Zunächst legen Rawls' Überlegungen nahe, dass es den am schlechtesten gestellten Personen – über alle Zeiten hinweg – möglichst gut gehen sollte (Differenzprinzip). Die Begründung dafür lautet, dass man im Urzustand nicht das Risiko eingehen würde, nach Inkrafttreten der beschlossenen Regeln selber schlecht dazustehen.

Daher könnte man auch für die intergenerationelle Gerechtigkeit annehmen, dass entsprechende Vertragspartner Regeln festlegen, die generationenübergreifend für möglichst gute Aussichten der vergleichsweise schlecht gestellten Menschen sorgen.[5] Rawls selbst glaubt allerdings nicht, dass sich die Vertragspartner hinter dem „Schleier des Nichtwissens" darauf einigen würden, weil er seine Theorie unter der Annahme entwickelte, dass es künftigen Generationen auf jeden Fall besser gehen würde als gegenwärtigen. Angesichts stark steigender Umweltbelastungen lässt sich dies heutzutage jedoch bezweifeln. Und selbst wenn es künftigen Generationen tatsächlich mehrheitlich besser gehen sollte, ist anzunehmen, dass die Vertragspartner ihren Fokus auf die Besserstellung derjenigen Menschen legen würden, denen es dann dennoch schlechter erginge als den heute am schlechtesten gestellten. Dazu gehören zum Beispiel die künftigen Opfer klimatischer Veränderungen. Entsprechend sollte man alles daransetzen, dass es künftig niemandem sehr schlecht geht.

Doch wie zwingend ist es überhaupt, sich auf das intergenerationelle Urzustands-Szenario einzulassen? Ist es vom moralischen Standpunkt aus tatsächlich willkürlich, zu welcher Generation wir gehören? Schulden wir weit entfernten künftigen Generationen genauso viel wie zeitlich uns näherstehenden Menschen? Man könnte an dieser Stelle behaupten, dass wir uns um das Wohlergehen künftiger Personen nicht auf dieselbe Weise sorgen müssen wie um das Wohlergehen unserer Zeitgenossen.

Rawls' Theorie ist anspruchsvoll. Man soll gänzlich von der eigenen Position absehen, um rein auf der Basis vernünftiger Erwägungen Kriterien für eine gerechte Gesellschaft zu entwickeln. Ein „Schleier des Nichtwissens", der sogar die Zugehörigkeit zu einer Generation verdeckt, ist besonders anspruchsvoll. Es wird dadurch schon vorausgesetzt, dass die Interessen der eigenen Generation nicht schwerer wiegen als die Interessen künftiger Generationen. Wie aber lassen sich unsere Pflichten gegenüber künftigen Generationen begründen, ohne dies vorauszusetzen? Das heißt, kann man Pflichten gegenüber zukünftigen Generationen auch ohne die Annahme eines Urzustands mit einem „Schleier des Nichtwissens" begründen?

Ein wichtiger Schritt einer solchen Begründung besteht darin, die Beweislast umzukehren.[6] Zumindest für alle diejenigen unserer Handlungen, die auf die natürlichen Lebensgrundlagen künftiger Generationen einen negativen Einfluss haben, kann eine Rechtfertigung verlangt werden. Und zumindest für Folgendes scheint es keine gute Rechtfertigung zu geben: dass wir uns mehr von einer knappen Ressource aneignen als für zukünftige Generationen übrig bleibt. Wir können nicht behaupten, dass wir uns deshalb mehr von den natürlichen Ressourcen aneignen dürfen, weil wir davon mehr verdient hätten, uns mehr zustünde oder dies das Ergebnis eines Vertrags sei (und sei es auch nur eines hypothetischen Vertrags).

Dürfen wir künftigen Generationen schlechtere Umweltbedingungen hinterlassen?

Um dies zu erkennen, kann auch ein Perspektivwechsel hilfreich sein. Unter welchen Umständen hätte unsere Generation den Eindruck gehabt, von unseren Vorgängern ungerecht behandelt worden zu sein? Aus meiner Sicht wäre dies insbesondere unter zwei Bedingungen der Fall. Erstens, wenn die Vorgängergeneration uns eine Welt hinterlassen hätte, in der uns ein basal gutes Leben nicht mehr möglich wäre. Keine Generation sollte wissentlich und ohne Not die Erde zu einem Ort machen, die von ihren Nachfolgern nur noch mit großer Mühe und unter fortwährenden Qualen bewohnt werden kann. Die moralische Kraft dieser Überlegung steht einem spätestens dann deutlich vor Augen, wenn wir uns vorstellen, dass vorangegangene Generationen uns dies zugemutet hätten, wenn wir also infolge des zerstörerischen Handelns unserer Vorfahren in einer Welt leben müssten, in der es kaum mehr möglich wäre, selbst grundlegendste Bedürfnisse des menschlichen Lebens zu befriedigen.

Diese Überlegung überzeugt auch dann noch, wenn wir sie in einem Punkt spezifizieren: Die Pflicht einer Generation, ihren Nachfolgern ein Leben unter basal guten Bedingungen nicht unmöglich zu machen, ist bereits dann verletzt, wenn nur Teile der künftigen Generation unter unwürdigen Bedingungen leben müssen und man die Mittel hätte, dies zu verhindern. Selbst der Klimawandel wird kurz- bis mittelfristig wohl nicht allen zukünftigen Menschen das Leben zur Qual machen; Teilgruppen aber sehr wohl. Hier sind wir entsprechend verpflichtet gegenzusteuern.

Es lässt sich noch ein zweites Szenario denken, in dem unsere Vorgängergeneration uns ungerecht behandelt hat. Man stelle sich vor, unsere Vorfahren hätten uns die Welt wissentlich und ohne Not in einem schlechteren Zustand hinterlassen als diese die Welt wiederum von ihren Vorgängern vorgefunden hatten. Wenn unsere Vorfahren sich durch exzessiven Verbrauch von Ressourcen zum Beispiel ein schönes Leben gemacht haben, dann ist dies auch dann ungerecht, wenn uns dennoch ein basal gutes Leben möglich bleibt. Und zwar genau dann, wenn uns durch das Verhalten unserer Vorfahren schlechtere Startbedingungen zugemutet werden als unsere Vorgänger sie selbst vorfanden. Davon ausgehend wird deutlich, dass auch wir künftigen Generationen den Planeten in einem Zustand hinterlassen müssen, der nicht schlechter ist als der Zustand, in dem wir den Planeten selbst vorgefunden haben. Es ist kein hypothetischer Vertrag mit künftigen Generationen denkbar, der es uns zugestehen würde, die Umweltbedingungen einseitig zum Nachteil künftiger Generationen zu verschlechtern.

Kirsten Meyer ist Professorin für Praktische Philosophie und Didaktik der Philosophie an der Humboldt-Universität zu Berlin.

Anmerkungen:

1. Vergleiche zum Beispiel: Wissenschaftlicher Beirat der Bundesregierung Globale Umweltveränderungen (WBGU): Hauptgutachten. Welt im Wandel. Gesellschaftsvertrag für eine große Transformation. Berlin 2011
2. Rawls, John: Eine Theorie der Gerechtigkeit. Suhrkamp, Frankfurt am Main 1975
3. Allerdings fügt Rawls an, dass die Menschen im Urzustand wissen, dass sie Zeitgenossen sind. Es ist in der Literatur zum Thema umstritten, welche Schwierigkeiten damit einhergehen, warum Rawls trotzdem daran festhält, und ob man diese Annahme nicht lieber fallenlassen sollte. Vergleiche zu der Debatte zum Beispiel English, Jane: Justice Between Generations. In: Philosophical Studies 31, 1977, Seite 91–104
4. Heyd, David: Genethics: moral issues in the creation of people. Berkeley 1994
5. Das hat Jane English (1977) vorgeschlagen.
6. Vergleiche Meyer, Kirsten: Was schulden wir künftigen Generationen? Herausforderung Zukunftsethik. Stuttgart 2018

Was bedeutet Nachhaltigkeit? Wie nachhaltig leben Sie?

Mit dem Mikrofon unterwegs

Nachhaltige Entscheidungen muss man sich leisten können. Ich würde gerne häufiger mein Auto stehen lassen, aber Zugtickets sind oft viel zu teuer.

Für mich fängt Nachhaltigkeit mit kleinen Schritten an. Ich versuche zum Beispiel, weniger in Plastik verpackte Lebensmittel zu kaufen und möglichst wenig Strom und Wasser zu verschwenden.

Wir leben in einer Gesellschaft, die ein nachhaltiges Leben fast unmöglich macht. Schon als junger Mensch wird einem vermittelt, dass man Markenkleidung braucht, um dazuzugehören, obwohl diese Kleidung nicht nachhaltig produziert wird. Und im nächsten Jahr braucht man dann neue, weil man sonst *out* ist.

Manchmal fürchte ich, Nachhaltigkeit bedeutet nichts anderes als Verzicht.

Nachhaltigkeit bedeutet für mich, daran zu denken, den nächsten Generationen nicht zu schaden.

Nachhaltigkeit heißt, einem Hungernden nicht einen Fisch zu schenken, sondern ihm zu zeigen, wie er eine Angel bauen kann.

Eine perfekte nachhaltige Lebensweise gibt es nicht. Ich denke, es kommt darauf an, dass jeder Mensch im Rahmen seiner Möglichkeiten so nachhaltig lebt, wie es geht.

der blaue reiter

Nachhaltigkeit und Kapitalismus sind unvereinbare Gegensätze.

Wirklich nachhaltig wäre es, ein Wirtschaftssystem zu installieren, das den Reichtum weniger auf Kosten vieler verhindert.

Nachhaltigkeit ist keine Lebensweise, die man ein für alle Mal erreicht. Das ist *work in progress.*

Das Gegenteil von „Nachhaltigkeit" ist, alte funktionierende Dinge wegzuwerfen und dann neue, angeblich nachhaltige zu kaufen.

Einerseits esse ich seit Jahren kein Fleisch mehr und kaufe, soweit es möglich ist, nachhaltig hergestellte Kleidung. Andererseits habe ich in den letzten Jahren ein paar Flugreisen gemacht. Schwer zu sagen, ob meine Bilanz unterm Strich gut oder schlecht ist.

Nachhaltigkeit ist nur ein anderes Wort für das Greenwashing von Gewinnen.

Nachhaltigkeit sollte nicht zum Wettbewerb werden. Wir alle sollten tun, was wir können, ohne uns darin gegenseitig übertreffen zu wollen.

Die vorgeblich nachhaltige Conscious-Kollektion von H&M ist auch kurzlebige Fast Fashion; die totale Verarsche!

Manchmal kaufe ich Avocados, obwohl ich weiß, dass das eigentlich ganz und gar nicht nachhaltig ist. Aber die Dinger schmecken halt super und sind auch noch gesund.

Wirklich nachhaltig zu leben heißt, völlig auf Technik zu verzichten und sich wie die Tiere und die Pflanzen in den Kreislauf der Natur einzufügen. Das ist dann aber kein menschliches Leben mehr.

Wir können Unternehmen mit klimaneutral produzierten Waren unterstützen und weniger nachhaltige Marken boykottieren.

Nachhaltigkeit ist nur ein Modetrend für das schlechte Gewissen Wohlhabender. Das Drittauto ist dann halt ein hipper Hybrid-SUV oder ein trendy Elektrosmart und das 250-qm-Eigenheim im Grünen 50 km vor der Stadt bekommt staatlich geförderte Sonnenkollektoren, die umweltschädlich in China produziert werden.

Die Diskussion um die Nachhaltigkeit lenkt nur von den wirklichen Problemen wie Armut durch Ausbeutung und ideologisch motivierte Stellvertreterkriege ab.

Abbilddung:
Getarnte Erdkugel / Die Erde als „unbekanntes Flugobjekt" („Ufo")
Timm Ulrichs, 1968/70; Globus, mit Tarnstoff überzogen, Ø 51 cm (Maßstab: 1:25 Millionen)

Viele glauben, Nachhaltigkeit sei eine Modeerscheinung, die wieder vergeht. Aber, wenn wir noch eine Zukunft haben wollen, sollten wir uns besser jetzt mit dem Thema Nachhaltigkeit auseinandersetzen.

Ich habe mir für das neue Jahr vorgenommen, mehr Obst und Gemüse aus meiner Region zu essen und weniger von dem zu kaufen, das erst vom anderen Ende der Welt hierher transportiert werden muss.

In unserem Wirtschaftssystem funktioniert Nachhaltigkeit nur, wenn irgendjemand damit nachhaltig Gewinne erzielt.

Nachhaltigkeit ist eine Frage der Definition: Man kann auch nachhaltige Gewinnmaximierung durch Personalminimierung betreiben.

Nachhaltig zu leben kann manchmal ganz einfach sein: häufiger zu Fuß gehen oder verschiedene Erledigungen miteinander verbinden, sodass man zumindest nicht zu häufig mit dem Auto fahren muss.

Nachhaltigkeit bedeutet für mich Gerechtigkeit: Gerechtigkeit zwischen den heutigen und den zukünftigen Generationen und Gerechtigkeit zwischen den Menschen, die in verschiedenen Teilen der Welt leben.

Unser Wirtschaftssystem basiert auf Konsum und der kann gar nicht nachhaltig sein.

Vielleicht wäre es zumindest ein Anfang, meine alte Kleidung zu reparieren oder zu verschenken, anstatt sie wegzuwerfen.

Nachhaltigkeit bedeutet für mich, diejenigen Ressourcen zu nutzen, die vorhanden sind, und nicht unnötig zu konsumieren. Dazu muss man nicht immer nur nach der Politik schreien, sondern bei sich anfangen.

Das ganze Geschwätz um die Nachhaltigkeit ist eine einzige Lüge der Industrie, mit dem Ziel, uns zu verführen, neue Sachen zu kaufen, die wir ohnehin nicht brauchen.

Mit dem Mikrofon unterwegs in den Straßen von Marburg war Rebecca Wolfs.

Friedrich Dieckmann

Zwischen Apokalypse und Utopie

Auf der Suche nach dem rechten Maß

Kennt man noch den Radio-Jerewan-Witz: Was passiert, wenn Algerien sozialistisch wird? Antwort: Dann geht in der Sahara der Sand aus.

Der Sand geht tatsächlich aus, allerdings nicht der Sahara-Sand; dieser ist wegen der Rundheit seiner Körner für die Betonherstellung unbrauchbar. Beton braucht eckige Sandkörner, er braucht den Sand am Meer, den Sand der Strände, die schon fleißig abgebaggert werden. Dabei stößt man inzwischen an Grenzen, so geht nun dem Kapitalismus der Sand aus. Das ist ein Glück, können die Klimaschützer sagen, denn die Beton- ebenso wie die Stahlherstellung ist unglaublich energieintensiv, etwa 40 Prozent des in Deutschland entweichenden Kohlendioxyds fällt beim Bau ab. Aber es gibt eine Alternative: das Holz der Wälder, aus dem man von der Grundplatte an, die allein aus Beton sein muss, sogar Hochhäuser errichten kann.

Deutschland, Stammland einer auf Schonung des Waldes bei und in aller Holzausbeute gerichteten Forstwirtschaft, ist eins der waldreichsten europäischen Länder, auf jeden Einwohner entfallen hier im Mittel etwa 1100 Bäume. Von *Nachhalten* durch ein ausgewogenes Verhältnis zwischen Holzschlagen und Anpflanzen war bekanntlich erstmals 1713 bei dem sächsischen Waldhüter Hans Carl von Carlowitz die Rede, und wenn man in Edelbert Richters, des Weimarer Philosophen und Erzdemokraten, tiefschürfendem Buch über *Deutsche Vernunft – angelsächsischer Verstand* liest, dass die Französische Revolution nicht zuletzt von der in großem Stil betriebenen Waldzerstörung der Feudalherren ausgelöst wurde, könnte man geradezu auf den Gedanken kommen, dass die nachhaltende deutsche Forstwirtschaft zur Milderung der Klassenkämpfe beigetragen habe. Richter selbst fasst es anders, er lotet einerseits die Wurzeln des sich von dem angelsächsischen wesentlich unterscheidenden Naturverhältnis der deutschen Philosophie seit Leibniz und Jakob Böhme aus, andererseits verweist er darauf, dass die Kolonialmächte England, Frankreich und Spanien ihre Wälder rücksichtslos abgeholzt hätten, weil sie das Holz für ihre überseeischen Flotten brauchten und es aus den Kolonien billig importieren konnten. Deutschland, auf sich selbst verwiesen, habe Holz sparen können und müssen.[1]

Wenn heute ein renommierter Klimaforscher wie der Potsdamer Professor Schellnhuber den Betonbau als Hauptverursacher der CO_2-Emissionen durch den Holzbau ersetzen möchte, dann stellt sich heraus, dass die deutschen Holzvorräte nahezu ausverkauft sind, da Deutschland Unmengen Holz exportiert, vor allem in die USA und nach China. Zugleich ergibt sich, dass die klimatische Erwärmung den Waldbestand durch Austrocknung der Böden schwächt und so dem Borkenkäfer Vorschub leistet, was einerseits Nachschub schafft und andererseits ein Alarmsignal ist.

So beißen sich die Katzen überall in den Schwanz. *Die Logik des Misslingens* heißt ein aufschlussreiches Buch von Dietrich Dörner mit dem Untertitel *Strategisches Denken in komplexen Situationen*, das an Modellfällen beschreibt, wie der medizinisch-gesellschaftliche Fortschritt in afrikanischen Dörfern durch fatale Wechselwirkungen die Lebensgrundlage der dort lebenden Menschen zunächst verbessert und in zweiter Stufe untergräbt.[2] Aus dem Hier und Jetzt berichtet die ugandische Oppositionspolitikerin Lina Zedriga Waru von den Folgen einer erfolgreichen Wasserbohrung durch europäische Entwicklungshelfer in einem Ort in Ostuganda. Die dort lebenden Frauen warfen Steine in den neuen Brunnen, weil er den Weg zum Wasser so verkürzte, dass sie beim Wasserholen nicht mehr zu der gewohnten Kommunikation kamen.[3]

Naturphilosophie ist keine spekulative Hybris, sondern überlebensnotwendig.

Terminsache Apokalypse

Unterdes ist die Apokalypse bereits in den Investment-Beilagen der überregionalen Zeitungen angekommen. *Nachhaltiges Investment / Gutes Gewissen mit guter Rendite* überschrieb im März 2021 der Reflex Verlag eine der *Frankfurter Allgemeinen Zeitung* beigelegte Doppelbroschüre; auf der letzten von zwölf Seiten mit vielen Empfehlungen für renditeträchtige „Schritte in eine grüne Zukunft" ließ Chefredakteur Möller unter der Überschrift „Terminsache ‚Apokalypse'" die Leser wissen: „Der Dinosaurier dachte auch, er hätte noch genügend Zeit … Bevor die apokalyptischen Reiter ihre Pferde satteln, müssen wir jetzt massiv in nachhaltige Projekte wie Erneuerbare Energien und die Erhaltung der natürlichen Ressourcen investieren. Chancen für Anleger, die nicht das Schicksal des Dinosauriers teilen mögen, sind reichlich gegeben. Feine Verzinsung gibt es inklusive."

Möllers Worte geben zu denken, sie verheißen nichts Geringeres als die Rettung der Welt durch die richtigen Investitionen. Die Botschaft lautet: Der Verursacher des großen Schlamassels, die global entgrenzte, ordnungspolitisch ungedämpfte Profitwirtschaft, vermag den Schaden, den sie angerichtet hat, auch wieder zu beheben. Rolf Peter Sieferle war in dieser Hinsicht skeptisch. In seinem zuerst 1994 erschienenen Buch *Epochenwechsel* führte er das fundamentale Dilemma unserer Epoche auf die geringe Komplexität der technisch-industriellen Zivilisation im Verhältnis zu der der Natur zurück. Sieferles Schluss hat es in sich: Das „expansive Industriesystem“ in all seiner inneren Komplexität kann der in Jahrmillionen ausdifferenzierten Komplexität der Erdnatur mit all ihren Lebewesen und Lebensbedingungen nicht das Wasser reichen und ist darum zum Untergang verurteilt. Damit werde nicht der Mensch, dieser intelligente, ungemein anpassungsfähige Generalist, verschwinden, wohl aber das von ihm geschaffene Industriesystem, das im Verhältnis zur Natur unterkomplex, aber in sich selbst viel zu komplex sei, um die von ihm geschaffene „hochdynamische systemische Monokultur“ revidieren zu können. Die „ungeheure Beschleunigung zahlreicher physischer Parameter“ schließe ein „evolutionäres ‚Lernen‘ mit Hilfe der Mechanismen von Versuch und Irrtum aus“, da Irrtum hier schon den Untergang bedeute.[4] „An die Stelle des evolutionären Experimentalprinzips müßte das Prinzip der Hypothezität treten, die Absicht also, alle denkbaren Folgen von Handlungen bereits vor Beginn dieser Handlungen zu berücksichtigen.“ Ebendies aber überfordere das System.

Wie Karl Heinz Möller kommt auch Sieferle auf die Apokalypse zu sprechen, die auch er als menschengemachte erkennt und in zwei Varianten als drohendgegenwärtige wahrnimmt, der harten des Atomkriegs und der weichen, schleichenden der Umweltkrise, in der die Natur „ihre vermeintliche Passivität, Gleichgewichtigkeit und Dauerhaftigkeit“ verliere: „Sie gewinnt insofern selbst Qualitäten eines Subjekts, als sie Komplexitäten repräsentiert, die sich dem handelnden Menschen entziehen.“[4]

Vom Erdgeist

Sieferle ist so sehr Soziologe, dass er sich dem alten philosophischen Problem, das hier waltet, nur auf dem Weg über den Begriff der Komplexität nähern kann: es ist das Problem des Natursubjekts, das mit dem der *natura naturans*, der sich selbst erschaffenden Natur, eng zusammenhängt. Kant, konstatiert Edelbert Richter, sei dem mechanischen Funktionalismus des von Newton begründeten angelsächsischen Naturverhältnisses nicht so nahe gewesen, wie vielfach angenommen; er zitiert aus der *Kritik der Urteilskraft* den Hinweis des Autors, dass es wegen der Selbsttätigkeit der Natur ungereimt sei, einen „Newton des Grashalms“ zu erhoffen.[1] Ein Baum, lesen wir bei Kant, erzeuge „sich auch selbst als Individuum“, sein Wachstum sei „einer Zeugung gleich zu achten“, die nicht „nach mechanischen Gesetzen“ erfolge; nur „als organisiertes und sich selbst organisierendes Wesen“ könne er „ein Naturzweck genannt werden“.[5] Selbst wenn die Newtone des Grashalms sich einmal finden sollten (einige

Abbildung:
Poubelle (de Paul Wember)
Arman, 1960;
Papier, Glas, Holz, andere Materialien, in Plexiglaskasten, 60,4 x 45 x 10 cm, ahlers collection

Pressebild für die Ausstellung „Kunst und Natur“ der Stiftung Ahlers Pro Arte (April–Mai 2022)

sind schon unterwegs), rät die Stimme der Natur als eine inwendige dem Menschen, zugleich mit ihr auch seine eigene zu hören.

Fichte, klärt Richter uns auf, habe diese Hinweise in Kants *Urteilskraft* übersehen. Die qualitative Besonderheit der organischen Produktion habe sich bei Fichte in ein starres Gegenüber von Ich und Nicht-Ich, von tätigem Subjekt und materialer Natur verwandelt. Dagegen habe Schelling (und nach ihm eine breite Tradition deutscher Naturphilosophie) im Namen der Natur Front gemacht, der Vorstellung entgegnend, „daß die Natur nur gleichsam als Widerstand dient, der immer neu überwunden werden muß“[1]. Die Natur, war Schellings an Goethe angelehnte Erkenntnis, müsse als lebendiges Ganzes im Blick sein; Produktivität sei „nicht nur dem Menschen, sondern zuerst ihr“ zuzusprechen. „Naturphilosophie“, resümiert Richter, „ist daher nicht, wie die Empiriker meinen, spekulative Hybris, sondern überlebensnotwendig.“

Wie Fichte in diesem Betreff den Kant überlas, so Richter den Bloch, der eben diese Verhältnisse in Kapitel 37 des *Prinzip Hoffnung* mit aller Prägnanz beleuchtet, um zuletzt nicht bei der Apokalypse, sondern bei der „konkreten Utopie der Technik“ anzukommen, „wie sie der konkreten Utopie der Gesellschaft sich anschließt und mit ihr verbunden ist“[6]. Bloch opponiert dem Verschwinden der „qualitativen Naturbegriffe“ im Gefolge eines im 17. Jahrhundert aufkommenden Rationalismus, der davon ausgegangen sei: „Nur was mathematisch erzeugt ist, ist erkennbar, nur was mechanisch begriffen ist, ist wissenschaftlich verstanden.“

Seine Analyse ist von zornigem Tiefsinn und bietet nicht nur Marx, sondern auch Lenin, vor allem aber Leibniz als Argumentationshelfer wider eine Verirrung auf, von der die Staatskapitalisten sowjetischer Prägung so wenig den Schatten einer Ahnung besaßen wie ihre Widersacher auf der atlantischen Seite. Der „Unterschied zwischen bürgerlich-technischer Naturfremdheit, gar Weltlosigkeit und wahlverwandter Natureinwohnung" sei „sonnenklar: *Natura naturans* (eine ursprünglich theologische Wortbildung) lässt sich auf die Füße stellen, der physikalische Nihilismus durchaus nicht. So wird das Problem eines zentral vermittelten Bezugs zur Natur das dringendste; die Tage des bloßen Wahrnehmers von Chancen sind auch technisch gezählt. Die bürgerliche Technik war insgesamt ein Überlister-Typ, und die sogenannte Ausbeutung der Naturkräfte war genausowenig wie die der Menschen primär aufs konkrete Material des Ausgebeuteten bezogen oder daran interessiert, in ihm einheimisch zu sein."[6]

Das ist zwanzig Jahre vor dem Jahr geschrieben, das Sieferle als das wahre Wendejahr der neueren Geschichte bezeichnet, das Jahr 1973, in dem die Analyse des Club of Rome das Startsignal dafür gab, dass die Umweltkrise „zu einem manifesten Gegenstand des politischen und öffentlichen Bewußtseins wurde"[4]. „Dieser Gedanke", resümiert der Analyst, „versetzte dem liberalen Modernisierungsprojekt zu einem Zeitpunkt einen tödlichen Stoß, als viele Beobachter glaubten, es zeichne sich sein endgültiger Sieg ab". Das Gefühl, dass es 1990 in Deutschland um mehr hätte gehen müssen als um die Überstülpung des einen über das andere System, hatten damals viele.

Lob des Maßes

Haben wir die Nachhaltigkeit aus dem Auge verloren, mit der es doch so einfach zu sein scheint: Nicht mehr verbrauchen, als sich wieder erzeugen lässt! Es ist das Verfahren der guten Haushalterin, das Konzept vernunftgemäßer Selbstbescheidung: Wir geben nicht mehr aus, als wir verdienen; wir kaufen nicht mehr Lebensmittel ein, als wir innerhalb der Haltbarkeit verzehren; wir verbrauchen nur soviel Strom, als Sonne, Wind und Wasserfälle hergeben. Zum Nachhalten, Carlowitz' trefflichem Verb, das aus unserer Sprache verschwunden ist, gehört das Vorhalten, zum Beispiel von Reserven für den Notfall. Vorrat, Bevorratung gehören dazu, und Maß halten, das Vermeiden von Un- und Übermaß, ist die zentrale Kategorie, auf die der Imperativ des Nachhaltigen hinausläuft. Was ist das für ein Narr, der seine Schatz- und Vorratskammer, die Erde, plündert, ohne ans Nachwachsen zu denken!

Die Philosophie ist an der Kategorie des Maßvollen, die mit der des Nachhaltigen fast zusammenfällt, nicht vorübergegangen. Bei Aristoteles verbindet sie sich mit dem Leitwort der Mitte als der Vermeidung der Extreme: „Die Tugend ist also ein mittleres Verhalten, darauf bedacht, die rechte Mitte zu treffen."[7] Zu dem Mittleren, das nicht das Durchschnittliche ist, rät die Vernunft: zwischen Feigheit und Tollkühnheit, zwischen Verschwendung und Geiz, zwischen Gier und Askese, zwischen Arm und Reich, dies letztere durchaus auch im politischen und sozialen Sinn. Nur ein starker Mittelstand, so der attische Denker, bewahre das Gemeinwesen durch Einschränkung des Reichtums und Milderung der Armut vor Despotie und Rebellion. Die Fähigkeit, die Mitte des Lebensfreundlichen zu gewinnen, wird in Anlehnung an Plato auf den Namen *sophrosyne* (altgriechisch für „Besonnenheit") getauft. Sie schließt Glückseligkeit, als das berechtigte Ziel menschlichen Strebens nicht nur nicht aus, sondern ist ihre Bedingung; Goethe hat alles dies den Deutschen in Versen ans Herz gelegt: „Genieße mäßig Füll und Segen: / Vernunft sei überall zugegen, / Wo Leben sich des Lebens freut! / Dann ist Vergangenheit beständig, / Das Künftige voraus lebendig, / Der Augenblick ist Ewigkeit."

Vermächtnis heißt das Gedicht, in dem wir nicht lehrhaft, sondern beschwingt alles beieinander haben: das Maß, die Freude, das Miteinander und die Vernunft, dazu den Einklang von Vergangenheit und Zukunft im erfüllten Augenblick. Warum ist es so schwierig, diesen *Maßgaben* zu folgen?

Das Merkwürdige ist, dass Aristoteles an der Stelle, wo seine Ethik unter dem Aspekt des Maßes die Gerechtigkeit ins Spiel bringt, auf ein Phänomen ausgleichender Gerechtigkeit stößt, das sich auf lange Sicht durch die Anstiftung zur Maßlosigkeit als sprengend erwiesen hat: das Geld. Der Philosoph stellt sich die Frage, wie ausgleichende Gerechtigkeit zwischen einem Baumeister und einem Schuster herzustellen sei, von dem der Baumeister ein Paar Schuhe haben wolle, und kommt zu dem Schluss, alles, was ausgetauscht werden soll, müsse vergleichbar sein: „Zu diesem Zwecke dient das Geld, das gewissermaßen einen Mittelwert bildet. Denn es gibt einen Maßstab für alles ab, ... z. B. wie viele Schuhe einem Haus entsprechen oder einem Nahrungsmittel ... Ohne diese Proportionalität gäbe es weder Austausch noch Gemeinschaft. Und diese können nur bestehen, wenn in gewissem Sinn Gleichheit herbeigeführt wird. Es muß ... eine Einheit geben, an der man alles messen kann."[7] Das Geld sei das „Ausdrucksmittel des Bedürfnisses" geworden, „und zwar nach Übereinkunft. Deshalb führt es auch die Bezeichnung Geld, weil sein Wert nicht auf der Natur, sondern auf der Geltung beruht." Was aber bemisst den Preis des Geldes, fragt der Philosoph wie nebenbei und kommt auf den Gedanken: die „nach dem Grundsatz des Ausgleichs bemessene Arbeit".

Was ist das für ein Narr, der seine Schatz- und Vorratskammer, die Erde, plündert, ohne ans Nachwachsen zu denken!

Kein Wunder, dass Karl Marx diese Stelle in der *Nikomachischen Ethik* mit größter Aufmerksamkeit gelesen hat! *Wer* bemisst den Preis der jeweils aufgewendeten Arbeit und *wie* bemisst man ihn: die Frage führt auf den Ausgangspunkt einer Entwicklung, die sich nach der Epochenwende um 1500 dahingehend entschied, dass zwischen Ware und Preis, Lohn und Leistung ein Ungleichgewicht eintrat, dessen Nutznießer zum Inhaber von Kapitalien wurde, mit deren Hilfe die

Herstellung erweitert und dem Kapitalgeber die Prämie des Zinses erstattet wurde. Der Prozess der Natur- und Gesellschaftsbemächtigung trat in eine Phase ein, die vermittels des Zinses und einer allseitigen Quantifizierung einen exponentiellen Verlauf annahm, bis zu dem Punkt, da heute zahlungskräftiges Geld wie aus dem Nichts tiefgekühlter Prozessoren „generiert“ wird, ohne dass ihm noch eine vergleichbare Warenproduktion gegenüberstünde. Das Maß ist verloren, der Mittelstand bedroht, die Gier befeuert vermittels raffinierter Maschinen die Exaltationen des „physikalischen Nihilismus“, und kein Meister ist in Sicht, um die von den Zauberlehrlingen entfesselte Sündflut der Zahlungsmittel zu bändigen; wenn er sich einstellt, werden wir uns wundern. Aber wer weiß, vielleicht behält Karl Heinz Möller am Ende recht. Investieren wir richtig, in *the green future!* Die Broschüren des Reflex Verlags sind noch zu haben, sie stehen unter einer unbestreitbaren Überschrift: *Das nachhaltigste Thema unserer Zeit: NACHHALTIGKEIT.*

Epilogisch

Beunruhigt von den Resultaten dieser Erkundung, erhebe ich mich nächtens aus dem Bett und sehe sowie höre im Fernsehen den 93-jährigen Herbert Blomstedt mit dem Luzerner Festspielorchester mit strahlender Klangmacht die dritte Sinfonie des 33-jährigen Beethoven aufführen. Das Werk ist 218 Jahre alt, die Fähigkeit, es mit etwa siebzig Instrumentalisten aufzuführen, setzt eine ebenso lange Zeit ununterbrochener Ausbildung und Anstellung von Musikern vieler Länder und Disziplinen einschließlich der fortdauernden Herstellung der dazu erforderlichen Instrumente voraus. Erleichtert rufe ich in die Nacht: „Es lebe die Nachhaltigkeit!“

Friedrich Dieckmann lebt als freier Schriftsteller in Berlin-Treptow.

Anmerkungen:

1. Richter, Edelbert: Deutsche Vernunft – angelsächsischer Verstand. Intime Beziehungen zwischen Geistes- und Politikgeschichte. Logos, Berlin 2015, Seite 174 f., Seite 150 (siehe Anmerkung 1), Seite 183 (siehe Anmerkung 1)
2. Dörner plädierte in seinem Buch für computergestützte Simulationsspiele, die wie in einem Zeitraffer die wechselseitigen Abhängigkeiten von Faktoren erkennen lassen, die in der Realität viel zu langsam miteinander korrelieren, um die katastrophischen Auswirkungen scheinbar vernünftiger Maßnahmen absehbar zu machen. (Dörner, Dietrich: Die Logik des Misslingens. Strategisches Denken in komplexen Situationen. Rowohlt, Reinbek bei Hamburg 1989) Wenn man dieses plausible Konzept zu Ende denkt, landet man bei der globalen Übernahme politisch-ökonomischer Entscheidungen durch sich selbst optimierende Rechenmaschinen. Die Frage ist, ob diese auch die Folgen eines solchen Outsourcings korrekt berechnen könnten.
3. Gespräch mit Maritta Tkalec in der Berliner Zeitung am 26. Mai 2021, Seite 14
4. Sieferle, Rolf Peter: Epochenwechsel. Die Deutschen an der Schwelle zum 21. Jahrhundert. Manuscriptum, Berlin 2017, Seite 338 f., 348, Seite 330 (siehe Anmerkung 1)
5. Kant, Immanuel: Werkausgabe, Band X. Herausgegeben von Wilhelm Weischedel. Seite 318 und 322
6. Bloch, Ernst: Das Prinzip Hoffnung. Band 1. Suhrkamp, Frankfurt am Main 1959, Seite 787 f., 784
7. Aristoteles: Hauptwerke. Übersetzt von Wilhelm Nestle. Kröner, Stuttgart 1953, Seite 231 (Nikomachische Ethik), 259

Ralf Becker

Ungesellige Geselligkeit

Über die Vorzüge einer schlechten Eigenschaft

Eifersucht, Ehrsucht, Herrschsucht und Habsucht sind Leidenschaften, die wohl jeder kennt, aber keiner wirklich schätzt. Sie stehen der eigenen Seelenruhe wie dem friedfertigen Umgang mit anderen Menschen gleichermaßen im Wege. Und doch sind es gerade diese „an sich ... eben nicht liebenswürdigen Eigenschaften der Ungeselligkeit“[1], denen Immanuel Kant eine zivilisatorische Kraft zuspricht. Mehr noch, Kant sieht ausgerechnet in der Ungeselligkeit die Triebfeder für die Entwicklung einer bürgerlichen Gesellschaft, die ein Wohlleben in Freiheit allererst ermöglicht.

Es scheint auf den ersten Blick paradox, dass Affekte, die das Zusammenleben unleidlich machen, zu dessen Verbesserung beitragen sollen. Doch die Ungeselligkeit ist ein natürliches Mittel, um dieses Ziel zu erreichen, sozusagen eine „List der Natur“. Denn ohne die ungeselligen Leidenschaften fehlt uns der Antrieb, an Verhältnissen zu arbeiten, die dem Einzelnen ein Leben in Freiheit erlauben. Der Entwicklungsgang führt gemäß der kantischen Konstruktion von einer (gedachten) genügsamen Eintracht über Zwietracht zur weltbürgerlichen Eintracht.

der blaue reiter

Gutes Leben ist nur in einer Rechtsgemeinschaft möglich

Aristoteles definiert in seiner *Politik* das staatliche Gemeinwesen (altgriechisch *polis*) als eine Gemeinschaft, die um des Lebens (*zen*) willen entstanden ist und um des *guten* Lebens (*eu zen*) willen besteht (1252 b 28–30). Diese Gemeinschaft leitet Aristoteles aus der Natur des Menschen ab, der – wie Schwarm- und Herdentiere (zum Beispiel Bienen) – zu den staatenbildenden Lebewesen (*politika zoa*) gehört. Was ihn von diesen unterscheidet, ist die Sprach- und Vernunftfähigkeit, durch die Menschen ihr Zusammenleben regulieren. Der Gattung nach ein *politikon zoon*, ein in Gemeinschaft lebendes Lebewesen, ist der Mensch der Art nach ein *zoon logon echon*, ein mit Sprache und Vernunft begabtes Lebewesen. Der *logos* („Wort“, „Rede“, auch „Sinn“, „Vernunft“) geht auf zwei Stufen über die bloße Stimme, die auch bei Tieren Schmerz und Lust verlautbart, hinaus: Mittels der Rede unterscheiden wir zum einen das Nützliche vom Schädlichen und zum andern das Gerechte vom Ungerechten. Spezifisch für das *zoon politikon* Mensch ist nach Aristoteles insbesondere der Sinn für Gut und Schlecht, Gerecht und Ungerecht sowie für die auf diese Differenzen bezogenen Begriffe: „Die Gemeinschaft dieser Normen aber begründet die Familie und den Staat.“ (1253 a 14–18) Menschliche Gemeinschaften sind in diesem Sinne und im Gegensatz zu Tierpopulationen sprachlich moderierte Normengemeinschaften.

Schon als Naturwesen bedarf der Mensch der Gemeinschaft. Wer von Natur aus in der Isolation sich selbst genug (*autark*) ist und der Anderen gar nicht bedarf, ist nach Aristoteles „entweder ein Tier oder ein Gott“ (1253 a 29). Folglich besitzen alle Menschen in sich einen „Trieb zur Gemeinschaft“ (1253 a 30), der sie immer schon zu Teilen eines Ganzen macht. Dieses ist grundsätzlich auf zwei Ebenen anzusiedeln: der Fortpflanzungsgemeinschaft der Familie und der Rechtsgemeinschaft des Staates (*polis*). Auch wenn der lebensweltliche Nahbereich in der Familie liegt, spricht Aristoteles der *polis* den Primat zu. Der Staat ist „der Natur nach früher“ als der Einzelne und die Familie (1253 a 19), weil sich das Leben des Einzelnen und der Familie erst in der staatlichen Gemeinschaft als gutes Leben verwirklichen lässt. Wenn der Gerechtigkeitssinn eine spezifisch menschliche Begabung ist, dann ist die *polis* der Ort, an dem Menschen ihre Menschlichkeit in vortrefflicher Weise realisieren können. Denn was gerecht ist, lässt sich Aristoteles zufolge nicht außerhalb einer Rechtsgemeinschaft freier Bürger angeben.

Ohne Gesetz und Recht ist der Mensch nach Aristoteles das schlechteste aller Lebewesen (1253 a 32). Ungerechtigkeit wird nämlich besonders gefährlich, wenn sie mit den Waffen seiner intellektuellen und moralischen Fähigkeiten ausgerüstet ist, die für die schlimmsten Ziele einsetzbar sind. Daher ist der Mensch die „ruchloseste und wildeste“ Kreatur, der Wollust und Völlerei hingegeben, wenn er keine Tugend (*arete*) besitzt. Die Gerechtigkeit ist aber eine bürgerliche Tugend. Denn das Recht ist die Ordnung der staatlichen Gemeinschaft, und das Recht entscheidet darüber, was gerecht ist (1253 a 36–39). Weil der Mensch also nur gut leben kann, wenn er gerecht ist, die Gerechtigkeit im Recht ihre objektive Regulierungsinstanz hat und das Recht eine staatliche Einrichtung ist, kann Aristoteles sagen, dass das Gemeinwesen um des guten Lebens willen besteht. Gutes Leben ist demzufolge nur in einer Rechtsgemeinschaft möglich, da Menschen erst durch Recht und Gesetz dazu in die Lage versetzt werden, ethische Exzellenz auszubilden. Das höchste Gut, die Realisierung des spezifisch Menschlichen, des *logos*, nennt Aristoteles *eudaimonia*, was sich mit „Glückseligkeit“ oder „glückendem Leben“ übersetzen lässt. Die Eudämonie lässt sich jedoch nur im rechtlichen Rahmen eines staatlichen Gemeinwesens erreichen.

Außerhalb desselben herrschen die bewaffnete Ungerechtigkeit und das Recht des Stärkeren – Lebensverhältnisse, die an den hobbesschen Naturzustand erinnern. Hobbes geht davon aus, dass ohne den Staat als Garant für die Sicherheit des Einzelnen ein ununterbrochener Bürgerkrieg herrscht, ein „Kampf aller gegen alle". Ein solcher lasse sich nur vermeiden, wenn die Einzelnen einem Herrscher das Recht zugestehen, Gesetze zu ihrem Schutz zu erlassen und deren Einhaltung auch mit Gewalt zu erzwingen.

Vergesellschaftung vollzieht sich als Naturbeherrschung

Jean-Jacques Rousseaus politische Philosophie unterscheidet sich von der aristotelischen weniger in den Konsequenzen als in ihren Voraussetzungen. Für Rousseau ist der Mensch kein „staatenbildendes Lebewesen", kein *zoon politikon*, sondern von Natur aus ein Einzelgänger, der, weitgehend selbstgenügsam, nur gelegentlich, zum Beispiel zur Reproduktion, mit anderen Menschen zusammenkommt. Es sind daher äußere Zufälle (Naturkatastrophen), die den Ausgang aus diesem Naturzustand bewirken. Der Gesellschaftszustand macht jedoch den Menschen nicht etwa tugendhaft, sondern erstmalig böse. Das Geselligwerden rekonstruiert Rousseau in seinem zweiten *Discours*, den er dem Ursprung der Ungleichheit unter den Menschen widmet, gewissermaßen als Sündenfall: In der Gesellschaft erwirbt der Mensch überhaupt erst seine bewaffnete Ungerechtigkeit. Es sind vor allem zwei Ereignisse, auf die Rousseau die moralische Entartung zurückführt: der Übergang vom Wildbeuterdasein zum Ackerbau und die Erfindung der Metallbearbeitung. Das Getreide und das Eisen sind es, „welche die Menschen zivilisieren und das Menschengeschlecht ins Verderben gestürzt haben"[2], indem sie Eigentumsverhältnisse und Arbeitsteilung stifteten. Das Eigentum an Land und an dem mit den eigenen Händen Bearbeiteten ist der Ursprung für die soziale Ungleichheit unter den Menschen. Der Unterschied zwischen Mein und Dein lässt die Eigenliebe (französisch: *amour-propre*) und ihre Varianten entstehen: Eifersucht, Ehrsucht, Gier und dergleichen. Rousseau schreibt diese ungeselligen Neigungen originär dem Leben in Gesellschaft zu. Sie dürfen nicht mit der ursprünglichen Selbstliebe (*amour de soi*) verwechselt werden, die in dem unmittelbaren Interesse an der Erhaltung des eigenen Lebens besteht und ein Korrektiv im natürlichen Mitgefühl für Andere besitzt.

Die Kulturtechniken des Ackerbaus und der Metallbearbeitung konstituieren aber nicht nur Eigentumsverhältnisse und begünstigen dadurch die Entstehung der ungeselligen Leidenschaften – sie verändern auch die Triebstruktur des Menschen. Man musste sich dazu entschließen, „zunächst etwas zu verlieren, um später viel zu gewinnen"[2]. Mit Sigmund Freud könnte man diesen Vorgang Triebverzicht nennen: Man verzichtet jetzt auf die Befriedigung eines Bedürfnisses, um später dafür entlohnt zu werden. Während der Wildbeuter (in idealisierter Darstellung) jagt und sammelt, wenn er hungrig ist, muss der Ackerbauer erst das Feld bestellen, die Saat ausbringen, bewässern usw., bevor er nach Monaten der Arbeit ernten kann. Der Bearbeitung der äußeren Natur korrespondiert daher eine Kontrolle der inneren Triebnatur durch Entsagung und Befriedigungsaufschub (Selbstbeherrschung). Und nicht nur das. Es entstehen neue Bedürfnisse wie die Steigerung des Ertrags, die Absicherung des Besitzes, die Kontrolle der Arbeiter usw. Die spezifisch menschliche Fähigkeit, sich intellektuell, technisch und moralisch zu vervollkommnen, bringt nicht einseitig einen kulturellen und zivilisatorischen Fortschritt hervor – sie trägt außerdem dazu bei, den Menschen „zum Tyrannen seiner selbst und der Natur"[2] zu machen. Vergesellschaftung vollzieht sich zum Guten wie zum Schlechten als Naturbeherrschung.

In seiner Ergründung der sozialen Ungleichheit betont Rousseau die korrumpierenden Folgen der Vervollkommnung. Er schildert gewissermaßen den Prozess der Bewaffnung der Ungerechtigkeit. Aber man würde Rousseau um die entscheidende Pointe berauben, wollte man sein Denken darauf reduzieren. Denn die Fähigkeit zur Vervollkommnung stellt dem Menschen schließlich auch die Mittel bereit, um die zivile Ungerechtigkeit zu entwaffnen und Verhältnisse zu schaffen, in denen der Einzelne in Freiheit ohne Angst vor dem Andern leben kann. Dies führt Rousseau zur Utopie des Gesellschaftsvertrags: Erst wenn in der Gesellschaft nicht mehr Menschen über Menschen herrschen, sondern sich alle Bürger dem allgemeinen Willen, der *volonté générale*, als ihrem eigenen unterwerfen, entschädigt der bürgerliche Zustand nicht nur für die Aufgabe des Naturzustands, sondern betreibt eine wahre „Perfektionsagentur des Menschen"[3]. Hierin zeigt sich die grundsätzliche Ambivalenz der Geselligkeit – sie schlägt eine Wunde, die nur sie zu heilen vermag, indem sie den postnaturalen Kriegszustand in einer Vertragsgesellschaft befriedet.

Rousseaus ambivalente Beurteilung der Gesellschaft ist in Kants ungeselliger Geselligkeit aufgehoben. Geselligkeit definiert Kant als die Neigung des Menschen, sich zu vergesellschaften, während der Hang, sich zu vereinzeln und „alles bloß nach seinem Sinne richten zu wollen", die Ungeselligkeit ausmacht. Dieser Widerstreit zweier Kräfte – zwischen der Tendenz, in Gesellschaft zu treten, und dem Widerstand, „welcher diese Gesellschaft beständig zu trennen droht", – ist der Motor, der die Bewegung in Richtung einer gesetzmäßigen zivilen Ordnung in Gang bringt. Dabei ist es gerade der Widerstand, „welcher alle Kräfte des Menschen erweckt, ihn dahin bringt, seinen Hang zur Faulheit zu überwinden, und, getrieben durch Ehrsucht, Herrschsucht oder Habsucht, sich einen Rang unter seinen Mitgenossen zu verschaffen, die er wohl nicht *leiden*, von denen er aber auch nicht *lassen* kann". Erst durch diesen Antrieb arbeitet die Menschheit an ihrer Kultivierung, Zivilisierung und Moralisierung: „Ohne jene, an sich zwar eben nicht liebenswürdige, Eigenschaften der Ungeselligkeit ... würden in einem arkadischen Schäferleben ... alle Talente auf ewig in ihren

Keimen verborgen bleiben." Kant sieht in der Ungeselligkeit daher eine List der Natur zur Entwicklung unserer Talente: „Der Mensch will Eintracht; aber die Natur weiß besser, was für seine Gattung gut ist: sie will Zwietracht."[1] Sie reißt uns aus der Selbstgenügsamkeit und stachelt uns zur tätigen Umarbeitung der bestehenden Verhältnisse an.

Die im Sinne dieses Entwicklungsprogramms förderlichste Gesellschaftsform ist die bürgerliche Gesellschaft. Denn nur sie gewährleistet einerseits die größte Freiheit, „mithin einen durchgängigen Antagonism (Gegensatz) ihrer Glieder", und andererseits „die genaueste Bestimmung und Sicherung der Grenzen dieser Freiheit ..., damit sie mit der Freiheit anderer bestehen könne"[1]. Die bestmögliche Wirkung entfaltet die Ungeselligkeit mithin in einer Gesellschaftsordnung, die das allgemeine Rechtsprinzip anerkennt, das Kant in der *Metaphysik der Sitten* so formuliert: „Eine Handlung ist *recht*, die oder nach deren Maxime die Freiheit der Willkür eines jeden mit jedermanns Freiheit nach einem allgemeinen Gesetze zusammen bestehen kann etc."[4] Die Garantie der Freiheit des Einzelnen im Benehmen mit der Freiheit eines jeden Andern erlaubt der Ungeselligkeit, ihre Früchte – Kultur und Kunst sowie „die schönste gesellschaftliche Ordnung" – in einem freien Wettbewerb hervorzubringen.[1] Deshalb führt der Widerstreit der Kräfte schließlich zu zivilgesellschaftlichen Verhältnissen und bleibt zugleich ein wichtiges Korrektiv, um die Freiheit des Individuums gegen seine totale Vergesellschaftung zu wahren.

Der innergesellschaftliche Widerstreit wiederholt sich auf der zwischenstaatlichen Ebene in der Neigung der Staaten, gegeneinander Krieg zu führen. Die „Unvertragsamkeit der Menschen" ist für Kant erneut ein Mittel der Natur zur Einrichtung einer gesetzmäßigen Verfassung, nun als „internationale" Friedensordnung in Form eines Völkerbunds. Ein solcher Staatenbund liefert durch sein Vertragswerk die rechtliche Sicherheit gegen militärische Machtspiele und Eroberungsfeldzüge. Die Begründungsfigur für das Völkerrecht ist wiederum der vereinigte Wille, dem alle Willenssubjekte als ihrem eigenen sich unterwerfen können. Das Ziel heißt also Freiheit (von der Unterdrückung kleinerer durch größere Staaten) – das Mittel stellt die Natur in der Ungeselligkeit bereit: Es sind die Kosten, die beständiges Wettrüsten, Ausspionieren des Gegners und der Krieg mit all seinen Übeln selbst produzieren, die schließlich dazu nötigen, „zu dem an sich heilsamen Widerstande vieler Staaten neben einander ... ein Gesetz des Gleichgewichts aufzufinden und eine vereinigte Gewalt, die demselben Nachdruck gibt, mithin einen weltbürgerlichen Zustand der öffentlichen Staatssicherheit einzuführen; der nicht ohne alle *Gefahr* sei, damit die Kräfte der Menschheit nicht einschlafen, aber doch auch nicht ohne ein Prinzip der *Gleichheit* ihrer wechselseitigen *Wirkungen und Gegenwirkung*, damit sie einander nicht zerstören"[1]. Die weltbürgerliche Friedensordnung besteht genau in dieser Gleichheit der Wirkungen und Gegenwirkungen, nicht aber in der Entschärfung des „heilsamen Widerstands". Diese würde, wie Kant in seiner Schrift *Zum ewigen Frieden* schreibt, die Welt in einen „Kirchhof der Freiheit" verwandeln: Die ungeselligen Kräfte sollen nicht geschwächt, sondern in ein Gleichgewicht gebracht werden, das den „lebhaftesten Wetteifer" erlaubt. Daher votiert Kant für einen föderalen Staatenbund und gegen einen großen Bundesstaat mit seiner Tendenz zum „seelenlosen Despotism"[5] einer Weltregierung, der niemand mehr (durch Emigration) entkommen könnte.

Gesetzlich geordnete Freiheit in der weltbürgerlichen Gesellschaft, so können wir Kants Überlegungen zusammenfassen, wird möglich durch den Widerstreit der Kräfte, zwischen der Neigung zur und dem Widerstand gegen Geselligkeit. Weil beide Kräfte natürlichen Ursprungs sind, sieht Kant in der Kulturgeschichte der Zivilgesellschaft eine Naturabsicht am Werk: „Die Natur *will* unwiderstehlich, daß das Recht zuletzt die Obergewalt erhalte."[5] Die Ungeselligkeit macht indessen die gesetzmäßige Freiheit aller erst möglich, ihre Verwirklichung setzt voraus, dass die Menschen das Vernunftgesetz als ihr eigenes auch annehmen. Ein Aneignungsprozess, den Kant als Moralisierung von Kultivierung (durch Künste, Technik und Wissenschaften) und Zivilisierung (durch Gesetz und Umgangsformen) unterscheidet. Hinsichtlich dieser Aneignung hat nach seiner Einschätzung die bürgerliche Gesellschaft noch einen langen Weg vor sich.[5]

Umfassende Naturbeherrschung führt zur Unfreiheit

Schon bei Rousseau vollzieht sich die Vergesellschaftung des Menschen als doppelte (innere und äußere) Naturbeherrschung, welche die Herrschaft von Menschen über Menschen einschließt. Das Ziel der Vergesellschaftung soll die Herrschaft des allgemeinen Willens als Gesetz sein, die jedem Einzelnen ein Leben in Freiheit gewährt. So weit die Utopie. Doch was wäre, wenn sich das Mittel des einstweiligen Verzichts auf die unmittelbare Wunscherfüllung so sehr als eigene Kraft verselbstständigt, dass es das Erreichen des aufgeschobenen Ziels gerade verhindert? Genau dies ist die Diagnose, die Max Horkheimer und Theodor W. Adorno in ihrer *Dialektik der Aufklärung* stellen. Die Vergesellschaftung ist mit dem kulturellen und zivilisatorischen Fortschritt tief in die Kapillaren des individuellen Lebens eingedrungen und mit ihr die Kontrolle als Instrument der Naturbeherrschung. Diese Sozialisierung aller menschlichen Angelegenheiten betrifft selbst die „verborgensten Impulse" des Menschen, „die früher seine Privatsphäre bildeten": „Wie alles Leben heute immer mehr der Rationalisierung und Planung unterworfen wird, so muß das Leben eines jeden Individuums ... die Erfordernisse der Rationalisierung und Planung beachten ... Die ökonomischen und gesellschaftlichen Kräfte nehmen den Charakter blinder Naturmächte an, die der Mensch, um sich zu erhalten, beherrschen muß, indem er sich ihnen anpaßt."[6] Nach Herbert Marcuse hat Herrschaft in der Moderne die Form der Verwaltung angenommen. In der fortgeschrittenen Industriegesellschaft wird „das verwaltete Leben das gute Leben des Ganzen"[7], aber: „Das bessere Leben wird mit der alles erfassenden Kontrolle über das Leben bezahlt."[8] Umfassende Naturbeherrschung schlägt in Unfreiheit um, wenn selbst die persönlichen Antriebe und Präferenzen, das Wahrnehmen, Fühlen und Denken des Individuums nicht seinen eigenen, sondern gesellschaftlichen Maßstäben genügen müssen. Marcuse erkennt darin eine Abstumpfung der menschlichen Sinnlichkeit.[9]

In seinem Werk *Eros and Civilization* wundert sich Marcuse, warum unter industriellen Produktionsbedingungen der Triebverzicht weiterhin als gesellschaftliche Macht über die Individuen herrscht. Die Entsagungen der frühen Ackerbauern sind dank moderner Agrartechnologie in den Industrieländern heute nicht mehr nötig – und doch stellen wir unsere inneren Antriebe, so Marcuse, weiterhin unter die Herrschaft des Realitätsprinzips.[8] Die ungesellige Widerstandskraft des Individuums ist zwar nicht erloschen, aber sie bleibt weitgehend auf das Leben des Einzelnen beschränkt, wo sie sich bezeichnenderweise als „Anpassungsstörung" zum Beispiel in psychischen beziehungsweise physischen Erkrankungen zeigt. Was fehlt, so könnte man Marcuses Analyse reformulieren, ist die gesellschaftliche Wirkung der ungeselligen Geselligkeit zur Veränderung der bestehenden Verhältnisse. Da die treibende Kraft der Veränderung beim individuellen Widerstand bleibt, konzentriert sich die Hoffnung auf eine Emanzipation der Sinnlichkeit und des Bewusstseins zum unabhängigen Fühlen und Denken.[9]

Horkheimers, Adornos und Marcuses Kritik gilt einer gesellschaftlichen Totaleinhegung der Natur, die paradoxerweise in einer Naturalisierung der gesellschaftlichen Kräfte mündet. Überschießende Geselligkeit zivilisiert nicht bloß die Ungeselligkeit, sondern nimmt selbst deren Naturcharakter an: „Zivilisation ist der Sieg der Gesellschaft über Natur, der alles in bloße Natur verwandelt."[10] Gegen eine solche gesellschaftliche Aneignung der Natur, die zu Unfreiheit führt, wäre eine Begrenzung nötig. Eine solche kann jedoch nicht durch eine rousseauistische Beschwörung der Natur, sondern nur zivilisationsimmanent geleistet werden. Dies führt zum Ausgangspunkt und der aristotelischen Idee der Rechtsgemeinschaft zurück.

Gesellschaftskritiker, die in der Tradition Rousseaus stehen, wissen, dass die Maxime „Zurück zur Natur" kein Mittel ist, um die Auswüchse sozialisierter Präferenzen zurückzuschneiden. Hinter dem herrschaftskritischen Rousseau sollte man daher nicht den Vertragstheoretiker aus dem Blick verlieren. Durch unsere ideengeschichtliche Besinnung zieht sich wie ein roter Faden die befriedende Rolle des Rechts. Für Aristoteles ist das Gesetz die einzige Möglichkeit, um wildwüchsige Ungerechtigkeit zu entwaffnen; Rousseau orientiert die Gesetzgebung an der regulativen Idee des allgemeinen Willens, die Kant übernimmt und schließlich zur Utopie einer weltbürgerlichen Friedensgesellschaft ausbaut. Gerade Kant hilft uns jedoch zu sehen, dass die maßvolle Verrechtlichung des individuellen und gesellschaftlichen Lebens von jenen ungeselligen Neigungen profitiert, die im Wechselspiel mit der Geselligkeit der Kultivierung und der Zivilisierung Vorschub leisten. Dass sie einmal ihren Dienst endgültig geleistet haben werden und der reinen Geselligkeit Platz machen, wäre wohl nur für einen „Staat von Engeln" zu erwarten, nicht aber für Menschen, die nach einem kantischen Wort aus so krummem Holz sind, dass daraus nichts ganz Gerades gezimmert werden kann. Eben deshalb setzt Kant auf die Herrschaft des Gesetzes als eines Vernunftrechts. Der allgemeine Wille, dem sich jeder Einzelne als seinem eigenen zu unterwerfen vermag, schafft erst den nötigen Freiraum, in dem jeder seinen Eigeninteressen nachgehen kann.

Kants Antieudämonismus hält den Gesetzgeber dazu an, Glück nicht per Gesetz zu verordnen. Dass gutes Leben nur in einer Rechtsgemeinschaft möglich ist, in der das Vernunftrecht regiert, bedeutet vor allem, dem Einzelnen die Möglichkeit zu einem Wohlleben in Freiheit zu geben. Die Begrenzung der repressiven Naturaneignung muss selbst mit rechtlichen sowie diskursiven und insofern gesellschaftlichen Mitteln erfolgen. Ohne die Ungeselligkeit droht das träge Genügen in einer trügerischen Eintracht, die um den hohen Preis einer Kollektivierung persönlicher Präferenzen erkauft ist. Aber die Unruhe, in die uns die ungesellige Widerstandskraft versetzt, ist eine Unruhe in der Geselligkeit. Der von Rousseau, Kant und den Kritischen Theoretikern für den Menschen erträumten Freiheit nähern wir uns nur, wenn wir auch ihre Utopie von einer mit Natur versöhnten Gesellschaft lebendig halten.

Ralf Becker lehrt als Professor für Philosophie an der Universität Koblenz-Landau.

Anmerkungen:

1. Kant, Immanuel: Idee zu einer allgemeinen Geschichte in weltbürgerlicher Absicht. A 393 (Satz 4), A 392 ff. (Satz 4), A 394 f. (Satz 5), A 394 ff. (Satz 5), A 398 und A 402 (Satz 7)
2. Rousseau, Jean-Jacques: Abhandlung über den Ursprung und die Grundlagen der Ungleichheit unter den Menschen. Stuttgart 2010, Seite 84, 86, 46
3. Kersting, Wolfgang: Die Vertragsidee des Contrat social und die Tradition des neuzeitlichen Kontraktualismus. In: Rousseau, Jean-Jacques: Vom Gesellschaftsvertrag oder Prinzipien des Staatsrechts. Herausgegeben von Reinhard Brandt und Karlfriedrich Herb. Berlin 2012, Seite 45–66, hier Seite 60
4. Kant, Immanuel: Die Metaphysik der Sitten. Erster Teil: Metaphysische Anfangsgründe der Rechtslehre. B 33
5. Kant, Immanuel: Zum ewigen Frieden. Ein philosophischer Entwurf. B 62–65
6. Horkheimer, Max: Zur Kritik der instrumentellen Vernunft. In: Gesammelte Schriften, Band 6. Frankfurt/M. 2008, Seite 108 f.
7. Marcuse, Herbert: Der eindimensionale Mensch. Studien zur Ideologie der fortgeschrittenen Industriegesellschaft. München 2008, Seite 266
8. Marcuse, Herbert: Triebstruktur und Gesellschaft. Ein philosophischer Beitrag zu Sigmund Freud. Schriften, Band 5. Frankfurt/Main 1979, Seite 89 f., 84
9. Vergleiche Marcuse, Herbert: Konterrevolution und Revolte. Frankfurt/Main 1973, Seite 86 f., 149–154
10. Horkheimer, Max; Adorno, Theodor W.: Dialektik der Aufklärung. Philosophische Fragmente. In: Horkheimer, Max: Gesammelte Schriften, Band 5. Frankfurt/Main 2003, Seite 216

Lexikon für den philosophischen Alltag

Fasten

Enthaltung von allen oder nur bestimmten Speisen, Getränken oder Genussmitteln über einen bestimmten Zeitraum hinweg.

Als eine Art Konstante des Menschseins finden sich Fastengebräuche und Fastenzeiten in so gut wie allen Religionen und Kulturen. Sie variieren zwar in der Auswahl der Fastenobjekte oder im Umfang der zeitlichen Einschränkungen, aber der geistige Überbau zu Begründungszwecken ist relativ konstant: Wer fastet, entsagt der Welt, den Vergnügungen der Sinne und dem Genuss an sich. Fasten ist ein genuin leib- und weltfeindliches Verhalten und gleichzeitig eine Art Wette aufs Jenseits: Indem man gewisse, häufig sogar große körperliche Einschränkungen auf sich nimmt, wird man belohnt durch geistige Einsicht, Erleuchtung und, ultimativ in vielen Religionen, mit dem ewigen Leben.

Die größte Rolle spielt das Fasten im Hinduismus und im indischen Jainismus, die unzählige Fastenpraktiken entwickelt haben: Der Yogi-Meister oder der Saddhu (Sanskrit für „heiliger Mann") haben ihren Körper und dessen Bedürfnisse so weit diszipliniert, dass sie selbst die Atemtätigkeit zeitweise weitgehend unterdrücken können. Für den Islam ist das Fasten eine der fünf „heiligen Säulen" des Glaubens und vor allem im Fastenmonat Ramadan mit weitreichenden Einschränkungen verbunden. Im Christentum wie im Judentum gibt es unterschiedlich lange Fastenzeiten vor hohen religiösen Feiertagen. Zum Verbot von Genuss-, Rausch- und Nahrungsmitteln kommen dabei häufig das Verbot sexueller Handlungen sowie Schweige- oder Armutsgebote hinzu. In der protestantischen Aktion „7 Wochen ohne", einer Art halb-säkularisiertem Wohlstands-Fasten, gilt inzwischen praktisch jeglicher Verzicht (Handy, Nachrichten, Schokolade, falscher Ehrgeiz, Lügen, Pessimismus) als gewinnbringend für das Seelenleben. Vor hohen Festen soll die Seele durch Fastenpraktiken „gereinigt" werden; der körperliche Entzug sollte dabei mit einem Gewinn an Wahrnehmungsfähigkeit und einer ungestörten Fokussierung auf spirituelle Erfahrungen und Erkenntnisse einhergehen.

Aus medizinischer Sicht verändert sich der Stoffwechsel durch längeres Fasten. Der Körper stellt um auf Katabolismus (altgriechisch für Kräfteverfall; im Gegensatz zu Anabolismus, dem Aufbau von Kräften): Der Stoffwechsel wird verlangsamt, Blutdruck und Blutzucker werden gesenkt, nach und nach werden Fett und Muskeln abgebaut; bei längerem Fasten wird der Fastende schließlich durch die Ausschüttung von Endorphinen belohnt. Mäßig und regelmäßig betrieben, ist ein gesundheitlicher Nutzen durchaus nachweisbar. Deshalb erfreuen sich therapeutisches Heilfasten oder unterschiedliche Entschlackungsprozeduren schon seit über hundert Jahren einer großen Beliebtheit in der westlichen Zivilisation: Rein vom Schmutz des Körpers (oder eben exzessiver Handynutzung, falschem Denken, verwerflichen Handlungsmotiven etc.) steigt die Seele sozusagen befreit und bereit zu höheren Erfahrungen auf.

Der philosophische Bruder religiös und kulturell begründeter Fastenpraktiken ist die Askese (abgeleitet vom altgriechischen Verb *askein* für „üben"). Asketische „Selbsttechniken" (Michel Foucault) nahmen in der Antike breiten Raum ein. Körperliche Askese übten der Kämpfer im Krieg wie der Wettkämpfer in der Arena; geistige Askese galt in beinahe allen philosophischen Schulen von Sokrates an als Königsweg zu mentaler Selbst- und Verhaltensdisziplin und damit als unentbehrliche Voraussetzung für die Erlangung jeglicher Tugend. So war Sokrates nicht nur für sein Geschick im Gespräch bekannt, sondern mindestens genauso für seine körperliche Unempfindlichkeit und physische Ausdauer im Krieg. Den ultimativen Askese-Beweis lieferte er, als er, dem Richterspruch gehorchend, den Schierlingsbecher leerte und damit sein Leben mehr oder weniger freiwillig beendete (er hätte auch fliehen können). Für die Stoiker war die völlige Selbstbeherrschung Voraussetzung, um zur Apathie (Unempfindlichkeit im Angesicht von Leiden), zur Autarkie (Selbstgenügsamkeit) und damit zur Ataraxie, der unzerstörbaren Gelassenheit und Seelenruhe des stoischen Weisen zu gelangen.

Eine besondere Variante weitgehender Askese lebten schließlich die Kyniker, deren bekanntester Vertreter Diogenes von Sinope war: Sie entsagten nicht nur jeglichem materiellen Besitz ebenso wie einem festen Wohnsitz, sondern auch der Körperpflege und den allermeisten zivilisatorischen Vorschriften überhaupt. Damit bilden sie gleichzeitig historisch eines der wenigen Beispiele dafür, dass Askese gelebte Sexualität nicht ausschließen muss: Selbstbefriedigung war (auch öffentlich) ausdrücklich erlaubt. Der Kyniker lebt im Frieden mit der Allnatur, die ihm als Menschen menschliche Bedürfnisse gegeben hat und deren Befriedigung nicht verboten werden kann. Er tut das so autark wie möglich, da nur so, in der inneren Unabhängigkeit von äußeren Umständen, die (diesseitige) Glückseligkeit erreicht werden kann. Er ist damit eine Art säkularer Gegenpol zum frühchristlichen Säulenheiligen oder den mittelalterlichen Reklusen, die sich lebenslang in eine Zelle einmauerten, um allen sinnlichen und sozialen Versuchungen zu entfliehen und die Kasteiung dadurch ins Maximale zu treiben. Letztlich entgehen aber beide, der Kyniker wie der Säulenheilige, nicht dem „asketischen Dilemma“. Besonders weitgehend betriebene und in absoluter Konsequenz gelebte Entsagung (wovon auch immer) erzeugt Bewunderer, Nachfolger, Anhänger – und damit verwerflichen Ruhm, Sozialprestige, Macht. Als Stellvertreter nimmt der Asket sozusagen die Sünden der restlichen Menschheit auf sich und demonstriert damit, dass ein Mensch durch anhaltende und gnadenlose Übung über sich selbst hinauswachsen kann: Er wird zum Guru, und die Welt, die er doch geflohen hatte, holt ihn über einen Umweg wieder ein. Vom damit verbundenen moralischen Kapital zehrt noch Mahatma Gandhis Strategie des gewaltlosen Widerstands, der im Hungerstreik bis zur Bedrohung der eigenen physischen Existenz gipfelt.

In der Neuzeit bleiben zwar Fasten- und Askesepraktiken in religiösen und kulturellen Zusammenhängen abgemildert erhalten, aber in einer zunehmend sinnenfreudigen, weltzugewandten Welt verlieren sie an existenzieller Bedeutung. Doch noch Immanuel Kant kennt eine „ethische Asketik“, die er in seiner *Metaphysik der Sitten* folgendermaßen erläutert: Sie sei eine „Kultur der Tugend“, eine „Diätetik für den Menschen, sich moralisch gesund zu erhalten“, und stehe damit im Gegensatz zur schwärmerischen „Mönchsasketik“, die „aus abergläubischer Furcht oder geheucheltem Abscheu an sich selbst, mit Selbstpeinigung und Fleischeskreuzigung zu Werke geht“ und nicht auf Tugend, sondern nur auf „Entsündigung“ abzwecke. Wer hingegen seine moralischen Pflichten freudig erfülle und sich so der Tugend als würdig erweise, werde schon im Diesseits belohnt: „Die Zucht (Disziplin), die der Mensch an sich selbst verübt, kann daher nur durch den Frohsinn, der sie begleitet, verdienstlich und exemplarisch werden.“ Damit steht Kant im Einklang mit der Bergpredigt in der christlichen Bibel, wo es über die Fastenden heißt: „Wenn ihr fastet, sollt ihr nicht sauer dreinsehen wie die Heuchler; denn sie verstellen ihr Gesicht, um sich vor den Leuten zu zeigen mit ihrem Fasten. Wahrlich, ich sage euch: Sie haben ihren Lohn schon gehabt.“ (Matt 6, 16)

Friedrich Nietzsche hat sich in seiner *Genealogie der Moral* ebenfalls ausführlich mit dem Thema beschäftigt, die dritte Abhandlung dort trägt den Titel „Was bedeuten asketische Ideale?“ Für Nietzsche sind sie ein Zivilisationstrick und eine Machtpraxis. Sie äußerten sich in bestimmten „fixen Ideen“, die dem Menschheitsgedächtnis durch Praktiken, Prozeduren und Lebensformen (Säulenheilige, Saddhus, Reklusen) unauslöschlich eingeschrieben werden. Asketische Ideale geben damit Antwort auf die immerwährende urmenschliche Grundfrage nach dem „Sinn des Lebens“: Der Mensch sei dasjenige Tier, das ohne einen Sinn nicht leben könne, sondern nur leiden müsse. Aber er könne sich über sich selbst erheben, indem er dem unvermeidbaren Leiden und Sterben einen höheren Sinn zuweise: „Die Sinnlosigkeit des Leidens, nicht das Leiden, war der Fluch, der bisher über der Menschheit ausgebreitet lag – und das asketische Ideal bot ihr einen Sinn!“ Der Preis dafür war jedoch hoch: „dieser Haß gegen das Menschliche, mehr noch gegen das Tierische, mehr noch gegen das Stoffliche, dieser Abscheu vor den Sinnen, vor der Vernunft selbst“ führe am Ende zu einem „Willen zum Nichts“. Asketische Ideale, das macht ihre Popularität aus, versprechen Sinn und damit Belohnung in geistiger Währung; asketische Ideale, das macht ihre Gefahr aus, werden jedoch in gänzlicher Weltverleugnung und Lebensfeindlichkeit bezahlt.

Insofern erscheinen weder das Fasten noch die Askese als genuin nachhaltige Praktiken. Sicherlich könnte die Welt gelegentlichen Konsumverzicht und menschliche Bedürfnisdisziplin gebrauchen, ein wenig fröhliche Pflichterfüllung mit Kant und mehr Gelassenheit mit der Stoa, ein wenig kynische Bedürfnislosigkeit und ein wenig moralische Gymnastik mit Sokrates. Aber das Bemühen um Nachhaltigkeit, also um eine Form von Generationengerechtigkeit, verbunden mit einem schonenden Umgang mit Ressourcen, kann nicht von einer Basis der Menschen- und Lebensfeindlichkeit aus sinnvoll begründet werden: Warum schließlich sollte man sich bemühen, eine Welt für die Nachkommen zu erhalten, die von Grund auf falsch und abzulehnen ist? Vielmehr könnte sich, mit Peter Sloterdijk, der Mensch als weltzugewandter Übender im Unterschied zum weltabgewandten Asketiker und damit in Anknüpfung an antike Praktiken wie an Kants Gebot zur freudigen Selbstdisziplinierung neu erfinden. In *Du mußt dein Leben ändern* (was zwar ein Zitat von Rainer Maria Rilke ist, aber genauso gut die Nachhaltigkeitsmaxime schlechthin sein könnte) heißt es: „Die hier vorgeschlagene Übersetzung der religiösen, spirituellen und ethischen Tatsachen in die Sprache

Aphorismenschneise • Aphorismens

Das Neue hat das Alte erfunden.

Neuzeit: durch den Himmel
in die Leere des Alls schauen.

Was im Kurs steigt, verliert an Wert.

Realist: Hungerleider,
der auf seine Armut stolz ist.

Das Kostüm spielt die Rolle.

Alexander Eilers

Dr. Alexander Eilers ist Literaturwissenschaftler, Übersetzer und Herausgeber. Er arbeitet als Gymnasiallehrer in Rinteln.

und Optik der allgemeinen Übungstheorie versteht sich als ein aufklärungskonservatives Unternehmen – ja sogar ein konservatorisches in der Sache selbst.“ Mit der Fortführung der Aufklärung des 18. Jahrhunderts im Dienst einer kontinuierlichen Übung und Selbstpraxis wäre der Nachhaltigkeitsidee wohl tatsächlich mehr gedient als mit wortreicher, aber letztlich folgenloser Gedanken- und Ideengymnastik. Dass Sloterdijk dieses Unternehmen zudem als *immunologische* „Anthropotechnik“ begründet, liest sich unter den Bedingungen von Corona noch einmal anders und neu (der Erfinder der sozialen Distanzierung war ein Säulenheiliger).

Dr. phil. habil. Jutta Heinz ist freie Autorin. www.minutiae.eu

Naturalistischer Fehlschluss

In der ökologischen Ethik wird häufig die Auffassung vertreten, dass die Natur schützenswert sei, weil sie einen Wert an sich darstelle, der unabhängig vom Menschen sei. Hans Jonas begründet dies in seinem Buch *Das Prinzip Verantwortung* mit der Zweckhaftigkeit der Natur. Denn in der Natur sei alles zweckmäßig eingerichtet und diese Zwecke könnten eine kausale Wirksamkeit entfalten, die biologischen Prozessen eine Zielgerichtetheit verleihe. Jonas sieht in diesen Zwecken objektive Werte und glaubt, dass alles, was die Natur macht, gut sei. Auch im Sein des Menschen sei ein Sollen angelegt. So spricht Jonas davon, dass ein Neugeborenes allein durch sein Atmen „ein Soll an die Umwelt richtet, nämlich: sich seiner anzunehmen“[1]. Ein solcher Schluss vom Sein aufs Sollen wird in der Philosophie als naturalistischer Fehlschluss bezeichnet. David Hume wies als erster auf die Unzulässigkeit solcher Schlüsse hin: Der Übergang vom Sein zum Sollen vollzieht sich unmerklich, führt aber eine neue Behauptung ein, die in dem Vorangehenden nicht enthalten ist. Aus der bloßen Existenz eines Sachverhalts, so Hume, folgt nicht, dass er einen Wert darstellt oder dass er so sein soll.

Oft wird gesagt, ein ökologisches Gleichgewicht und Artenvielfalt seien gut. Auch in solche Überlegungen schleichen sich naturalistische Fehlschlüsse ein, weil aus einem natürlichen Sachverhalt beziehungsweise einer Tatsache eine moralische Bewertung abgeleitet wird. Manchmal wird auch der umgekehrte Schluss vollzogen und gesagt, dass alles Unnatürliche schlecht sei: Thomas von Aquin zum Beispiel schreibt, Selbstmord sei unnatürlich und daher unmoralisch. Auch in der heutigen Zeit wird häufig naturalistisch argumentiert: Homosexualität ist unnatürlich und daher unmoralisch; oder: Gentechnik ist unnatürlich und daher schlecht. George Edward Moore wendet gegen solche naturalistische Argumentationen ein, dass man „gut“ nicht definieren oder auf natürliche Eigenschaften zurückführen kann. Angenommen, jemand behauptet: „Alles, was angenehm ist, ist gut.“ Damit stellt er die Gleichung auf: gut = angenehm. Der Behauptung „Schwimmen ist angenehm“ wird sicherlich jeder zustimmen können. Nach der obigen Gleichung können wir daraus schließen: „Schwimmen ist gut.“ Moore würde sich damit jedoch nicht zufrieden geben und fragen: Warum soll Schwimmen gut sein? Mit der Gleichung gut=angenehm wird keine Begründung geliefert, warum Schwimmen gut sein soll. Denn „gut“ wurde gerade so definiert, dass aus „angenehm“ automatisch „gut“ folgt. Die Frage, warum Schwimmen gut sein soll, bleibt somit unbeantwortet und ist nach wie vor eine offene Frage. Und ebenso kann damit nicht die Frage beantwortet werden, warum ein ökologisches Gleichgewicht oder Artenvielfalt gut und Homosexualität schlecht sein soll.

Die Unmöglichkeit einer logischen Ableitung von Werten aus Tatsachen schließt jedoch nicht aus, Brückenprinzipien zu finden, die zwischen dem Sein und dem Sollen vermitteln. Denn ein naturalistischer Fehlschluss verbietet lediglich, Sollenssätze *allein* aus Ist-Sätzen abzuleiten. Wenn man jedoch neben Tatsachen auch Normen postuliert, so lassen sich daraus normative, das heißt wertsetzende Schlussfolgerungen ableiten. So könnte man beispielsweise die Empfindungsfähigkeit oder das Überlebensinteresse von Tieren als solche Werte betrachten und postulieren: Alle Tiere, die ein Überlebensinteresse besitzen, haben ein Recht auf Leben; oder: Tieren, die Schmerzen empfinden können, darf man keine Schmerzen zufügen. Ob Tiere ein Überlebensinteresse haben oder Schmerzen empfinden können, ist eine Tatsachenfrage. Mit den genannten Brückenprinzipien lassen sich Tierrechte begründen, ohne einen naturalistischen Fehlschluss zu begehen.

Man könnte der Natur aber auch selbst einen Wert zusprechen, so dass kein Schluss von Tatsachen auf Werte vorliegt, sondern von Werten auf andere Werte oder Verpflichtungen geschlossen wird, was keinen naturalistischen Fehlschluss darstellt, jedoch genauso begründungspflichtig ist. Als Gegenargument lässt sich einwenden, dass es stets der Mensch ist, der Werte setzt und diese in die Natur hineinprojiziert. Denn Werte sind an Wertschätzungen und ein Wertempfinden gebunden und diese Fähigkeit besitzt nur der Mensch. Gegen die Existenz von objektiven Werten, die unabhängig vom Menschen existieren, spricht auch ein anderes Argument, das John Mackie wie folgt erläutert: „Gäbe es objektive Werte, dann müsste es sich dabei um Wesenheiten, Qualitäten oder Beziehungen von sehr seltsamer Art handeln, die von allen anderen Dingen in der Welt verschieden wären.“[2] Wenn man Werte dagegen als soziale Konstruktionen des Menschen betrachtet, dann ist es nicht die Natur, die einen Wert besitzt, sondern es ist der Mensch, der der Natur einen Wert verleiht.

Man kann in der ökologischen Ethik zwei Strömungen unterscheiden: eine physiozentrische, das heißt eine auf die Natur bezogene Ethik und eine anthropozentrische, das heißt eine auf den Menschen bezogene Ethik. In der physiozentrischen Ethik hat die Natur einen eigenen moralischen Wert, während sie in der anthropozentrischen Ethik einen Wert nur für Menschen hat. Die physiozentrische Ethik betrachtet die Natur als Vorbild und Maßstab menschlichen Handelns. Aber die Natur ist nicht immer gut. Im Gegenteil: Manchmal kann die Natur grausam und unerbittlich sein und lässt mitunter ganze Arten aussterben. Friedrich Nietzsche schreibt mit Blick auf die natürliche Auslese: „Was heißt Leben? – Leben – das heisst: fortwährend Etwas von sich abstoßen, das sterben will; Leben – das heisst: grausam und unerbittlich gegen Alles sein, was schwach und alt an uns, und nicht nur an uns, wird."[3] Dementsprechend wenden Sozialdarwinisten das Selektionsprinzip auf die Gesellschaft an und fordern, dass man kranke und schwache Menschen sterben lassen sollte. Auch dieses Argument beruht auf einem naturalistischen Fehlschluss.

Als Alternative zu einer physiozentrischen Ethik wird daher eine anthropozentrische Ethik empfohlen. Demnach wird Moral vom Menschen gemacht und der Mensch ist Normgeber und Gesetzgeber für moralisches Handeln. Mit anthropozentrischen Argumenten für den Naturschutz lässt sich zeigen, dass der Mensch ohne eine intakte Natur nicht überleben kann oder dass die globale Klimaerwärmung das Leben des Menschen gefährdet und daher Maßnahmen ergriffen werden müssen, um den Temperaturanstieg zu begrenzen. Bei anderen Begründungsansätzen wird der Schönheit der Natur ein Wert zugeschrieben, wobei Schönheit kein Wert ist, der unabhängig vom Menschen in der Natur existiert, sondern lediglich als subjektiver Wert verstanden wird. Arthur Schopenhauer formulierte eine Mitleidsethik, um den Tierschutz zu begründen: Der Mensch empfindet Mitleid mit den Tieren und durch dieses Einfühlungsvermögen fühlt er sich verpflichtet, Tiere ähnlich wie seine Mitmenschen zu behandeln und ihnen Rechte zuzusprechen. Mit einer anthropozentrischen Naturethik lässt sich daher genauso wie mit einer physiozentrischen Ethik ein umfassender Naturschutz begründen, ohne objektive Werte postulieren zu müssen. Für nicht-anthropozentrische Ethiken müssen Werte angenommen werden, die unabhängig vom Menschen existieren und die in irgendeiner Weise mit natürlichen Eigenschaften in Verbindung stehen. Dabei wird die Natur entweder vermenschlicht oder es wird von natürlichen Eigenschaften auf Werteigenschaften, also von Tatsachen auf Werte, geschlossen. Daher fallen physiozentrische Ansätze zwangsläufig naturalistischen Fehlschlüssen zum Opfer.

Thomas Zoglauer ist Professor für Philosophie an der Brandenburgischen Technischen Universität Cottbus-Senftenberg.

Anmerkungen:

1. Jonas, Hans: Das Prinzip Verantwortung. Suhrkamp, Frankfurt am Main 1984, Seite 235
2. Mackie, John Leslie: Ethik. Reclam, Stuttgart 1983, Seite 43
3. Nietzsche, Friedrich: Die fröhliche Wissenschaft, §26. Kritische Studienausgabe, Band 3. dtv, München 1999, Seite 400

Zur Vertiefung empfohlen:

- Birnbacher, Dieter: „Natur" als Maßstab menschlichen Handelns. In: Zeitschrift für philosophische Forschung 45 (1991), Seite 60–76
- Krebs, Angelika (Hrsg.): Naturethik. Suhrkamp, Frankfurt am Main 1997
- von der Pfordten, Dietmar: Ökologische Ethik. Rowohlt Taschenbuch Verlag, Reinbek 1996

Pandora

altgriechisch für „Allgeberin“, „Allbegabte“ oder „Allbeschenkte“. Der Begriff setzt sich aus *pan* für „alles“, „gesamt“ und *doron* für „Gabe“, „Geschenk“ zusammen.

Pandora ist in der griechischen Mythologie die erste menschliche Frau und soll auf Anweisung des Göttervaters Zeus vom Gott der Schmiedekunst und des Feuers, Hephaistos, aus Lehm geschaffen worden sein. Die Götter schenkten ihr Talent, Schönheit, Geschicklichkeit, Neugier, Übermut, Liebreiz, Sprache und Blumen. Leider versorgte der Göttervater Pandora mit der inzwischen sprichwörtlich gewordenen „Büchse der Pandora“, die er mit allen Übeln der Welt gefüllt hatte. Über sie ziehen sich divergierende Mythen durch die Geistesgeschichte. Hesiod zufolge öffnete Pandora die Büchse entgegen der ausdrücklichen Anweisung von Zeus, diese geschlossen zu halten, so dass daraus den Menschen bis dahin unbekannte Übel wie Krankheit, Tod und die Mühsal der Arbeit in die Welt entwichen. Einzig die Hoffnung blieb in der Büchse zurück. Letztere bezeichnete Friedrich Nietzsche in *Menschliches, Allzumenschliches* allerdings als das „übelste der Übel“, weil Zeus damit die Qualen der Menschen nur sinnlos verlängert.

Im Jahr 2009 reicherte die Filmindustrie Hollywoods in der Person von James Cameron den Mythos mit einer weiteren Erzählung an. Er präsentiert uns filmisch die Geschichte *Avatar*, die auf einem Mond mit Namen Pandora verortet ist. Es ist nicht der 1980 entdeckte und 1986 als Pandora benannte, zwölftgrößte Mond des Planeten Saturn, sondern der erdähnliche Mond Pandora, der im Alpha-Centauri-System der Milchstraße über fünf Lichtjahre weit von der Erde entfernt den Planeten Polyphemus umkreist. Seine Atmosphäre besteht im Film aus einem Gemisch von Stickstoff, Sauerstoff, Kohlenstoffdioxid, Xenon, Ammonium, Methan und Hydrogencyanid.

der blaue reiter

Die Faszination Pandoras geht von seiner Natur aus. Sie zeigt sich fantastisch und erotisierend. Für uns Menschen allerdings sind Atmosphäre und Natur des Mondes tödlich. Letztere erscheint uns zunächst überaus fremd, obwohl uns alle Landschaften, Pflanzen und Tiere auch irgendwie bekannt vorkommen. Sie sind als modifizierte und exotische Entwicklungen ihrer Arten auf Erden ausgelegt. Man könnte meinen, dass die Gestaltung des Waldes von Pandora auf den tropischen Regenwald des Amazonas zurückgeht.

Natur ist Gemeinschaft.

Die pandoranische Natur ist allerdings ausgefächerter, differenzierter, vielfach größer, leuchtender und farbiger sowie lumineszierend. Solche extremtropischen Regenwälder bedecken einen großen Teil von Pandora, dessen Böden fluoreszierend leuchten, wenn Lebewesen auf ihnen laufen. Aufgrund der dichten Vegetation sind die Wälder von Pandora nahezu undurchdringlich. Wie in einer Traumlandschaft lassen ausgedehnte Magnetfelder, gepaart mit den exotischen Eigenschaften des Metalls Unobtanium, Berge schweben und halten sie ständig in Bewegung. Weil man beim Anblick dieser Berge nur jubeln kann, werden sie Halleluja-Berge genannt. Die Welt von Pandora bietet folgerichtig für menschliche Betrachter logische Anschlussfähigkeiten und potenzielles Verständnis.

Pandora ist die Heimat einer menschenähnlichen Urbevölkerung, der Na’vi. Die blauen Hominiden sind im Durchschnitt etwa drei Meter groß und besitzen eine glatte, gestreifte Haut, deren Farbe zwischen türkis, cyan und blau changiert. Ihre großen Augen sind bernsteinfarben und ihre Körper schlank, wie die von ausgehungerten Mode-Models. Lediglich mit Lendenschurz und Schmuck bekleidet, bewegen sie sich durch den Urwald. Die blaugrünen Wesen haben katzenähnliche Ohren und tierische Nasen. Ihre Körpertechniken und Laufbewegungen scheinen der Tierwelt entlehnt, die ausladenden Schwänze und lebendigen Haarzöpfe sowie ihre partielle Nacktheit weisen darauf hin, dass eine Trennlinie zwischen Natur und Na’vi, wie wir Menschen sie von uns annehmen, nicht besteht. Ihre auf Selbstversorgung ausgerichtete Lebens- und Wirtschaftsform als „Jägerinnen und Sammlerinnen“ hat keinerlei negative Auswirkungen auf die Ressourcen von Pandora. Die Na’vi haben so gut wie keine Moral und Kunst sowie fast keine Kultur und Technik: Sie sind als Natur in der Natur verblieben. Na’vi haben die Fähigkeit, mit den Elementen der Natur zu interagieren und zu kommunizieren. Sie versuchen, sich nicht von der Natur zu emanzipieren, sondern gehen vielfältige Symbiosen mit Pflanzen und Tieren sowie untereinander ein. Die Na’vi vereinen pflanzliche, tierische sowie menschliche Aspekte und leben instinktiv im Gleichgewicht mit ihrer Umwelt.

Die übergroßen Heimatbäume sind der Wohnplatz vieler Na’vi-Clans. Oftmals lebt ein ganzer Stamm unter einem Baum, schläft auf Bäumen und kommuniziert durch und mit Bäumen. Sie arbeiten, beraten und spielen zwischen dem Wurzelwerk, wo sie auch ihren ewigen Frieden finden. Die Bäume der Stimmen sind heilige Orte der Na’vi. Sie stellen Knotenpunkte eines umfassenden Netzwerks des Lebens dar, welches man als gigantisches Nervensystem deuten kann. Diese Bäume gleichen Weidenarten, deren Zweige in langen violetten Faserbündeln auslaufen. Der ebenfalls weidenartige „Baum der Seelen“ ist der heiligste Ort der Na’vi. Seine Krone mit langen zweigähnlichen Fortsätzen ermöglicht über ein dynamisches Geflecht von neuronalen Strukturen die Übertragung von Körpern und Seelen. Über eine neurale Haarzopf-Bindung (Tsaheylu) haben Na’vi – allerdings ungesteuert – Zugang zu ihrer Gottheit (Eywa) und zu den Erinnerungen der Ahnen, die in Eywa fortleben. Die Bewohner Pandoras können ihre eigenen Erinnerungen in das Netzwerk speisen, sodass ein Individuum im übertragenen Sinne nie sterben muss. Eywa lenkt und kommuniziert durch die Samen des heiligen Baums, die als Zeichen gelten. In Sonderfällen, wie bei der Bedrohung der Natur von Pandora, kann Eywa Bitten erhören und zum Beispiel die Tiere von Pandora gegen Eindringlinge mobilisieren. Hier zeigt sich die innere Wechselwirkung auf Pandora, denn Eywa kommuniziert mit allen Wesen. Das neurale Netzwerk besteht aus Energie, die durch alle lebenden Dinge fließt. Alle Energie ist nach Auffassung der Na'vi nur geliehen und muss eines Tages zurückgegeben werden. Dieses Wissen wird nicht durch das Leben in der „Natur" gefördert, vielmehr ist die biologische und mentale Verbindung durch die Nerven des Zopfs eine Voraussetzung für Umweltbewusstsein und Naturverantwortung der Na'vi. Mithilfe ihres Haarzopfs können sich die blauen Wesen auch direkt mit den sechsbeinigen Schreckenspferden (Pa'li oder Direhorse) und den saurierähnlichen Flugtieren (Ikran oder Banshees) körperlich, das heißt organisch verbinden. Sie können derart mit dem Tier, das sie reiten beziehungsweise fliegen, sprachlich und gedanklich kommunizieren sowie durch eine Kopplung der Gehirne die Tiere vollständig kontrollieren.

Die ideale Kommunikation zwischen den blauen Lebewesen drückt sich im Na'vi-Gruß „I see you!" aus. Der gegenseitig ausgesprochene Gruß, der auf der Erde beim Stamm der südafrikanischen Zulu gebraucht wird, ist auf Anerkennung und Respekt der Kommunizierenden ausgelegt. Er ist die gendergerechte Ablösung des filmisch bekannten amerikanischen Spruchs „I am looking at you!" Die neurale Haarzopf-Bindung zwischen liebenden Na'vi – dabei handelt es sich nicht um den Geschlechtsakt – stellt eine herausragende Aktion in ihrem Leben dar, die sie nur mit einer ausgewählten Person vollziehen. Der positive Ansatz im Umgang mit Natur setzt sich in der Beziehung zu den Tieren fort. Soll zum Beispiel bei der Jagd ein Tier erlegt werden, sticht man es ins Herz und betet: „Ich sehe dich, Bruder, und danke dir. Dein Geist geht mit Eywa. Dein Körper bleibt zurück, um Teil des Volkes zu werden." So wird harmonisch getötet. Jedes erlegte Tier wird rituell innerhalb der Natur durch Gebet in einen anderen Seins-Zustand versetzt. Na'vi können nicht lügen und nicht schuldig werden, im Gegensatz zu uns Menschen, die wir uns schuldig machen, wenn wir die Natur als Umwelt unterwerfen beziehungsweise uns untertan machen, denn wir meinen, als kulturelle Wesen außerhalb der Natur zu stehen. Der Mensch distanziert sich in seiner Menschwerdung von der Natur, während die Na'vi gezielt in der Natur, besser ausgedrückt, in ihrem Paradies aufgehen. Natur wird auf Pandora als Gemeinschaft begriffen, denn sie integriert Landschaft, Pflanze, Tier, Na'vi und Eywa. Die pandoranische Ökologie funktioniert und kommuniziert wie ein Nervensystem, was auf eine symbiotische Beziehung zwischen allen Dingen in Pandora hindeutet. Die Lebewesen Pandoras scheinen zu einem gewaltigen, den gesamten Mond umspannenden neuronalen Netzwerk verbunden. Basis dieser Verbindungen könnten synaptische Kontaktstellen zwischen den Wurzeln der riesigen, außerirdischen Bäume sein. Das Vorhandensein synaptischer Verbindungen zwischen den Lebewesen könnte auch der Grund sein, dass eine Unterscheidung nach irdischen Kategorien in Flora und Fauna sowie Na'vi und Natur kaum möglich ist. Die Übergänge zwischen den genannten Kategorien sind fließend und nicht identifizierbar. Das Prinzip der Nachhaltigkeit wird von den Na'vi implizit beachtet, da die Befriedigung ihrer Existenz- und Lebensbedürfnisse die Bewahrung des Status Quo der Natur in den Vordergrund stellt. Die Natur befindet sich in einem Zustand, der ihnen das Leben ermöglicht, ohne dass sie sich modifizierend in den Haushalt der Natur einschalten. Sie begreifen sich als Teil dieses Naturhaushalts.

Kultur erhebt den Menschen nicht über die Natur.

Auf dem Planetenmond Pandora verbinden sich Natur-Pflanzen, Natur-Tiere, Natur-Na'vi und Natur-Geist zu einer Natur, wie sich in der Imagination der „blauen Blume" Natur, Mensch und Geist gedanklich zu einem einzigen Phänomen einen. Die „blaue Blume" ist nicht nur ein Symbol für das metaphysische Streben nach Erleben der fortbestehenden und ewigen Natur, sondern vor allem die Reise zur sinnhaften Erfüllung der Existenz durch transzendierende, das heißt das Eigene selbst übersteigende Liebe und durch körperliche Vereinigung mit der nachhaltigen und unveränderlichen Natur. Die blauen Hominiden auf Pandora haben diese Ziele erreicht, nach denen wir auf dem blauen Planeten Erde durch einen anderen Umgang mit der Natur streben sollten, denn auch wir Menschen sind trotz unserer extrem zunehmenden technischen Distanzierung von der Natur Teil der Natur. Auf dem Mond Pandora kann man die „blaue Blume" finden und Pandora ist gleichzeitig die „blaue Blume", zumindest solange, bis die Büchse der Pandora geöffnet wird und Licht der Erkenntnis den lichtgespielten Traum von Pandora zerspringen lässt.

Anton Escher ist Professor für Kulturgeografie an der Johannes Gutenberg-Universität Mainz.

Rebound-Effekt

von englisch *rebound* für „abprallen", „zurückprallen": Rückschlag- oder Bumerang-Effekt; im aktuellen Nachhaltigkeitsdiskurs hat sich auch im deutschsprachigen Raum der englische Begriff durchgesetzt.

Er bezeichnet ein Phänomen, das Technik-Optimisten zur Verzweiflung bringen müsste: Findige Ingenieure suchen fortwährend nach technischen Möglichkeiten, um die Effizienz von Maschinen zu steigern, doch mit der Effizienzsteigerung treten die erwarteten Einsparungen von Energie und anderen Ressourcen nicht ein. Die geplanten Einsparungen werden nur zum Teil oder gar nicht wirksam, in vielen Fällen führen sie sogar zu einem Mehrverbrauch. Selbst markante Effizienzgewinne vermindern bislang nicht den Gesamtverbrauch zum Beispiel von Energie.

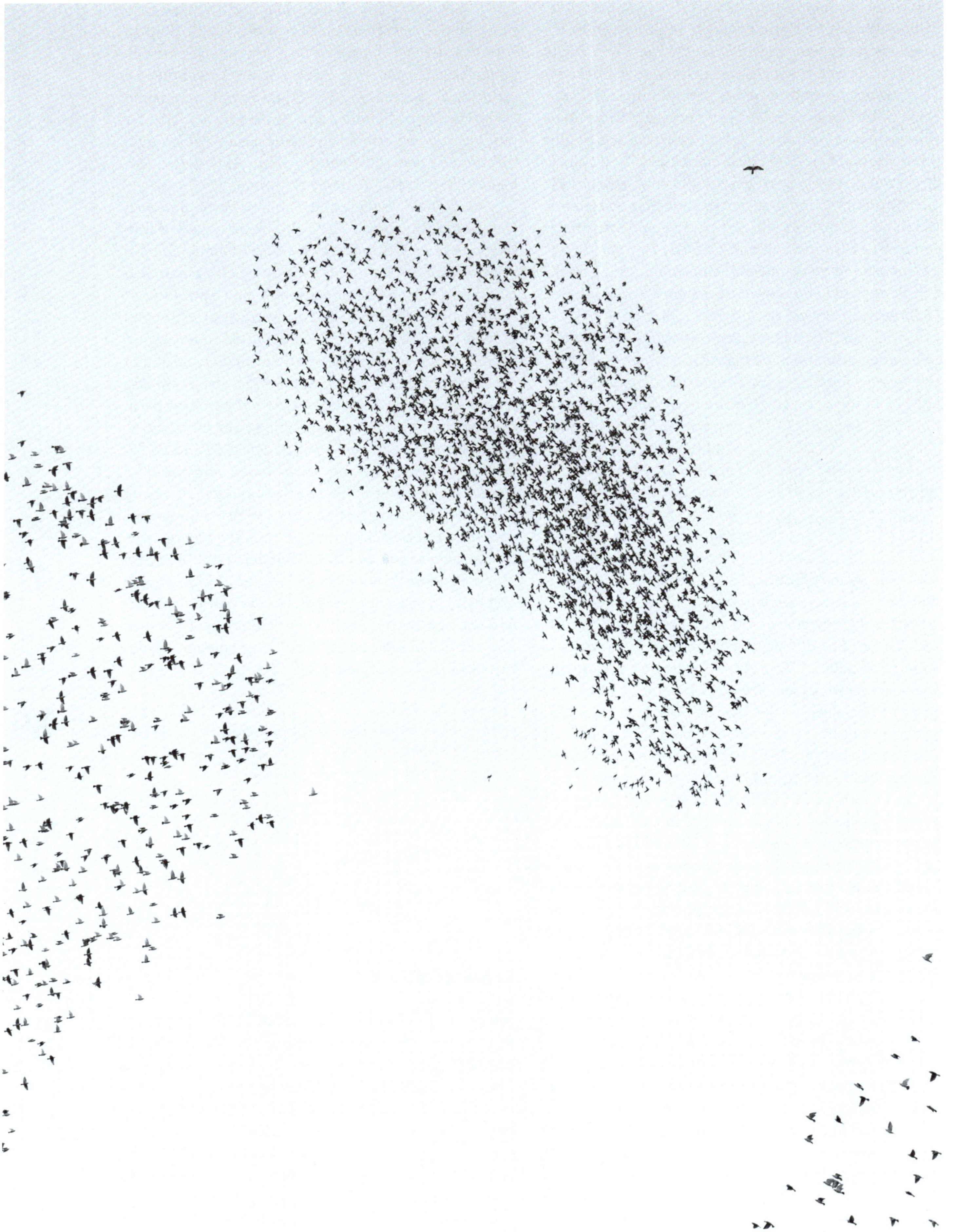

„*Auspicium observantis est.*" Lateinisch für: „Die Auspizien sind Sache des Betrachters." (Seneca: Naturales Quaestiones. Lib. II, 32,6, AD 62–64.) Aus der Arbeit AUSPICIA von Daniela Friebel, 2018, Pigmentdruck auf Wallpaper, 22 x 33 cm, Detail einer sechsteiligen Sequenz.

Diesen Effekt hat erstmals William Stanley Jevons, ein englischer Ökonom und Philosoph, 1865 beschrieben. In seinem Buch *The Coal Question* resümierte er im Zusammenhang mit der Einführung der kohlebefeuerten Dampfmaschine von James Watt, einer bis dato unerhörten Effizienzsteigerungsmaschine: „Anzunehmen, dass die wirtschaftliche Nutzung von Brennstoffen mit einem geringeren Verbrauch einhergeht, ist eine völlige Begriffsverwirrung. Das genaue Gegenteil ist der Fall."[1] Jevons Beobachtung, dass der technische Fortschritt, der die effizientere Nutzung eines Rohstoffes erlaubt, letztlich zu einer erhöhten Nutzung (bis zur Übernutzung) dieses Rohstoffes führt, anstatt sie zu senken, wird in der Ökonomie auch als das „Jevons-Paradox" bezeichnet.

In Zeiten der Industrialisierung, Globalisierung und eines ungebremsten Fortschrittsglaubens vom 19. bis zum Beginn des 20. Jahrhunderts geriet diese Beobachtung freilich in Vergessenheit. Erst seit den 1980er-Jahren werden die unerwünschten Folgen einer technisch vorgestellten und umgesetzten Wunscherfüllung unter dem Begriff „Rebound-Effekt" in der Diskussion um Nachhaltigkeit und eine angemessene Klimapolitik aufgegriffen, wissenschaftlich untersucht und konzeptionell systematisiert. Fragen nach den Ursachen und Wirkungen des Rebound-Effekts standen dabei bislang im Mittelpunkt; seit einigen Jahren treten Überlegungen zu möglichen Strategien des Umgangs mit ihnen hinzu.

Im Allgemeinen wird zwischen direkten und indirekten Rebound-Effekten unterschieden. Anschauliche Beispiele für einen direkten Rebound lassen sich etwa im Alltag einer westlichen Mittelstandsfamilie finden: Ein neuer Kühlschrank wird in der besten Effizienzklasse gekauft; doch weil er so wenig Strom verbraucht, kann er größer sein als notwendig, während der alte zudem als Zweitgerät im Keller seinen Dienst verrichtet. Die herkömmlichen Glühbirnen werden durch Energiesparlampen ersetzt, aber man lässt sie länger und in größerer Zahl brennen. Ein sparsameres Auto wird angeschafft, aber öfter gefahren. Weil dasselbe Gut mehr genutzt (und produziert) wird, kommt die Energieeffizienz gar nicht erst zum Tragen.

Indirekte Rebounds sind zu beobachten, wenn Einspargewinne gesamtwirtschaftlich aufgezehrt werden. Ein Beispiel aus dem urbanen Milieu sich ökologisch bewusst wähnender Besserverdiener mag das verdeutlichen: Aus ökologischen Gründen schafft ein Akademikerpaar das eigene Auto ab und steigt auf öffentliche Verkehrsmittel und Carsharing um. Das beschert ein Plus in der Haushaltskasse – und das wird für eine zusätzliche Kurzreise mit dem Billigflieger genutzt. Dieses Beispiel ist auch psychologisch interessant: Wer erfolgreich den eigenen CO_2-Fußabdruck reduziert hat, fühlt sich moralisch auf der richtigen Seite und hält es für legitim, an anderer Stelle sich etwas nicht ganz so Ökologisches „leisten" zu dürfen.

Bei der gesamtwirtschaftlichen Rebound-Beurteilung ist in Betracht zu ziehen, dass durch effizientere und dadurch billigere Produkte nicht nur die Nachfrage nach diesen steigt, sondern sich generell komplexe Konsummuster verändern. Das wiederum ist verbunden mit ressourcenfressenden Umstellungen in der Produktion, Verteilung und dem Unterhalt von neuen Produkten und Dienstleistungen, aber auch dem Müllaufkommen und der Entsorgung. So gesehen sorgt mehr Effizienz für mehr Wirtschaftswachstum mit mehr Ressourcen-, Flächen- und Naturverbrauch, wenn auch oftmals an anderer Stelle.

Der Rebound-Effekt ist ein hervorragendes Beispiel dafür, wie man ein Problem löst, indem man andere, womöglich größere schafft.

Über das zahlenmäßig belegbare Ausmaß der Rebound-Effekte streiten die Experten. Optimistische Schätzungen gehen davon aus, dass Effizienzmaßnahmen zu rund 25 Prozent verpuffen, kritische Wissenschaftler nehmen mindestens das Doppelte an und verweisen darauf, dass der Rebound-Effekt in Schwellen- und Entwicklungsländern noch viel höher sein dürfte. Eine auch quantitativ belastbare Rebound-Forschung, welche die verschiedenen Effekte auf allen Ebenen zusammen betrachtet, steckt noch in den Kinderschuhen.

So ist die Frage, ob und wenn ja, wie es möglich wäre, Rebound-Effekte zu vermeiden oder wenigstens einzuhegen, erst in letzter Zeit lauter gestellt worden. Diese zielt freilich ins Herz moderner Gesellschaften: ihre Wachstumsökonomie. Eine unvoreingenommene gesellschaftliche Debatte darüber, wie eine Postwachstumsgesellschaft angesichts planetarischer Grenzen aussehen könnte und welche Rolle Selbstbegrenzungsstrategien und Suffizienzmaßnahmen (von lateinisch *sufficere* für „ausreichen", „genügen") spielen müssten, tut not, ruft aber Abwehrmechanismen hervor. Entsprechend ist der Begriff „Rebound-Effekt" ein Spielverderber im blauäugig-optimistischen Diskurs einer Klimapolitik, die einseitig auf Effizienzsteigerung durch technischen Fortschritt setzt.

Dr. Elke Uhl ist Geschäftsführerin des Internationalen Zentrums für Kultur- und Technikforschung (IZKT) der Universität Stuttgart.

Anmerkung:

1. Jevons, W. Stanley: The Coal Question. Macmillan and Co., London/Cambridge 1865, Seite 103

Zur Vertiefung empfohlen:

– Santarius, Tilmann: Der Rebound-Effekt. Ökonomische, psychische und soziale Herausforderungen der Entkopplung von Energieverbrauch und Wirtschaftswachstum. Metropolis-Verlag, Marburg 2015
– Umweltbundesamt (Hrsg.): Rebound-Effekte: Ihre Bedeutung für die Umweltpolitik. Berlin 2015

Stefan Baur

Bücherrätsel

Versteht man Nachhaltigkeit als die Idee, die Begrenztheit der globalen natürlichen Ressourcen zu erkennen und deshalb unseren alltäglichen Umgang damit in Rücksicht auf zukünftige Generationen zu gestalten, so ist sie ein relativ neuer Gedanke. Älter zwar als jede Umweltbewegung und damit nicht so brandneu, wie viele denken mögen. Sie ist wie die meisten unserer gedanklichen Fundamente modern, der Aufklärung erwachsen. Im 18. Jahrhundert beobachteten vor allem seefahrende Gelehrte, wie Tierarten auf Inseln ausgerottet oder von eingeschleppten Arten in kurzer Zeit verdrängt wurden. Die Forstwirtschaft lebte von der begrenzten, durch Wiederaufforstung verkraftbaren Nutzung des Waldes, hier bildete sich früh ein nachhaltiges Wirtschaften im heutigen Sinn heraus. Im 19. Jahrhundert war der Natur- und Umweltschutzgedanke schließlich fest etabliert, es folgten Vereine, Gesetze und mit Gründung des Yellowstone-Parks 1872 sogar Naturschutzgebiete. Nochmals hundert Jahre später kann man unsere aktuelle ökologische Bewegung beginnen lassen, zum Beispiel mit dem Bericht des Club of Rome von 1972 über die Grenzen des Wachstums. All das hat miteinander gemein, dass wir Heutigen den Umgang mit Ressourcen einzuschränken versuchen, um diese für Nachgeborene noch verfügbar zu halten. Das führt sogleich zur Frage, warum man überhaupt spätere Generationen berücksichtigen oder sich von deren Interessen heute beeinflussen lassen sollte. Für den Waldbesitzer mit Familie ist das noch keine so komplizierte Frage, aber in abstrakten Zusammenhängen oder in großer räumlicher und zeitlicher Distanz wird es schwieriger. Und natürlich möchten es Philosophen besonders genau wissen und verlangen nach möglichst unwiderleglichen Gründen.

Die Philosophie war ohnehin nicht untätig darin, diese Entwicklung zu begleiten und mitzugestalten. So ist auch das heute gesuchte Werk Resultat des philosophischen Denkens darüber, wie Nachhaltigkeit mit guten Gründen gefordert werden könnte. Immerhin ist die uralte Beschäftigung damit, was gut und schlecht ist und wie wir handeln sollen, immer schon ein zentrales Thema allen Philosophierens gewesen. Auch das Denken des zu erratenden Autors war an antiken Texten geschult, doch seine Kenntnis der klassischen

Lösung des Bücherrätsels der 47. Ausgabe

Gesucht wurde im ersten Teil der Brief *Reflections on the Revolution in France* (*Über die Französische Revolution. Betrachtungen und Abhandlungen*) von Edmund Burke, erschienen 1790. Darin bewertet Burke die erste Phase der Französischen Revolution überaus kritisch, insbesondere im Vergleich mit der *Glorious Revolution* von 1688. Sein Unverständnis für die Idee einer radikalen Erneuerung oder Umwälzung überkommener Macht- und Gesellschaftsstrukturen hat Burke für manche zum Vater des Konservatismus werden lassen. Im Gegensatz dazu steht die zweite Schrift, *Was tun?*, verfasst 1901/02 in München von Wladimir Iljitsch Uljanow unter seinem damaligen Pseudonym und später geläufigem Namen Lenin. Darin fordert er als vordergründig organisatorische Frage die Etablierung einer straff organisierten Partei zur Agitation, Vorbereitung und Durchführung des Umsturzes. Der Gegensatz zu Burke bedarf wohl keiner weiteren Erläuterung!

ethischen Ansätze brachte ihn dazu, zur Begründung der Nachhaltigkeit eine neuartige Ethik zu suchen. Die bisherigen, auf religiöse oder utopische Heilserwartung ausgerichteten und immer zu gegenwartsbezogenen Ethiken sind unzureichend, so erfahren wir in den ersten beiden Kapiteln. Sie sind vor allem den technischen Machtmitteln der Moderne nicht mehr angemessen.

Denn der eigentliche Anker einer zeitgemäßen Ethik ist dem Autor zufolge eine Pflicht zum weiteren Dasein und sogar So-Sein der Menschheit: „Das bedeutet aber, daß wir nicht so sehr über das Recht künftiger Menschen zu wachen haben ... wie über ihre Pflicht, nämlich ihre Pflicht zu wirklichem Menschentum: also über ihre Fähigkeit zu dieser Pflicht, die Fähigkeit, sie sich überhaupt zuzusprechen ... Hierüber zu wachen ist unsere Grundpflicht gegenüber der Zukunft der Menschheit, von der alle Pflichten gegen die künftige Menschheit sich erst ableiten."

Die folgenden Kapitel drehen sich darum, diesen starken Anspruch seinerseits zu begründen, und dazu muss der Autor einigermaßen unzeitgemäß argumentieren. Denn ohne metaphysische Zutat und religiöse, mindestens teleologische Disposition geht es nicht, wie der gesuchte Autor noch vor der eigentlichen Begründung einräumt: „Dies läuft den befestigten Dogmen unserer Zeit zuwider: daß es metaphysische Wahrheit nicht gibt, und daß sich aus dem Sein kein Sollen ableiten läßt." Die Herleitung in den folgenden Kapiteln führt in Tiefen und Untiefen der Philosophie unserer Zeit. Die Zweckhaftigkeit überall in der Welt weise auf eine Subjektivität hin, die wie in einem Kontinuum von der offensichtlichen Form menschlicher Subjektivität bis zu „dunklem Drang" einfacher Lebewesen reiche. Man darf hier ruhig an Arthur Schopenhauer und seine „Objektivationen des Willens" denken. Nun ist es vom Sein zum Sollen nicht mehr weit: „Daß es dem Sein um etwas geht, also mindestens um sich selbst, ist das erste, was wir aus der Anwesenheit von Zwecken in ihm lernen können." Nach gut der Hälfte des Werks ist der philosophische Gipfel erklommen. Die zugänglicheren weiteren Kapitel formulieren lebensnah aus, was wir schließlich auch als ethische Maxime für den Alltagsgebrauch daraus gewinnen können.

Nicht nur einige zentrale Thesen scheinen philosophisch ein wenig aus der Zeit gefallen. Auch die Sprache wirkt archaisch, sie ist aus biografischen Gründen von der Vorkriegszeit geprägt. Das alles hat der Wirkung des Werks und dem Ruhm des Autors aber nicht geschadet. Ihm wurde in seiner Geburtsstadt sogar ein Denkmal errichtet, eine selten gewordene Ehre. Sein Text ist bis heute unverzichtbare Referenz, wenn es um Philosophie und Nachhaltigkeit geht.

So hat ein altmodisch daherkommendes Buch eines religiösen Menschen, der das Schreiben noch im Kaiserreich lernte, eine der wichtigsten kulturellen und politischen Bewegungen der neuesten Zeit mitgeprägt. In einer späteren Würdigung in der *Neuen Zürcher Zeitung* heißt es: „Sein Einfluss auf die Entwicklung der Umweltethik ist kaum zu überschätzen. Ihm ging es vor allem darum, der Natur ihre Würde zurückzugeben, die ihr von den modernen Wissenschaften abgesprochen worden war." Wer war's?

Dr. B. Reiter

Haben Sie Probleme philosophischer Art?

Das Dr. B. Reiter Team sorgt für Aufklärung!

Es gibt keine Frage, auf die das Dr. B. Reiter Team nicht die passende Antwort hätte. Wenden Sie sich vertrauensvoll an unsere Spezialisten für philosophische Aufklärung.

Sehr geehrter Herr Dr. B. Reiter,

...warum engagieren sich so wenige Philosophinnen und Philosophen in der Politik?

Ingo Matthes

Sehr geehrter Herr Matthes,

dass Philosophen heute so wenig in der Politik vertreten sind, liegt einerseits an den schlechten Erfahrungen, die Philosophen im Verlauf der Jahrhunderte mit ihrem Engagement in der Politik machen mussten: Sokrates wurde von den Erfindern der Demokratie wegen Verführung der Jugend zum Tode verurteilt, Cicero auf Geheiß des römischen Kaisers Antonius ermordet, sein Leichnam verstümmelt und durch die Straßen Roms geschleift, Giordano Bruno auf dem Scheiterhaufen verbrannt, Thomas Morus wegen Hochverrats auf dem Schafott des Londoner Towers hingerichtet und, *last not least*, Jean-Jacques Rousseau vom Volk mit Steinen beworfen und vertrieben. Andererseits ist die Unterrepräsentation der Philosophen in der Politik aber auch durch die Natur der Sache selbst begründet. Denn das Hauptgeschäft der Philosophen besteht im rationalen Analysieren von Argumenten auf sachliche Angemessenheit und innere Widerspruchsfreiheit. Und nicht von ungefähr resümierte der Staats- und Rechtsphilosoph Carl Schmitt, dass in der Politik um die grundlegenden, die sogenannten letzten Werte nicht mit Argumenten gestritten, sondern mit Waffen gekämpft werde. Das heißt: In der Politik sind nicht rationale Sachargumente handlungsleitend, sondern bestenfalls ideologische.

Die Kraft ideologischer Glaubenssätze lässt sich leicht an der Frage der Geburtenkontrolle veranschaulichen. So muss man zum Beispiel kein Philosoph sein, um zu verstehen, dass ohne realistische Aussicht auf eine wundersame Brot- und Weinvermehrung die Aufforderung zu ungehemmter Vermehrung heutzutage keinen konstruktiven Beitrag zur Verminderung des Hungers in der Welt darstellt. Doch selbst angesichts einer absehbaren Überbevölkerung der Erde wird nach wie vor von Kanzeln herab gegen sichere Verhütungsmittel gepredigt. Dabei lassen sich die Folgen des scheinbar sakrosankten christlichen Glaubenssatzes „Seid fruchtbar und mehret euch" leicht dadurch aufzeigen, dass man darin einen einzelnen Buchstaben um eine Position nach rechts verschiebt. Lautet der Satz dann doch: „Seid furchtbar und mehret euch."

Abbilddung:
Ohne Titel
Cania

der blaue reiter

Sehr geehrter Herr Dr. B. Reiter,

zufällig bin ich auf Ihre Seite gestoßen. Im Philosophieunterricht haben wir Albert Camus' „Der Mythos von Sisyphos" durchgenommen. Der ewig seinen Fels einen Berg hinaufwälzende Sisyphos ist ja ein ganz lustiges Beispiel für den Sinn des Lebens, aber gibt es da kein moderneres in der Philosophie?

C. Engel, per Facebook

Sehr geehrte Frau Engel,

Sisyphos gilt in der Tat als Musterbeispiel dafür, dass der Sinn des Lebens genau darin besteht, sich den Sinn seines Lebens selber zu suchen. Für junge Menschen leichter nachvollziehbar scheint mir jedoch der nicht minder absurde Lebensalltag des LKW-Fahrers Ulf, wie ihn Thomas Koch in seinem Buch *Ernsthaft* beschreibt. Statt wie der Sisyphos der Antike einen großen Felsen wieder und immer wieder einen Berg hinaufzuwälzen, der kurz vor Erreichen des ihn von der Mühsal erlösenden Gipfels immer wieder den Berg hinabrollt, fährt Ulf mit seinem Sattelzug tagaus tagein Luftpolsterfolie von Hannover nach Bochum. Wieder einmal auf der Dortmunder Schnettkerbrücke angekommen, so Koch, fragt sich Ulf, warum er seit drei Jahren Luftpolsterfolie von Hannover nach Bochum fährt, wo mit der in Plastik eingeschweißten Luft aus Niedersachsen Drucker verpackt werden, die von Bochum nach Niedersachsen geliefert werden, um dort Rechnungen auszudrucken – für nach Bochum gelieferte, in Folie eingeschweißte Luft aus Niedersachsen ...

Ob wir uns den Lastwagenfahrer Ulf aus der Erzählung von Thomas Koch Sisyphos gleich als glücklichen Menschen vorstellen sollen, überlasse ich Ihrem Dafürhalten.

Sehr geehrter Herr Dr. B. Reiter,

Was ist der Unterschied zwischen Materialismus und Idealismus?

C. Machkow

Sehr geehrte Frau Machkow,

eine wunderbare Erklärung Ihrer Frage findet sich in Wladimir Iljitsch Lenins 1909 erschienener Schrift *Materialismus und Empiriokritizismus. Kritische Bemerkungen über eine reaktionäre Philosophie*: „Materialismus ist die Anerkennung der ‚Objekte an sich‘ oder der Objekte außerhalb des Geistes; die Ideen und Empfindungen sind Kopien oder Abbilder dieser Objekte. Die entgegengesetzte Lehre (Idealismus) sagt: die Objekte existieren nicht ‚außerhalb des Geistes‘; sie sind ‚Verbindungen von Empfindungen‘." Einfacher und gereimt hatte dies schon Friedrich Schiller in seinem *Wallenstein* zu Papier gebracht: „*Eng* ist die Welt, und das Gehirn ist *weit*. / Leicht beieinander wohnen die Gedanken, / doch hart im Raume stoßen sich die Sachen."

Während Idealisten der Überzeugung sind, dass das menschliche Bewusstsein sich seine Wirklichkeit „konstruiert", glauben Materialisten, dass die Dinge und die Erkenntnis darüber prinzipiell unabhängig vom Menschen und dessen Denkvoraussetzungen sind. Entsprechend mussten sich schon viele hartgesottene Idealisten von nicht minder radikalen Materialisten fragen lassen, warum denn Dinge geschehen, die ihrem Denken zuwiderlaufen, das heißt, wie ihre Konstrukte sich wider ihre Schöpfer wenden könnten: Nie und nimmer könne es sein, dass die Dinge, an denen wir uns mit blutigen Folgen stoßen, nur „Verbindungen von Empfindungen" seien. Ein sehr eindrückliches Beispiel lieferte der seinerzeit bei studentischen Verbindungen unbeliebte Jenaer Philosophieprofessor Johann Gottlieb Fichte (1762–1814), der mit dem Postulat eines absoluten Ichs und der Erkenntnis „Ich= Ich" zu einiger Berühmtheit gelangt war. Angesichts der von Studenten eingeschmissenen Scheiben seiner Wohnstube hatte er in heiligem Zorn bei der zuständigen Behörde Beschwerde darüber geführt, dass er und die Seinen „dem Mutwillen böser Buben preisgegeben" würden und sich „ärger" behandelt fühlen müssten als „die schlimmsten Missetäter". Der zuständige, in Weimar ansässige Minister, Johann Wolfgang von Goethe, bei dem sich der Herr Professor brieflich beklagt und um Hilfe nachgesucht hatte, tröstete den Beschwerdeführer in bester Kenntnis von dessen ichzentrierter Philosophie wie folgt: „Sie, geehrter Herr, haben also das absolute Ich in großer Verlegenheit gesehen, und freilich ist es von den Nicht-Ichs, die man doch gesetzt hat, sehr unhöflich, durch die Scheiben zu fliegen. Es geht ihm aber wie dem Schöpfer und Erhalter aller Dinge, der, wie uns die Theologen sagen, auch mit seinen Kreaturen nicht fertig werden kann ..." Anders ausgedrückt: Hüte dich vor deinen Schöpfungen, denn auch eine vom eigenen Ich selbst geschaffene Wirklichkeit ist eben keine *Wirkl***ICH***keit*.

Noch Fragen? Fragen Sie das Dr. B. Reiter Team! Das Dr. B. Reiter Team beantwortet Ihre Fragen auch auf facebook.

Stefan Reusch

Gurke, Panzer, Plastiktüte

„Wir sehen den Wald und lauter Bäume nicht.“ Ein Satz wie vom Borkenkäfer geschnitzt, so brüchig. – Aber man muss ja irgendwie anfangen. Der Begriff „Nachhaltigkeit“ kommt aus der Forstwirtschaft und meint: Wir dürfen nur so viel ernten, wie auch nachwächst. Das müssen wir lernen. Na, dann …

Ich war mal mit einer Grünen liiert. Sie hatte insgesamt ein waches Problembewusstsein. So raunte sie über das dörfliche Leben, dass einerseits Landwirtschaft ganz wichtig sei, das bäuerliche Verhalten andererseits aber zum Kotzen. Sie sagte: „Tierschutz muss auf die Agenda.“ Es sei sehr dringend. „Mehr Platz für Schweine!“ Meine bedauerliche Replik: „Ah, größere Teller.“

Wir müssen viel lernen. Und schneller. Nachhaltiger.

Hilfreich sind eingängige Slogans, so was wie die AHA-Regel. Ich schlug meiner damaligen Freundin vor: Die Gegner sind die drei großen „K“: Klimaerwärmung, Kohlendioxid, Kluthitze. (Wir trennten uns dann. Vor allem sie.)

Wir müssen viel lernen. Deutschland stellt 1 Prozent der Weltbevölkerung. Ist aber nur für 2 Prozent der globalen CO_2-Emissionen verantwortlich. Gelernt. Abhaken.

Weiter. Man liest die Nachricht: „Die Meere sind überfischt.“ Und meint spontan zu wissen, wer schuld ist: Klar, der Mensch. Andererseits wissen wir auch: Der *tipping point* im Klima ist so gut wie da. Das Eis schmilzt, der Pegel der Weltmeere steigt und steigt. Wenn aber tatsächlich die ganzen Fische rausgefischt sind, dann hat das Meer auch wieder mehr Platz und dann sinkt auch der Meeresspiegel wieder …

Wir müssen viel lernen.

Dass am Menschen allein seine Zerstörungskraft nachhaltig ist, darf doch nicht wahr sein! Wie er's macht, er macht's verkehrt, der Mensch.

Wir Menschen sind Teil der Natur. Aber wir sind auch Teil des Problems, das wir mit der Natur haben – meinetwegen, das sie mit uns hat.

Ich will nicht sorgloser tun, als ich bin. Früher war ich wirklich sorglos. Aber hallo. Da zuckte ich sämtliche Achseln und ignoranzte: „Was ist denn dabei, wenn die Pflanzenwelt ausstirbt? Dann wird es halt keine Vegetarier mehr geben.“

Wir müssen viel lernen.

Der Mensch zwischen der Moderne und dem Modern; gerade noch lässt er Schampusgläser klirren, schon gibt er unwillig den letzten Löffel ab. Es fehlt das Vorausschauende, das generationenübergreifende Handeln, der Sinn.

Rückbesinnung muss den Fortschritt begleiten. Von ferne grüßt die Weltenbesserung namens „Nachhaltigkeit“. Die ja geradezu grassierend grüßt, immer und überall. Freudlos. Als käme jetzt nach der Zeit der Einwegbecher das Zeitalter der trüben Tassen.

Nachhaltigkeit ist keine Mode. Sie ist auch kein Trend.

Der Kölner Messechef Böse weiß es besser, er kritisierte im Frühjahr 2021 deutsche Bräsigkeit: „Ich habe bei uns intern schon das Gefühl, dass wir verdammt spät auf die Megatrends wie Nachhaltigkeit reagieren.“

Ein Megatrend also. Mindestens. Als Begriff. Nur als Begriff?

Wann wirbt der erste Konzern mit nachhaltigen Waffen? Ah, guck da: März 2021. Rheinmetall, Rüstungskonzern, hat eine sehr gute Nachricht: „Wir haben endlich elektrische Militärfahrzeuge.“ Dann ist viel gewonnen. Wenn das Töten dadurch nachhaltiger wird – toll. Doch wenn dann kein Ladepunkt im Libanon steht? Dann steht der Panzer.

Der Trend im Panzerwesen wird vielleicht – analog zum *tiny house* – zum *tiny tank* gehen. Dann käme zum Einsatz statt des Panzers Leopard der Leosmart und – – – ich habe mich gehen lassen.

Warum? Es ist halt viel einfacher zu spotten als mitzugestalten.

„Wäre es nicht großartig, wenn wir, statt die menschliche Aktivität zu beklagen, Grund hätten, sie zu schätzen? Wenn Umweltschützer wie Autoproduzenten gleichermaßen begeistert wären, wenn jemand sein altes Auto gegen ein neues austauscht, weil neue Autos die Luft reinigen und Trinkwasser produzieren, statt nur etwas weniger schädlich zu sein? Wenn neue Gebäude Bäume imitieren, Schatten, Lebensraum für Singvögel, Nahrung, Energie und sauberes Wasser spenden würden?“[1] Die Autoren plädieren für eine neue Strategie, für – wie sie es sagen – ein neues Design.

Ihr Credo: Lieber etwas Neues schaffen als an den „bestehenden destruktiven Rahmenbedingungen herumzufeilen“.

Weil jedoch der Mensch so ist, wie er ist, macht er lieber Dinge, die zwar nicht sehr gut sind, aber ihm bekannt. Auch wenn er es besser weiß, lernt er daraus nichts Neues. Dann kramt er aus seinem mimischen Repertoire die Sorgenfalten heraus und simuliert Denk-

der blaue reiter

Abbildung:
Reusch rettet die Welt
Design:
Renate Reinshagen

leistungen: Soll ich kurzfristig handeln? Doch konterkariere ich damit nicht die Pflicht, langfristig zu denken? Risiko! Ist es nicht sinnvoller, um nicht fehlerhaft zu handeln, weiter zu denken? Auch Risiko!

Es ist ein Spiel im Ernst der Lage: Alles wird gegeneinander ausgespielt. Heißt ein „Ja zu Wildbienen!" „Nein zu Turbinen!"? Heißt „Leute einstellen!" letztlich „Atmen einstellen!"?

Kann man das Polarisierende versöhnen? Motto: „Wirtschaft oder Klima – beides ist doch prima" – also es gibt Mehrwegtüten, aber kein Mehrweggemüse. Weiterdenken. Führt das zu schnödem „Greenwashing" oder – ?

Ich weiß es nicht. Andauernd ändert sich ja etwas, was gestern noch galt, ist heute schon alt. Lassen Sie mich was Persönliches erzählen. Ich bin mit Plastiktüten aufgewachsen, in einer Zeit, da war ich noch jung. Da bin ich nämlich aufgewachsen. Da wurden – ist noch gar nicht so lange her (ich bin ja noch nicht lange nicht mehr jung), da wurden Plastiktüten aufgehoben, gefaltet, gestapelt, gesammelt. Meine Tante hat das gemacht. Mit Achtsamkeit. Mit Respekt. Warum? Nun: Fast alles andere im Haushalt verwitterte, alterte. Nicht die Plastiktüte. Sie war gewissermaßen das Vorzeigeporzellan unter den Nutzgegenständen, die Aussteuerqualität.

Die Plastiktüte hatte Gewicht.

Und steht jetzt übel da. Die Plastiktüte ist offenbar für soviel Böses in der Welt verantwortlich. Sie verdreckt die Meere, Tiere sterben, ich sag's ehrlich; ich hatte keine Ahnung davon. Als Kind. Keine Ahnung wird man ja wohl noch haben dürfen. Als Kind.

Die Plastiktüte hat mein Leben verändert. Und ihres aber auch!

Sie kostet mittlerweile extra und du kriegst sie auch nicht mehr überall. Nicht mal in sogenannten Unverpacktläden. Unverständlich. „Ich hätte gerne eine Plastiktüte. Nein, nicht einpacken, ich tue sie gleich in meinen Outdoor-Rucksack." So bin ich. Aber auch Realist.

Wenn Plastiktüten ganz verboten sind – das möcht' ich mal sehen! Wohin denn dann mit des vierbeinigen Lieblings Exkrementen, wenn nicht mehr in die Tüte, in die orange oder schwarze hauch-dünne, gefühlsechte Plastiktüte, wohin? In den guten Outdoor-Rucksack? Na, da fängt der aber an zu dampfen – das hält freilich den Rucksack derart nachhaltig warm, dass am nächsten Morgen noch eine angenehme Temperatur drinnen ist, für den Klassenausflugs-Donut. Mhm.

Die Tupperware liegt weich. Ach so, die gibt's ja dann auch nicht mehr.

Man muss ja nicht immer unterwegs sein. Rausgehen und so.

„In des Daseins stillen Glanz / platzt der Mensch mit Ententanz." Ein Zitat von Wiglaf Droste, 2019 verstorben. Es trifft immer die Falschen, aber die richtig.

Was wollte ich sagen? Wir müssen viel lernen.

Richtig.

Oft liegt die Mitte in der Wahrheit. Oder umgekehrt. Man weiß: Es ist nicht okay, übers Wochenende nach Barcelona zu fliegen. Aber wenn ich nach der Rückkunft zehn Bio-Eier für € 7,50 im Unverpacktladen

Abbilddung: **andererseits** Timm Ulrichs, 1969; vier Geranien in Terrakotta-Blumentöpfen auf Holz-Konsole, je 9,9 x Ø 11,4 cm

kaufe, ist doch alles wieder im grünen Bereich? Ablasshandel? Greenwashing?

Salatgurken – ein Beispiel.

„Ja" zur Gurke, keine Frage, aber müssen die Gurken eingeschweißt sein? Ja. (*Werde ich jetzt albern?*)

Gurken ohne Folie – viel zu gefährlich! (*ich fürchte: Ja*) Gurken bestehen zu 114 Prozent aus Wasser, die brauchen ja Halt, erst das Zellophan bringt sie in die Form. (*Albern*) Das hält sich auch länger als die Gurke, ist also nachhaltiger, die Gurke selbst schmeckt nach nix. Lösung: am Obststand nur noch Zellophan anbieten, natürlich zertifiziertes Zellophan aus regionalem Anbau. (*Geschmacklos*)

Wir haben gelernt. Vor allem, wie wir uns selbst übers Ohr hauen können. Fast kein Produkt vom Klopapier bis zum Auto wird mehr verkauft ohne das Versprechen, dass man die Welt dadurch ein wenig besser mache. Lifestyle-Attribut „Greenwashing". Wir wissen: Das nutzt nix. Es muss weniger werden von allem. Weniger Produktion, weniger Klamotten, weniger Plastik, weniger Müll, weniger Konsum. Klingt nach Anstrengen ...

Lohnt sich das? Ich höre mal in mich rein und stelle fest, was bei dem Begriff „nachhaltig" nachhallt – ich.

P.S.: Ich las kürzlich einen Artikel über Rockmusik, und dass ihre Vertreter, im Unterschied zu Jazz-, Blues- und Country-Musikern nicht im Altern reifen können, und darum stehe Rockmusik sinnbildlich für „eine Gesellschaft, die in endloser Gegenwart das Gestern beschwört, weil ihr jeder Gedanke eines besseren Morgen abhanden gekommen ist".

Stefan Reusch ist freier Autor für Funk und Bühne. Auf WDR5 moderiert er die Sendung *Spielart*, auf WDR4 die Sendung *Scheinwerfer*. Zu hören ist er auch auf SWR3 (*Reuschs rigoroser Rückblick*). Auftrittstermine: www.stefanreusch.de

Anmerkung:

1. Braungart, Michael; McDonough, William: Cradle to Cradle. Einfach intelligent produzieren. Piper, München 2014

Wolfgang Proß

„Genieße hier dein Leben aus!“

Johann Gottfried Herder im Porträt

Die Leidenschaften des Menschen sind keine Defizite. Die Natur habe im Menschen nichts Unvollkommenes geschaffen, so Johann Gottfried Herder. Eine Idee, welche vom Dasein unseres Körpers absieht, könne es in unserem Geist nicht geben: „Uns und die Welt zu genießen: das war Absicht der Natur.“ Das Gesetz des sinnlichen Begehrens zählt für Herder mithin zu den Naturgesetzen. Es zu moderieren gehört zu den Leistungen, die jeder Mensch individuell und kollektiv im Rahmen seiner sozialen Beziehungen erbringen muss.

Johann Gottfried Herder gehört zu den bedeutenden Repräsentanten der Epoche des Übergangs von der Aufklärung zur Romantik: Philosophische Anthropologie, Sprach-, Geschichts- und Kulturphilosophie wie Ästhetik und Literaturtheorie der Zeit sind ohne seine Beiträge nicht denkbar; sein Plädoyer für den Empirismus begleitete im frühen 19. Jahrhundert die Hinwendung der Naturforschung von der romantischen Spekulation zum Experiment (siehe Erläuterungen Seite 98 und 100).

der blaue reiter

„Zerstreute Blätter.“ Herders philosophische Schriften

Ein philosophisches Profil des Autors zu erstellen, wird dadurch erschwert, dass die Elemente seines Denkens über eine Vielzahl von Schriften, Beiträge zu Journalen, Briefe und Entwürfe zu verschiedensten Themen verstreut sind. Als philosophische Abhandlungen im eigentlichen Sinn sind vorrangig zu nennen: das *Vierte kritische Wäldchen* (1769, erst 1846 publiziert), als Versuch einer Ästhetik, mit der er die unterschiedlichen Formen künstlerischen Ausdrucks aus einer Physiologie der Sinne herleitet. Dieser Schrift folgt die von der Akademie in Berlin preisgekrönte *Abhandlung über den Ursprung der Sprache* (1772), mit der Herder modellhaft die Selbstkonstitution des Menschen in der Ausbildung eines Sprach- und Zeichensystems erläutert; sie ist eine der Gründungsurkunden der Philosophischen Anthropologie des 20. Jahrhunderts, an die Max Scheler, Helmuth Plessner oder Arnold Gehlen anknüpften. Die Schrift *Vom Erkennen und Empfinden der menschlichen Seele* (drei Fassungen, 1774/78) ist eine Ausarbeitung der Problematik der Differenz von intuitiv-sinnlichem und symbolisch-rationalem Erkennen sowie der unterschiedlichen Leistungsfähigkeit dieser Formen von Erkenntnis.

Nach einem ersten Versuch zur Deutung der Rolle individueller historischer Erscheinungen für den gesamtgeschichtlichen Prozess (*Auch eine Philosophie der Geschichte zur Bildung der Menschheit*, 1774) entwirft Herder mit den umfangreichen *Ideen zur Philosophie der Geschichte der Menschheit* (vier Bände, 1784/91), eine anthropologisch fundierte Geschichte unserer Gattung. Herders Ausgangspunkt sind die Bedingungen, unter denen sich auf dem Planeten Erde ein einheitlicher Typus des Lebens entwickeln konnte, der im Menschen seine physiologisch komplexeste Form erreicht. Freilich kennt dieser die Bindung an ein bestimmtes Lebensmilieu nicht, welche den instinktgeleiteten Tieren das Überleben garantiert. Dieses Defizit wird dank des nur dem Menschen eigenen und notwendigen aufrechten Gangs kompensiert: durch die Verfeinerung seiner sinnlich-kognitiven Fähigkeiten und durch die Entwicklung seiner praktisch-instrumentellen Anlagen zu Kulturtechniken, welche ihm unter den verschiedensten Lebensbedingungen die Selbsterhaltung sichern. Sie ist der einzige „Naturzweck“ seiner Existenz, nicht anders als in allen belebten und unbelebten Naturkörpern: „Selbsterhaltung ist das erste, wozu ein Wesen da ist: vom Staubkorn bis zur Sonne strebt jedes Ding, was es ist, zu bleiben; dazu ist den Tieren Instinkt eingeprägt: dazu ist dem Menschen sein Analogon des Instinkts oder der Vernunft gegeben.“ (*Ideen zur Philosophie der Geschichte der Menschheit*, Buch VIII/4)

Herders Aussage ist in ihrem Kern die naturphilosophische Umformung eines Exzerpts aus Baruch de Spinozas *Ethik*, in der es heißt: „Das Bestreben, mit dem jedwedes Ding in seinem Sein zu beharren strebt, ist nichts anderes als die tatsächliche Essenz des Daseins dieses Dinges.“ (*Ethik* III, Proposition 7) Der Welt- und Naturbegriff der *Ideen* steht damit in engster Verbindung mit der in Gesprächsform gehaltenen Spinoza-Schrift *Gott* (1787). Dass ein hochrangiger Theo-

Aufklärung
Geistige Strömung des 18. Jahrhunderts, die durch den Glauben an die Vernunft und den Kampf gegen Autoritätsgläubigkeit und Traditionsgebundenheit geprägt ist.

Romantik
bezeichnet die Epoche von ca. 1795 bis Mitte des 19. Jahrhunderts. Zentrale Motive der Romantik sind neben der Besinnung auf eigene, nationale Werte und Traditionen sowie der Sehnsucht nach einer „Verzauberung der Welt“ vor allem in der späteren Phase das Schaurige, Unterbewusste, Individuelle, Leidenschaftliche, Fantastische und Abenteuerliche.

Abbildung:
Tempestad e ímpetu (Sturm und Drang)
Pepa Salas Vilar, 2021; Acryl auf Leinwand, 40 x 30 cm

loge – Herder war Generalsuperintendent des Herzogtums Sachsen-Weimar – als Anwalt des im späten 18. Jahrhundert immer noch als Atheist gebrandmarkten jüdischen Philosophen auftrat, wäre an sich schon bemerkenswert; dass er die Einheit von Natur- und Menschenwelt mit Spinozas Substanzbegriff begründet, in dem Gott und Natur identisch sind, ist das Alleinstellungsmerkmal seiner Philosophie. Damit stellt er sich sowohl gegen Immanuel Kants Metaphysik wie jede theologische Dogmatik.

In späteren Sammelwerken wie den *Briefen zu Beförderung der Humanität* (1793/97) und *Adrastea* (1801/04) behandelt Herder zahlreiche Fragenkomplexe der Ästhetik, Geschichtsphilosophie und der Entwicklung der neuzeitlichen Naturwissenschaft; gerade die politische Situation Europas im Horizont der Französischen Revolution fand in ihm einen aufmerksamen Kommentator.

Jugend und erste philosophische Prägung in Königsberg

In der Vita des Autors spiegelt sich die Entwicklung seiner vielfältigen philosophischen und wissenschaftlichen Interessen wider: Geboren am 25. August 1744 in Mohrungen (Ostpreußen) als Sohn einer pietistischen Familie in bescheidenen Verhältnissen, erhielt der hochbegabte junge Mann 1762 von einem russischen Regimentsarzt das Angebot, ihn nach St. Petersburg zu begleiten, um sich dort zum Chirurgen ausbilden zu lassen. In Königsberg angelangt, zeigte sich, dass Herder der kruden Realität anatomischer Sektionen nicht gewachsen war; sein Interesse an physiologisch-medizinischer Literatur sollte sich jedoch bis zu den *Ideen* fortsetzen. Als Hauslehrer und dank eines Stipendiums konnte Herder statt dessen ein Studium der Theologie beginnen, das er bis 1764 betrieb; wichtiger als dieses waren die Vorlesungen, die er unentgeltlich bei Immanuel Kant besuchen durfte. Besonderen Eindruck hinterließ dessen Unterricht in Astronomie und Physischer Geografie, sowie die erst im 19. Jahrhundert wirklich anerkannte Schrift *Allgemeine Naturgeschichte und Theorie des Himmels* (1755). Nach Herders Abreise aus Königsberg im November 1764 wurde der Kontakt zwischen Lehrer und Schüler allerdings nicht aufrecht erhalten.

Enge Kontakte mit Johann Georg Hamann oder dem Buchhändler Johann Jakob Kanter machten Herder in Königsberg auch mit den neuesten Entwicklungen nicht nur auf dem Gebiet der Literatur, sondern auf zahlreichen anderen Wissensgebieten vertraut. Zentral waren hier die von Gotthold Ephraim Lessing, Moses Mendelssohn und Friedrich Nicolai publizierten *Briefe, die neueste Litteratur betreffend* (1759/65), die eine Bestandsaufnahme des intellektuellen Lebens der Zeit boten. Es sind Jahre, in denen sich die Polemik gegen klassizistische Literatur-, Geschmacks- und Denknormen zugunsten einer Genie- und Wirkungsästhetik intensiviert, die der Earl of Shaftesbury und Jean-Baptiste Dubos angestoßen hatten. Den Normen der französischen Klassik, die Johann Christoph Gottsched und der Hof Friedrichs II. unter Voltaires Einfluss propagierten, trat England als Modell einer Umgestaltung der deutschen Literatur gegenüber: mit der Neuentdeckung Shakespeares, der Genie-Ästhetik eines Edward Young, den *Ossian*-Dichtungen James Macphersons und dem *Tristram Shandy* von Laurence Sterne.

Die Verurteilung der Sinnlichkeit ist nichts als ein verbreitetes Vorurteil.
Johann Gottfried Herder

Bildungsreisen und Neuorientierung

In Riga hatte Herder erst eine Stelle als Hilfslehrer, dann als Hilfspastor gefunden; nun trat er erstmals mit vielbeachteten ästhetischen Schriften an die Öffentlichkeit: mit den als Kommentar zu den *Litteraturbriefen* angelegten Fragmenten *Über die neuere deutsche Litteratur* (1767) und den ersten drei *Kritischen Wäldern* (1769). Aber die Kenntnisnahme der europäischen Aufklärungsliteratur führte zur Ausbildung einer spezifischen philosophischen Problematik, deren Ausarbeitung bis in sein Spätwerk immer mehr im Zeichen Spinozas stehen sollte: Im wesentlichen geht es Herder um die Eingliederung des Menschen in den Naturzusammenhang, um die Eliminierung des Zufälligen aus dem geschichtlichen Geschehen und um die Aufhebung des Dualismus von Natur und Geist. Von besonderer Bedeutung für die Entwicklung seiner Anthropologie waren Hermann Samuel Reimarus' *Betrachtungen über die Triebe der Thiere* (1760). Diese vermittelten ihm die Bekanntschaft mit Étienne Bonnot de Condillacs

Analyse des Aufbaus der menschlichen Erkenntnis im Vergleich zu den Tieren. Sie lenkten seine Aufmerksamkeit zugleich auf das Problem des zentralen Begriffs der stoischen Philosophie, der Oikeiosis. Mit diesem Begriff (von altgriechisch *oikeioun* für „Zueignung", „Selbsterhaltungstrieb") wird gemeinhin der Prozess bezeichnet, durch den ein Lebewesen schrittweise seiner selbst bewusst und mit sich vertraut wird. Für die *Abhandlung über den Ursprung der Sprache* und die Konstruktion der Kategorie der „Besonnenheit", die der Sprachbildung zugrunde liegt, sind beide Hinweise von kardinaler Bedeutung.

Unzufrieden mit seiner gesellschaftlichen Stellung in Riga und verärgert über die Polemiken, in die ihn seine ästhetischen Schriften verstrickt hatten, entschloss sich Herder im Frühjahr 1769 zu einer Reise nach Frankreich. Über die Ostsee und den Ärmelkanal gelangte er per Schiff nach Paimbœuf an der Loire-Mündung; nach einem mehrmonatigen Aufenthalt in Nantes traf er am 8. November 1769 in Paris ein. Möglicherweise ist er im Zentrum der französischen Aufklärung auch d'Alembert und Denis Diderot begegnet und hat eventuell von der in Deutschland als Bibel des Materialismus (siehe Erläuterung) geschmähten Schrift *System der Natur* (1770) Paul-Henri Thiry d'Holbachs Kenntnis genommen. Als Erzieher für einen Holsteiner Erbprinzen berufen, den er auf einer Italienreise begleiten sollte, reiste Herder weiter von Paris über Hamburg, wo er Lessing besuchte, nach Eutin. Die begonnene Kavalierstour im Gefolge des Prinzen führte zunächst zu einem Aufenthalt in Darmstadt, wo er seine künftige Frau Caroline Flachsland (1750–1809) kennenlernte. Die nächste Station war Straßburg, wo Herder den Entschluss fasste, seine Anstellung wieder zu kündigen und sich einer Augenoperation zu unterziehen. Dort begegnete er auch dem um fünf Jahre jüngeren Johann Wolfgang Goethe. Auf dessen Vermittlung wurde er 1776 durch Herzog Carl August von Sachsen-Weimar in das kleine Fürstentum berufen und konnte sich damit aus einer unbefriedigenden Anstellung in Bückeburg lösen. Von da an verlief Herders Leben – abgesehen von einer Italienreise 1788/89 – ohne große äußere Veränderungen. Trotz der ständigen Überlastung durch die Pflichten seines geistlichen Amtes und der Verantwortung für das Bildungswesen des Herzogtums entstand ein umfangreiches Werk, das auch eigene Gedichte und Dramen sowie zahlreiche Übersetzungen europäischer Lyrik umfasste. Während das Verhältnis zu Goethe und Schiller abkühlte, pflegte Herder enge Freundschaft mit Christoph Martin Wieland und dem jüngeren Jean Paul.

Die Natur beziehungsweise Gott hat im Menschen nichts Unvollkommenes geschaffen.

Johann Gottfried Herder

Philosophische Anthropologie
von altgriechisch *anthropos* für „Mensch" und *logos* für „Lehre": Erforschung und Beschreibung der Wesensmerkmale des Menschen. Im 18. Jahrhundert wird im Zuge der Aufklärung der Mensch zum bestimmenden Thema der Philosophie. Diese wird, wie Herder sagt, auf Anthropologie „eingezogen".

Empirismus
von altgriechisch *empeiria* für Erfahrung: Lehre, derzufolge alles Wissen und alle Vorstellungen über die Wirklichkeit durch sinnliche Wahrnehmungen vermittelt sind. Der Verstand beziehungsweise die Vernunft sind der Sinneserfahrung nachgeschaltet.

Herders Philosophie des Genusses

Im Gefolge der Reichsgründung 1871 und eines triumphierenden Nationalismus' kam es zu einer Uminterpretation von Herders Schriften. Aus einem bedeutenden Vertreter der europäischen Aufklärung wurde ein Vorreiter des Irrationalismus und jener „Gegenaufklärung" gemacht, die nach 1933 zur Katastrophe Deutschlands führen sollte. Problematisch erschien damals der Ausgangspunkt von Herders Philosophie: Die konkrete physische Existenz des Menschen in einem materiellen Universum, das sein Dasein umschließt und ihm einen Platz unter allen übrigen Naturkörpern zuweist. Der Mensch ist Herder zufolge trotz der ihm eigenen besonderen spirituellen Fähigkeiten nicht von der Ordnung ausgenommen, die im physischen Universum gilt: „Alles, was erscheint, muß auch verschwinden; jedes Gewächs der Zeit trägt auch zugleich den Keim der Verwesung in sich, der da macht, daß es in seiner Erscheinung nicht ewig daure. Was zusammengesetzt ist, wird aufgelöst: denn eben diese Zusammensetzung und Auflösung heißt Weltordnung und ist das immer wirkende Leben des Weltgeistes." (*Gott*. Fünftes Gespräch)

Somit unterliegt auch der Mensch zwei konträren Tendenzen: Er selbst strebt danach, seiner Existenz Dauer zu verleihen, aber sein Dasein ist unvermeidlich zeitlich begrenzt. Die Auflösung der menschlichen Existenz durch den Tod vermag höchstens die Hoffnung auf eine Wiedergeburt zu rechtfertigen, aber nicht die auf ein Jenseits im christlichen Sinn, oder auf eine von jeder Körperlichkeit befreite platonische Wesensschau. Wohl erst nach 1780 sollte Herder folgenden Lehrsatz aus Spinozas *Ethik* notieren: „Eine Idee, welche vom Dasein unseres Körpers absieht, kann es in unserem Geist nicht geben, sondern sie steht zu diesem in Widerspruch." (*Ethik* III, Proposition 10) Aber bereits Anfang April 1769 schreibt er an den Philosophen Moses Mendelssohn: „Wir sind hier, um uns auszubilden, zu entwikeln; allein jede Kraft entwikelt sich nur *bis zu einer Stuffe* und macht *einer andern Platz* ... Diese Ausbildung und Entwiklung *auf dieses Leben, sie* ist Zweck; *sie* ist Bestimmung; aber das ist ein unrechter Gesichtspunkt, zu leben, *damit man die Welt vollkommner verlaße,* als man sie betrat. Wir betraten sie, um *hier* vollkommner zu werden, zuzunehmen und abzunehmen, zu lernen und anzuwenden, und immer uns und die Welt zu genießen: das war Absicht der Natur."

Der Sinn des Daseins kann Herder zufolge nicht in einer Lebensführung liegen, die als Bewährung im Irdischen oder als Reinigung der Seele von weltlichen Leidenschaften und Gebrechen zu verstehen ist. Alles, was existiert, existiert um seiner selbst willen im Hier und Jetzt, und nicht zu angeblich höheren Zwecken, über die es kein Wissen geben kann: „Genieße hier dein Leben *aus*! Das ist der erste Zuruf alles deßen, was genießen kann, und da ist der Mensch der erste … Die fünf Akte sind in diesem Leben: was brauchts, hinter der Decke, die noch kein Auge durchschauet, Aufschlüße über das nehmen zu wollen, was schon an sich ein Ganzes ausmachen muß. Nur daß man dies Ganze und die höchste Regierung deßelben nicht mit einem Maasstabe von *Moral* meße … Der Umfang der göttlichen Absichten ist mehr, als Moralisch, bey der Ordnung der Welten und Zeitalter und Lebensläufe, mehr als moralisch, wie wir dies Wort nennen … Sey mit deiner Natur, mit deinen Kräften, in jedem deiner Lebensalter, was du sein kanst und sollst. So und nicht auf andre Art *hast du gelebt* und kanst denn sterben. Du bist in den Händen Gottes."

„In den Händen Gottes"

Der Welt- und Gottesbegriff, der sich in diesen provokanten Bemerkungen des jungen Theologen abzeichnet, ist bewusst mehrdeutig gehalten. Offensichtlich ist in der Formulierung „Du bist in den Händen Gottes" eine Anspielung auf die Areopag-Rede des Apostels Paulus enthalten, in der dieser ausführt, dass alle Menschen am Wesen Gottes teilhaben: „Denn in ihm leben wir, bewegen uns und sind wir. Wir sind seines Geschlechts." (*Apostelgeschichte* 17, 28) Paulus verweist damit auf die stoische Lehre von einem Allgott, der in allen Wesen präsent ist. In zahlreichen Texten des humanistischen Kanons – Cicero, Vergil, Mark Aurel – ist diese stoische Idee präsent, besonders konzise in einer Schrift Senecas, deren Titel mit *Vom Geben und Empfangen des Guten* zu übersetzen wäre. Dort heißt es: „Was anderes ist die Natur als Gott und seine Ordnung, die der ganzen Welt und ihren Teilen eingepflanzt ist?" (*De beneficiis*, IV/7) Der Urheber der Welt kann verschieden bezeichnet werden, je nach den Erscheinungsformen, in denen sich sein Wirken manifestiert: Ob man ihn als persönlichen Gott mit dem Namen Jupiters versieht, oder von einer anonymen Macht spricht, von Natur, Schicksal, Vorsehung oder Notwendigkeit. Gott ist nichts anderes als der erste Grund und Ausgangspunkt einer ineinander verflochtenen Kette von Ursachen, von denen der gesamte Weltlauf abhängt; alle Bezeichnungen Gottes, sagt Seneca, reden einzig von einer Kraft und einer Wirkung himmlischen Ursprungs, die in der Welt wirkt.

Mit Spinozas radikaler Identifikation von Gott und Natur als einheitlicher Substanz, die alle irdischen Erscheinungen als ihre Modifikationen in sich fasst, war auch die antike Tradition für die Theologie und Philosophie inakzeptabel geworden. Denn im Grund stellte sie die Trennung eines immateriellen und persönlichen Urhebers von seiner materiellen Schöpfung infrage, die letztlich aus dem Nichts entsteht. Bereits ein Jahr nach dem Erscheinen der *Ethik* Spinozas bezeichnete der Platoniker Ralph Cudworth die Formel, Gott sei in allem enthalten, naturalistisch; die Gleichsetzung von Gott und Natur sei atheistisch. Auch Leibniz wandte sich in der *Theodizee* (1710) gegen jede Präsenz des immateriellen Gottes in den Naturgegenständen. Im dritten Kapitel seines *Theologisch-politischen Traktats* (1670) hatte sich Spinoza jedoch auf Seneca bezogen,

Materialismus
Vorstellung, dass nicht nur alles Körperliche, sondern auch das Geistige eine materiale Grundlage hat. Das heißt, dass auch psychische Phänomene mittels physikalischer Wechselwirkungen erklärbar sind.

wenn er ausführt, dass es keinen Unterschied mache, ob man von unveränderlichen Naturgesetzen oder dem Wirken eines persönlichen Gottes spreche, der das ganze Naturgeschehen – einschließlich des Schicksals des Menschen, der Teil der Gesamtnatur ist – bestimme. Die Körperwelt kann keinesfalls als Emanation (als „Ausfluss" respektive „Hervorbringung") eines geistigen, allem Materiellen fremden Prinzips verstanden werden. Daran knüpft Herder mehrfach an: „Einen Geist, der ohne und außer aller Materie wirkt, kennen wir nicht; und in dieser sehen wir so viele geistähnliche Kräfte, daß mir ein völliger *Gegensatz* und *Widerspruch* dieser beiden allerdings sehr verschiednen Wesen des Geistes und der Materie, wo nicht selbst widersprechend, so doch wenigstens ganz unerwiesen scheinet. Wie können zwei Wesen gemeinschaftlich und innig harmonisch wirken, die, völlig ungleichartig einander wesentlich entgegengesetzt wären? und wie können *wir* dies behaupten, da uns weder Geist noch Materie im Innern bekannt ist." (*Ideen zur Philosophie der Geschichte der Menschheit*, Buch V/2)

„Krummes Holz" oder Bildung als Lern- und Mäßigungsprozess?

Die Aufhebung der Differenz von Geist und Materie hat Folgen für die gesamte Sphäre des Moralischen und ihre Begründung. Ein traditioneller Begriff genügte Herder, wie sein Brief an Mendelssohn zeigt, schon früh nicht mehr: Es bedarf einer Unterscheidung zwischen dem Menschen, wie ihn die Philosophie konstruiert, und dem realen Menschen, der den unaufschiebbaren Anforderungen seines Daseins unter Lebensumständen, die nicht von ihm abhängen, zu genügen hat. Auf der einen Seite steht damit eine Ethik universell gültiger Zielvorgaben für alle Menschen, die von der Erkenntnis eines sittlich Guten bestimmt wird; ihr tritt eine Reflexion nur scheinbar zufälliger Motive gegenüber, die sich in den Handlungen individueller und kollektiver Subjekte artikulieren, die von variablen Zeitumständen abhängig sind. Aber auch deren Ziele – Selbsterhaltung und Wohlergehen – sind, und dies ist für Herder entscheidend, nicht weniger universal als abstrakte moralische Ansprüche, und sie sind in der Natur des Menschen, seiner Triebstruktur und seinen Bedürfnissen verankert; aus ihnen ergeben sich die „ersten, notwendigen allgemeinen Naturgesetze der Menschheit", von denen Herder in den *Ideen zur Philosophie der Geschichte der Menschheit* spricht (Buch VIII/4).

Die Leidenschaften des Menschen sind keine Defizite.

Für Kants Philosophie ist die Sachlage klar: Gesetzgebung und Ethik haben dem Menschen jene Vorgaben zu machen, die in ferner Zukunft eine vollkommene Verfassung der Gesellschaft nach Vernunftprinzipien hervorbringen werden, und die Eliminierung der Affekte ist dafür die unumgängliche Voraussetzung. Der Mensch ist, wie Kant 1784 schreibt, „ein Tier, das, wenn es unter andern seiner Gattung lebt, einen Herrn nötig hat"; ein geradezu calvinistischer Pessimismus grundiert seine ergänzende Bemerkung: „Aus so krummem Holze, als woraus der Mensch gemacht ist, kann nichts ganz Gerades gezimmert werden." (*Ideen zu einer allgemeinen Geschichte in weltbürgerlicher Absicht*, Sechster Satz) Herders Auffassung ist dem diametral entgegengesetzt. Im Gegensatz zum Theoretiker Kant stand Herder mit beiden Beinen mitten im Leben. Als Seelsorger und Vater von sieben Kindern war ihm nichts Menschliches fremd. Sein Denken ist gesättigt mit Lebenserfahrung. Mit Spinoza betrachtet er die Affekte des Menschen als naturnotwendig und keineswegs als Defizite (*Ethik*, Vorrede zu Buch III); die Verurteilung der Sinnlichkeit ist nichts als ein verbreitetes Vorurteil (*Ethik*, Vorrede zu Buch IV). Die Natur beziehungsweise Gott hat im Menschen nichts Unvollkommenes geschaffen; das Gesetz des sinnlichen Begehrens gehört zu den unverbrüchlichen Naturgesetzen und ist demnach gut. Dass dieses Begehren aber moderiert wird, gehört zu den Leistungen, die der Mensch individuell und kollektiv im Rahmen von elementaren sozialen Beziehungen erbringt.

Die Erkenntnis des gerechten Handelns ist im Menschen von Natur aus als Gefühl der „Billigkeit" angelegt, der Regel für ein angemessenes, dem Nächsten nicht schädliches Handeln; aber ausgestaltet wird sie erst durch die Lebenspraxis, im Zusammenspiel von eigenen Bedürfnissen und der für den Menschen grundlegenden sozialen Lebensweise. Demnach ist die Ausbildung von ethischem Handeln an einen Prozess wachsender Einsicht gebunden, wie ihn schon Seneca beschrieben hat: „Auf welche Weise uns erstmals die Kenntnis von dem, was gut und ehrenhaft ist, vermittelt wurde? Die Natur konnte uns das nicht lehren: Sie vermittelte uns die Keime zu dieser Erkenntnis, das Wissen selbst gab sie uns nicht." (*Briefe an Lucilius*, CXX) Die Geschichte der Menschheit ist deshalb für Herder als Entfaltung eines Lernprozesses zu begreifen, wobei er nicht davon ausgegangen ist, wie der Mensch sein sollte, sondern wie er ist; und von diesen natürlichen Gegebenheiten aus lässt sich erst bemessen, was er unter bestimmten Umständen zu leisten vermöchte.

Herders umfangreiches und vielfältiges Werk ist ein Beispiel für einen solchen lebenslangen, innerlichen wie äußerlichen Bildungsprozess. Seine Frau, die ihn zeitlebens durch das Lektorat seiner Schriften unterstützt hatte, ordnete und publizierte nach Herders Tod am 18. Dezember 1803 seinen umfangreichen Nachlass.

Wolfgang Proß war Professor für Neuere deutsche Literatur und Allgemeine und Vergleichende Literaturwissenschaft an der Universität Bern. Unter anderem wurde er mit der Herder-Medaille der Internationalen Herder-Gesellschaft ausgezeichnet.

Presseschau • Presseschau
Presseschau • Presseschau

Presseschau

Zu *der blaue reiter* Nr. 44, *Der Trost der Endlichkeit*

Eine Literaturwissenschaftlerin und eine Philosophin sowie 20 Männer – Philosophen, Ethiker, Religions- und Literatur- und Medienwissenschaftler – nähern sich dem Thema „Trost der Endlichkeit" an ... Es werden Lehren der alten Ägypter, Buddhisten, Christen bis hin zu den Existentialisten einbezogen. Canettis wieder aktuelle Auseinandersetzung mit Macht als dem Todbringenden verfolgt Rüdiger Vaas. Martin Lehnert befasst sich mit der im Buddhismus und in Luhmanns „Reentry"-Begriff aufgehobenen Grenzerfahrung am Beispiel Tod. Otto-Peter Obermeier besticht mit der Lehre Epiktets zum wohlüberlegten Austritt, im Sinne der Meinungsvielfalt. Während Epikur und de Montaigne sowie andere den Lebensgenuss im Diesseits empfehlen, wendet sich die Existentialphilosophie der Seele als nicht an Raum und Zeit gebundenem Sitz von Geist und Vernunft zu. Nicht Trost im Jenseits, sondern die Endlichkeit des Lebens soll akzeptiert und dadurch das Diesseits aufgewertet sein. Boethius zufolge ist die Freiheit, die Seele dem Göttlichen anzugleichen und glücklich zu werden, der Trost.

Es werden Menschen- und Gottesbilder, der Sinn des Lebens und des Todes, Endlichkeit und Unendlichkeit beleuchtet ... Jutta Heinz zitiert Mark Aurel, der gesagt haben soll, dass nicht das Aufhören, sondern das Nichtbeginnen im Leben gefürchtet werden solle.

Humorvoll-ernsthafte Abstecher zu Lemmingen oder Zombies runden das Bild ab. Untermalt werden die anregenden Gedankengänge von bildnerischen, zum Thema passenden Werken, mit Sinnsprüchen, Gedichten und Zitaten. An Philosophie Interessierten bietet sich eine reiche und – auch visuell – anregende Lektüre mit einem schönen Band, der sich auch in der Hand gut anfühlt.

Bea Schild; punktum, Januar 2021

Zu *Kann ein allmächtiger Gott sterben?* von Jochen Hörisch (Verlag der blaue reiter, 2020)

Anregend, gelehrt und heiter führt Jochen Hörisch durch sein kleines Kaleidoskop zu großen Fragen von Religion und Kultur. Der Essayband des Literaturwissenschaftlers und Medientheoretikers sprüht beim Lesen vor Fragen, und er versteckt Ernst im Schalk – und umgekehrt. All das lässt die kulturphilosophische Lektüre zur willkommenen Abwechslung in Zeiten der Pandemie werden ... Vielleicht weil einige Beiträge aus Vorträgen entstanden sind, ist Hörisch zu lesen ein bisschen wie Zuhören. Da kann einer sprechen und hat das Publikum im Blick.

Caroline Fetscher; Der Tagesspiegel, 29. März 2020

Zu *Moralisch fühlen, gierig handeln? Zur Aktualität von Adam Smiths „Theorie der moralischen Gefühle"* von Otto-Peter Obermeier (Verlag der blaue reiter, 2019)

Dass Adam Smith, vielfach als Urvater eines schrankenlosen Wirtschaftsliberalismus verketzert oder auch bewundert, eigentlich auf der Basis der Moralphilosophie die berühmte These von der *invisible hand* entwickelt hat, hat sich in der Zwischenzeit herumgesprochen. Es gibt aber nur wenige deutschsprachige Arbeiten, die seine Moralphilosophie in den Mittelpunkt gestellt haben. Otto-Peter Obermeier versucht diese Lücke zu schließen. Dass wir Menschen von Bedürfnissen, Wünschen, Erwartungen und weniger von der Vernunft zum Handeln getrieben werden, widerspricht vor allem der Tradition deutschsprachiger Ethiken, die in der Pflichtmoral und im kategorischen Imperativ Immanuel Kants einen Höhepunkt gefunden haben ...

Im Wesentlichen hält sich Obermeier bei seiner Analyse an die von Smith vorgenommene Kapiteleinteilung der „Theorie der moralischen Gefühle", weiß aber um die Problematik dieses sehr unsystematischen Vorgehens. Der Autor bezeichnet sich selbst als eine Art „Dinosaurier", der dieses Buch absichtlich gegen das *digital age* und dessen Simplifizierungen geschrieben habe. Dabei spart er nicht mit polemischen Seitenhieben gegen die „Glattgebügelten" und „intellektuell Gekrümmten", die sich jedem kritischen Geist verweigern.

Peter Kampits; Die Presse, Beilage „Spectrum", 23. Mai 2020

Zu *Leben als Versuch und Irrtum* von Robert Zimmer (Verlag der blaue reiter, 2018)

In sieben Essays preist „Leben als Versuch und Irrtum" keine bestimmte oder richtige Lebensform an, sondern ermutigt den Einzelnen fortgesetzte Erkenntnisversuche zu wagen, falls er seine Ziele und Vorstellungen nicht einfach vorentschieden sehen will.

Cornelia Frenkel; UNIversalis-Zeitung, Winter 2019

Bücher · Bücher
Bücher · Bücher

Konrad Paul Liessmann

Alle Lust will Ewigkeit. Mitternächtliche Versuchungen

Paul Zsolnay Verlag, Wien 2021.
320 Seiten, € 26,00

Wie spricht man über große Poesie, ohne nur über sie zu reden oder sie gar gelehrt-geschwätzig zu zerreden? Eine gelungene Auslegung muss, so scheint es, der Poesie selbst den Vorrang lassen und darf ihr lesend und interpretierend nur folgen. Konrad Paul Liessmann hat genau diese Vorgehensweise gewählt.

Mit seinem Buch folgt Liessmann einem der bekanntesten Gedichte Friedrich Nietzsches, dem sogenannten Mitternachtslied aus *Also sprach Zarathustra*. Das Gedicht hat zwölf Zeilen, wie das Schlagen der Glocke um Mitternacht, wobei die zwölfte Zeile ohne Worte bleibt und für den in die Stille der Nacht verhallenden letzten Glockenschlag steht. Liessmann widmet jeder Gedichtzeile ein eigenes Kapitel und lässt so sein gesamtes Buch dem skandierenden Rhythmus des Glockenschlags folgen. Sein philosophisches Denken wird von der Musikalität der Sprache gelenkt – oder, wie er sagt, „verführt" – und nimmt sich Zeit, auf den Nachhall der in Nietzsches Zeilen mitschwingenden Gedanken zu hören. Dabei setzt er ganz zurecht voraus, dass in den wenigen dichterischen Worten gleichsam „die Knotenpunkte des menschlichen Lebens komprimiert sind": Oh Mensch! Gieb Acht! / Was spricht die tiefe Mitternacht? / „Ich schlief, ich schlief –, / Aus tiefem Traum bin ich erwacht: – / Die Welt ist tief, / Und tiefer als der Tag gedacht. / Tief ist ihr Weh –, / Lust – tiefer noch als Herzeleid: / Weh spricht: Vergeh! / Doch alle Lust will Ewigkeit –, / – will tiefe, tiefe Ewigkeit!"

Liessmanns Gang durch das Kaleidoskop von Gedanken, die das Gedicht aufscheinen lässt, führt auf viele wertvolle Einsichten. Wer hätte gedacht, dass man soviel über das erste Wort des Gedichts sagen kann, das „Oh"? Dieser Anruf ist in Nietzsches Texten stets mehr als eine rhetorische Geste und fordert den jeweils Angesprochenen, in diesem Fall den Menschen, zu einer radikalen Selbstvergewisserung auf. Auch das dritte Kapitel, das dem „Ich schlief" gewidmet ist, regt an. Man muss Liessmann zustimmen: Die Philosophie täte gut daran, im Schlaf mehr als nur die Abwesenheit des wachen Bewusstseins zu sehen.

Aufschlussreich sind auch die Überlegungen zum Gedanken „die Welt ist tief". Liessmann führt ihn auf Nietzsches künstlerische Anschauungsweise zurück. Tiefe wäre demnach, paradox klingend, die „Tiefe der Oberfläche" der Welt, das heißt, der Welt, insofern man nichts hinter ihr sucht, sondern sie als das nimmt, was sie ist, als ein großes, kaum auslotbares Kunstwerk, wie es Götter vor sich haben mögen.

Der Autor folgt der inneren Dramatik des Gedichts, das auf die Betonung der Lust, die Ewigkeit will, hinstrebt. Er versteht Lust, damit Sigmund Freud auf Nietzsche zurückbeziehend, als den innersten Kern der menschlichen Existenz. Lust ist „tiefer", weil sie als unmittelbares Gefühl dem stets von etwas Einzelnem hervorgerufenen Schmerz vorangeht. Dabei liest Liessmann Nietzsches Text auch in dieser Hinsicht genau und zeigt, dass das Verhältnis von Schmerz und Lust ein Wechselverhältnis ist: Lust will die Ewigkeit, die gerade in der Erfahrung des Schmerzes als begehrenswert erscheint, so dass es für den Menschen letztlich nicht um pures Lustempfinden geht, sondern um „die Möglichkeit des Gefühls einer ambivalenten Schmerzlust". Nur auf dieser Basis ist die in der Lust anvisierte Lebensbejahung als Bejahung des diesseitigen, erdgebundenen Lebens, um die es Zarathustra geht, möglich.

Nicht immer führt die Auslegung freilich in die Tiefen, die das Gedicht aufscheinen lässt. Zu vielen Schlüsselbegriffen, wie etwa dem der ewigen Wiederkunft, trägt der Autor wenig Neues bei. Gleichwohl ist das Buch in jedem Fall eine vorzügliche und in ihrer Art originelle Einführung in Nietzsches Denken. Sorgfältig geht der Autor auch auf den erzählerischen Rahmen ein, der Nietzsches Antiheld Zarathustra auf das Mitternachtslied führt. Dabei zeigen sich freilich die Grenzen seines assoziativen Vorgehens, ist der *Zarathustra* doch seinerseits so anspielungsreich, dass die Interpretation schnell beliebig wird. Was der Autor etwa über das berüchtigte Peitschenmotiv sagt („Du gehst zu Frauen? Vergiss die Peitsche nicht!"), wirkt ein wenig zu leichtfertig und wird den Schattenseiten in Nietzsches Frauenbild nicht gerecht.

Die Hauptteile sind, ganz musikalisch gestimmt, von einem „Auftakt" und einem „Nachklang" eingerahmt, in denen Liessmann der weitreichenden Wirkungsgeschichte des Mitternachtslieds nachgeht, das nicht nur in Mahlers 3. Sinfonie vertont wurde, sondern auch in Werken der neueren Musik Resonanz gefunden hat. Die Fülle der Wirkungsgeschichte zeigt die Fähigkeit der Poesie, für sich selbst zu sprechen und Leser immer wieder neu aufhorchen zu lassen.

Michael Steinmann

Abbildung:
Ohne Titel
Hans Beck,
Tuschezeichnung

Andreas Malm

Wie man eine Pipeline in die Luft jagt. Kämpfen lernen in einer Welt in Flammen

Matthes & Seitz, Berlin 2020.
224 Seiten, € 18,00

Andreas Malm, Humanökologe an der Universität Lund und Klimaaktivist, ist überzeugt: „Unsere Welt steht schon längst in Flammen, nun gilt es, für sie zu kämpfen." Aber was, wenn der Kampf mit friedlichen Mitteln keine hinreichenden Erfolge zeitigt?

Die Klimabewegung hat ihr Ziel nicht erreicht. Der CO_2-Ausstoß ist nach wie vor auf hohem Niveau und Besserung nicht in Sicht. Doch ein Rückzug ermatteter Klimaaktivisten auf klimaneutrale Selbstversorgerbauernhöfe ist für Malm ebensowenig eine Alternative wie der Klimafatalismus eines Jonathan Frantzen, der angesichts der unvermeidbaren Katastrophe das Leben zu genießen sucht, solange es noch geht. Es sei an der Zeit, die „Dinge, die unseren Planeten ruinieren, physisch anzugreifen, mit unseren Körpern, sie mit unseren eigenen Händen zu zerstören". Das nette Mädchen mit den Zöpfen hat ausgedient. Die Geister, die sie rief, beginnen frustriert mobilzumachen: „Beschädigt und zerstört neue CO_2-emittierende Vorrichtungen. Setzt sie außer Betrieb, zerlegt, demoliert, verbrennt sie, jagt sie in die Luft", schreibt Malm. „Besser aufrecht sterben, als auf Knien zu leben", dieser verzweifelte Satz des mexikanischen Freiheitskämpfers Emiliano Zapata wird bei Malm unversehens zu „besser zu sterben, während man eine Pipeline in die Luft jagt, als teilnahmslos zu verbrennen" – aber ist das wirklich die Alternative, vor die uns der menschengemachte Klimawandel stellt?

Sogenannten moralischen Pazifisten, die jegliche Form von Gewalt auch bei noch so gerechtfertigten Anliegen ablehnen, attestiert Malm Blindheit auf zumindest einem Auge. Die Sklaverei sei ebenso wenig nur durch gewaltlose Aktionen abgeschafft worden, wie die Sufragetten nur gewaltfrei das Frauenwahlrecht erkämpften oder die englischen Kolonialisten nur durch die gewaltlosen Aktionen Gandhis aus Indien vertrieben wurden. All diese Erfolge seien einer Kombination aus gewaltfreien und (!) gewaltsamen Aktionsformen zu verdanken: „Ohne Malcolm X (Befürworter gewaltsamer Aktionsformen gegen die Rassentrennung in den USA) hätte es möglicherweise keinen Martin Luther King gegeben (Gegner jeglicher Gewalt)", resümiert Malm. „‚Ich wollte gewaltlosen Protest nur, solange er effektiv war' als ‚eine Taktik, die aufgegeben werden sollte, wenn sie ihre Wirkung verlor'", zitiert er aus Mandelas *Der lange Weg zur Freiheit*. Die Bibel der gewaltfreien Klimaaktivisten, Erica Chenoweth und Maria J. Stephans *Why Civil Resistance Works. The Strategic Logic of Nonviolent Conflict*, zeiht er der Leidensverherrlichung und der historischen Lüge bezüglich der Erfolgsaussichten. Mit zahlreichen Literaturhinweisen im Fußnotenapparat untermauert Malm seine alarmistische Fünf-vor-zwölf-Rhetorik für die Gewalt gegen alles, was CO_2 emittiert. Man liegt sicherlich nicht ganz falsch, wenn man das Buch für das verzweifelte Resümee einer ganzen Generation wohlmeinender Aktivisten gegen ein System des „Ressourcen vernutzenden Kapitalismus" hält. Man kann es aber auch als Psychogramm einer Generation verwöhnter Einzelkinder lesen, deren verinnerlichter Impetus des unbedingten Rechthabenwollens eskaliert.

Doch was, wenn Malm mit seiner These Recht hat, dass sich der Klimawandel nur noch durch gewaltsame Aktionen aufhalten lässt? Was, wenn die Mühlen der alles zu Tode verwaltenden kapitalistisch geprägten Demokratien wirklich zu langsam mahlen, um den Klimawandel noch aufzuhalten?

Explizit Philosophisches wird man in diesem Buch nicht finden. Doch was das gut und durchgängig verständlich geschriebene Buch für philosophisch Interessierte lesenswert macht, sind vor allem die Fragen praktischer und theoretischer Ethik, die der Autor mit seinen Beispielen aus der Geschichte der Klimabewegung unausgesprochen aufwirft: Ist es moralisch gerechtfertigt, durch das andauernde Beschädigen von SUVs deren Unterhalt derart kostspielig zu machen, dass sie nicht mehr gekauft werden und solchermaßen CO_2 eingespart wird? Wenn ja, gälte das nicht generell für alle privat genutzten Autos? Müssen Flugreisen verboten werden? Darf sich eine Elite von Klimaaktivisten über die Meinung der Massen erheben? Welche politischen Anliegen rechtfertigen gewaltsamen Widerstand durch selbsternannte Avantgarden? Man kommt bei der Lektüre nicht umhin, sich in solchen Fragen zu positionieren und philosophische Gründe für seine Argumente zu suchen. Anlass zum Diskutieren und Philosophieren über das Wesen des Politischen und die Rolle der Gewalt bietet das Buch in jedem Fall hinreichend!

Siegfried Reusch

Sabine Müller-Mall

Freiheit und Kalkül. Die Politik der Algorithmen

Reclam, Stuttgart 2020.
80 Seiten, € 6,00

Thomas Ramge

Augmented Intelligence. Wie wir mit Daten und KI besser entscheiden

Reclam, Stuttgart 2020.
110 Seiten, € 6,00

Algorithmen sind allgegenwärtig. Sie durchdringen unseren Alltag, angefangen bei Textverarbeitungsprogrammen, Apps für das Smartphone bis zur Steuerung selbstfahrender Autos. Programme mit künstlicher Intelligenz suchen in großen Datensätzen gezielt nach gewünschten Informationen, helfen bei der Diagnose von Krankheiten und bestimmen, ob wir kreditwürdig sind. Thomas Ramge und Sabine Müller-Mall haben zwei Bücher über die Macht der Algorithmen geschrieben und kommen dabei zu ganz unterschiedlichen Bewertungen.

Thomas Ramge weist darauf hin, dass Menschen häufig falsche Entscheidungen treffen, weil sie psychologischen Fehlschlüssen unterliegen oder voreingenommen urteilen. Hier sieht er ein vielversprechendes Einsatzfeld für künstliche Intelligenz mit Anwendungen in Forschung, Wirtschaft und Politik. Computer können riesige Datenmengen in kürzester Zeit analysieren, darin Muster und Kausalzusammenhänge erkennen und damit Entscheidungen und Abwägungsprozesse rationaler gestalten. Künstliche Intelligenz könne den Menschen zwar nicht ersetzen, aber als Ergänzung und Unterstützung bei der Entscheidungsfindung dienen. Ramge spricht von „Intelligenzverstärkern", wobei dieser Ausdruck lediglich die deutsche Übersetzung von „augmented intelligence" ist, eines mittlerweile gebräuchlichen Begriffs, der die Verbindung von menschlicher und künstlicher Intelligenz bezeichnet. An verschiedenen Beispielen zeigt Ramge, wie selbstlernende Algorithmen Schwächen menschlichen Denkens ausgleichen und zuverlässigere Prognosen erstellen können.

Im Kontrast dazu beurteilt Sabine Müller-Mall den Einsatz intelligenter Algorithmen sehr zurückhaltend und kritisch. Algorithmen würden keineswegs so wertneutral und objektiv entscheiden, wie ihre Befürworter dies erhoffen, sondern seien normativ vorgeprägt. Das heißt, in ihre Programmierung und bei der Auswahl der Trainingsdaten gehen soziale Wertungen ein, die Computer selbst zu voreingenommenen Entscheidern machen. Die Autorin schreibt: „Algorithmen legen uns eine bestimmte Sicht auf die Welt nahe." Bekannt ist beispielsweise, dass Gesichtserkennungsprogramme hauptsächlich mit Bildern weißer Männer trainiert werden und diese im Endeffekt auch besser erkannt werden, was zu einer Diskriminierung von Menschen anderer Hautfarbe führen kann. Eine Ungleichbehandlung kann sich auch bei der Einstufung der Kreditwürdigkeit von Verbrauchern ergeben, weil der Algorithmus auf der Basis statistischer Zusammenhänge urteilt. Wohnt man im falschen Stadtteil, kommt man schwerer zu einem Kredit oder wird von vornherein als nicht kreditwürdig eingestuft. Da wir immer mehr Entscheidungen an Computer delegieren und uns auf ihre Ergebnisse verlassen, werden Algorithmen zu mächtigen politischen Akteuren, deren Programmierung und Einsatz kritisch hinterfragt werden muss.

Die unterschiedlichen Sichtweisen und Bewertungen erklären sich aus dem beruflichen Hintergrund der Autoren: Als Wirtschaftsjournalist ist Thomas Ramge hauptsächlich an den vielfältigen Einsatzmöglichkeiten künstlicher Intelligenz in Unternehmen und im Management interessiert. Sabine Müller-Mall ist Rechtswissenschaftlerin und hat vor allem die sozialen und rechtlichen Folgen des Einsatzes von Algorithmen für unsere Freiheit und Autonomie im Blick. Dennoch verfallen beide nicht in ein simples Schwarz-Weiß-Denken, sondern urteilen sehr differenziert. Denn auch Ramge ist sich der Risiken künstlicher Intelligenz bewusst und weist auf ihre Gefahren hin: Selbst wenn die Welt durch Algorithmen berechenbarer wird, müssen ihre Ergebnisse und Entscheidungen jederzeit nachvollziehbar sein. Andererseits fordert Müller-Mall keinen vollständigen Verzicht auf KI, sondern plädiert lediglich für einen reflektierten Umgang mit Algorithmen und eine politische Kontrolle. Insofern ergänzen sich die beiden Ansätze in idealer Weise und machen die Bücher sehr lesenswert, gerade für Leser, die über keine Vorkenntnisse verfügen und sich über aktuelle Entwicklungen auf dem Gebiet der künstlichen Intelligenz und ihrer Folgen informieren wollen.

Thomas Zoglauer

Manfred Geier

Die Liebe der Philosophen. Von Sokrates bis Foucault

Rowohlt Verlag, Hamburg 2020.
351 Seiten, € 24,00

Liebe ist nicht nur ein aufregendes Alltagsthema, sondern war immer auch ein altehrwürdiges Thema der Philosophie. Doch wie steht es mit der Liebe der Philosophen? Haben wir nicht bei aller Theorie die konkreten erotischen Erfahrungen der großen Denker aus den Augen verloren? Manfred Geier wirft einen Blick auf die libidinösen Erfahrungen von Philosophen und damit in jenen Intimbereich, in dem Leben und Philosophie sich begegnen.

Geier, ein erfahrener philosophischer Publizist, hat in zahlreichen Büchern, ob über die Aufklärung, Immanuel Kant, Karl Popper, Ludwig Wittgenstein oder Martin Heidegger, dem Leser philosophiegeschichtliche und biografische Zusammenhänge in einer verständlichen Form nahegebracht. Mit seinen hier vorliegenden, wie er es nennt, „sexual-biographischen Untersuchungen", will er dem Versäumnis der Philosophiegeschichten begegnen, die Denken und Lieben getrennt und das konkrete Liebesleben der Philosophen ausgespart haben.

Dabei stutzt man etwas über die Auswahl der hier behandelten Philosophen. Das Buch enthält Kapitel zu Sokrates, Augustinus, Jean-Jacques Rousseau, Marquis de Sade und Kant (die im gleichen Kapitel behandelt werden), die Humboldt-Brüder, Sören Kierkegaard, Wittgenstein, Heidegger und Michel Foucault. „Bei all den Philosophen, die hier auftreten", so der Autor im Vorwort, „bestand eine äußerst angespannte Beziehung zwischen leidenschaftlichem Philosophieren und erotischem Begehren". Dies trifft auf Denker wie Kierkegaard, de Sade oder Foucault sicherlich zu. Kierkegaards Philosophie entzündet sich, wie Geier sehr glaubhaft nachweist, an der abgebrochenen und nie vollzogenen Beziehung zur jungen Kopenhagenerin Regine Olsen. Foucaults Wendung zur Philosophie der Lebenskunst im zweiten Band seiner Tetralogie *Sexualität und Wahrheit* wird durch die positiven Liebeserfahrungen ausgelöst, die Foucault in den 70er-Jahren in der libertären Atmosphäre Kaliforniens machen konnte. Bei de Sade kann man geradezu von einer Einheit zwischen ausschweifendem Leben und libertärer *Philosophie im Boudoir* sprechen. Im Falle der homoerotischen Neigungen Alexander von Humboldts oder des „asexuellen Lebens des Herrn Kant" jedoch kann der Autor den Nachweis dieses Zusammenhangs nicht glaubhaft erbringen. Bei Denkern wie Arthur Schopenhauer, John Stuart Mill, Friedrich Nietzsche oder José Ortega y Gasset, die leider nicht berücksichtigt sind, wäre er wohl eher fündig geworden. Eine zwingende Verbindung zwischen dem Liebesleben der Philosophen und ihrem Denken ist aber wohl kaum nachweisbar.

Dessen ungeachtet ist die Bekanntschaft mit den erotischen Neigungen der Denker sehr wohl geeignet, uns ihre menschliche Physiognomie und ihre Lebenswelt näherzubringen. Geier ist ein sprachlich versierter, jargonfreier Autor, der zudem sehr sorgfältig recherchiert. Wir erfahren, wie Sokrates die ihn bedrängenden Hetären ausgetrickst hat, welch ein Lustmolch der junge Augustinus war und wie Heidegger seine Ehefrau Elfride nicht nur mit Hannah Arendt, sondern auch später mit zahllosen Geliebten mit dem Argument betrog, „er müsse im Eros leben und könne mit dem Dämonischen nicht fertig werden". Wie auch in seinem Werk erweist sich Heidegger auch hier als ein Meister darin, das Banale sprachlich hochzustilisieren. Entstanden ist in jedem Fall nicht nur ein lesbares, sondern auch ein äußerst informatives und unterhaltsames Buch.

Das Buchcover ziert ein Feigenblatt, in diesem Fall wohl jenes, mit dem das Denken sich immer wieder vor den Lebenszusammenhängen abschirmt. Manfred Geier hat Vieles von dem aufgedeckt, was das Blatt verbirgt. Dass dabei zuweilen eher das voyeuristische als das philosophische Interesse befriedigt wird, sollte niemanden von der Lektüre abhalten.

Robert Zimmer

Corine Pelluchon

Wovon wir leben. Eine Philosophie der Ernährung und der Umwelt

Wissenschaftliche Buchgesellschaft, Darmstadt 2020.
415 Seiten, € 50,00

Das Buch ist der zweite Teil einer bioethischen Trilogie der französischen Autorin. Der erste Band ist einer „Ethik der Verwundbarkeit", beruhend auf Phänomenen wie Krankheit, Schmerz, Alter, Depression und Tod, gewidmet, der dritte einer „Ethik der Wertschätzung".

Der vorliegende zweite Band trägt im Französischen den sehr viel aussagekräftigeren Titel *Les Nourritures. Philosophie du corps politique*. Denn für Pelluchon ist Nahrung (französisch *nourriture*) nicht nur Ernährung; als „Umwelt" meint sie die globale Biosphäre und eine Zoopolis aller Arten. Auch die genuin politische Einbindung ihres radikal bioethischen Konzepts wird in der deutschen Übersetzung nicht einmal angedeutet. Sozusagen übersetzungsbedürftig ist auch der gelegentlich jargonbeladene philosophische Fachdiskurs des Werks sowie der Anspruch auf die systematische Grundierung einer Theorie der ökonomischen Vernunft. Liest man jedoch das Buch in kleinen Portionen und unter Ausblendung seiner *hardcore*-akademischen Anteile, erhält man eine Art bioethische Enzyklopädie auf dem aktuellen Stand der Diskussion.

Der erste Teil des Buchs handelt von Genuss und Geschmack, vom Vegetariertum ebenso wie von Essstörungen, vom Wohnen, von Haustieren und von Landwirtschaft. Der zweite, politische Teil („Eine Welt aufbauen") behandelt die Grundlagen für einen „neuen Gesellschaftsvertrag". Dazu gehören Konzepte der politischen Bildung, die Forderung nach einer besseren Vermittlung von wissenschaftlichen Daten und Erkenntnissen in politischen Zusammenhängen (hochaktuell!) ebenso wie die Idee eines neuen, lokal verankerten Kosmopolitismus. Die hier präsentierte „Philosophie der Körperlichkeit" bietet insgesamt nicht weniger als eine neue große Erzählung jenseits der klassischen philosophischen Themen und vor allem jenseits der geradezu philosophisch tiefenverwurzelten Dualismen von Natur und Kultur, Subjekt und Objekt, Verstand und Gefühl. Deren Grundthesen lauten, verallgemeinernd zugespitzt:

Nichts ist im Verstand, was nicht vorher im Körper erfahren wurde oder erfahren werden kann. Bioethik ist nur sinnvoll als Philosophie des Materiellen: Der Mensch ist ein Wesen, das eine Welt mit anderen Lebewesen bewohnt, das sich von seiner Umwelt und im Austausch mit ihr ernährt.

Kein Mensch ist eine Insel. Die menschliche Existenz kann nur in Zusammenhängen gedacht werden: Alles in der Philosophie des Körpers ist ethisch, politisch, pädagogisch, ästhetisch und ökonomisch zugleich, weil der Körper nicht teilbar ist. Klassische Dualismen sind unangemessen und irreleitend.

Der Mensch lebt nicht vom Brot allein. Nahrung, als genuin lustvoller Austausch mit der Umwelt, und der Geschmack als Vermögen, „die Würze der Dinge, ihre Schönheit und alles, was an ihnen förderlich ist", sind zu goutieren. Die „Liebe zum Leben" ist das vergemeinschaftende Urprinzip und Fundament einer (neuen) Philosophie der Körperlichkeit.

Bildung tut not. Alle Mitglieder einer demokratischen Ordnung sollen sich kontinuierlichen Bildungsprozessen unterziehen. Nur so ist gewährleistet, dass Bürger mündige Teilnehmer an immer komplexeren politischen Debatten werden, Berufspolitiker sich nicht mehr vom Alltag des bürgerlichen Lebens isolieren und Experten sich nicht in abgehobenen Diskussionen verzetteln.

Du kannst dein Leben ändern! Alle theoretische Einsicht nützt nichts, wenn es keine Motivation gibt, gewohnte Lebensweisen zu ändern. Echte Antriebe funktionieren nur, indem man die positiven Aspekte eines radikal anderen Welt- und Selbstverhältnisses hervorhebt, ihren Genuss- und Lustcharakter, indem man den „Appetit" auf Leben weckt und spielend dessen „Großzügigkeit" erfährt (trotz oder: gerade wegen der Verletzbarkeit alles Lebendigen): „Die Liebe zum Leben ist das Prinzip, auf dem der Gesellschaftsvertrag aufbaut."

Die Philosophie der Nahrung ist keine Philosophie der Nachhaltigkeit. Die Natur ist für Pelluchon ein Lebensraum, auf dem unser aller Existenz beruht und der schöpferisch gestaltet, nicht im Interesse menschlichen Fortschritts, wie nachhaltig auch immer, ausgebeutet werden sollte: Die künftigen Menschen sollen „über Mittel verfügen, sich ehrenhaft zu verhalten, indem sie schöne Landschaften gestalten, dauerhafte Städte bauen und sich fähig erweisen, eine Kultur hervorzubringen, die bezeugt, dass sie den Geschmack nicht verloren haben".

Jutta Heinz

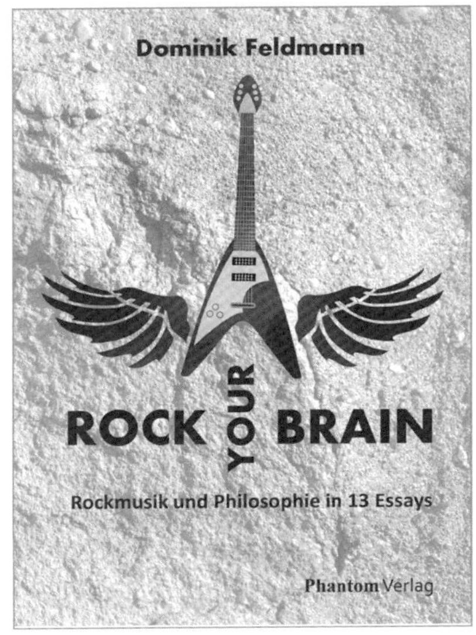

Dominik Feldmann

Rock your brain. Rockmusik und Philosophie in 13 Essays

Phantom Verlag, Berlin 2020.
204 Seiten, € 18,90

Auf den ersten Blick scheinen Rockmusik und Philosophie zwei verschiedene Welten zu sein, die sich nicht miteinander verbinden lassen. Auf der einen Seite Konzerte mit Musikern im Rausch und schreienden Fans, die sich einfach dem Moment hingeben, auf der anderen Philosophen, die lange Gespräche über die großen Fragen des Lebens führen und komplexe Theorien aufstellen. Doch Dominik Feldmann zeigt, dass es mehr Schnittpunkte zwischen Rockmusik und Philosophie gibt, als man zunächst vermuten würde.

Rock your brain behandelt die Geschichte der Rockmusik mit all ihren Facetten und Genres, die sich im Laufe der Zeit entwickelt haben. Dabei geht der Autor im Detail auf einzelne Musiker und Bands ein, aber auch ganz allgemein auf fast alle Genres wie Punk, Heavy Metal und Rock'n'Roll. Es werden Parallelen aufgezeigt zwischen Theorien aus der Philosophie, der Literaturwissenschaft, der Kulturwissenschaft und Aspekten der Rockmusik. So wird die von Aristoteles beschriebene Katharsis, eine Art emotionale Reinigung oder Befreiung der Seele, als Phänomen auf Konzerten wiedererkannt. Anhand von konkreten Beispielen wie der deutschen Black-Metal-Band Katharsis und dem Album *Catharsis* von Machine Head wird dem Leser veranschaulicht, dass sich Musiker konkret auf den philosophischen Begriff der Katharsis beziehen. Aristoteles bleibt dabei der einzige Vertreter aus der Antike. Auch Philosophen der Aufklärung oder des Existenzialismus sucht man vergebens.

Der philosophische Anteil in den Essays behandelt vor allem Sprachphilosophen und (Post-)Strukturalisten, unter anderem Jacques Derrida, Judith Butler und Michel Foucault, die sich mit Themen wie der Konstruktion von Identität und des Geschlechts, der Dekonstruktion von Sprache und der Sexualität befassen. Hinzu kommen die Kulturkritik von Herbert Marcuse, die Ästhetische Theorie Theodor W. Adornos und Theorien aus der Literaturwissenschaft. Der Autor stellt anhand von Songtexten, Interviews und Anekdoten dar, wie sich diese Themen in den Songs und der Kultur der Rockmusik äußern. Zum Beispiel geht er auf die Theorie der Identität von Paul Ricœur ein, der bei lyrischen Figuren zwischen einer Idem-Identität, die für ein konstantes Selbst steht, und einer Ipse-Identität, die sich im Verlauf des Lebens ändert, unterscheidet. Der Autor zeigt anhand von Beispielen, dass sich einige Rockmusiker bewusst neue Ipse-Identitäten gaben, also wie David Bowie Kunstfiguren schufen, um sich als Künstler weiterzuentwickeln. Anhand der Ausführungen Walter Benjamins zur Bedeutung der technischen Reproduzierbarkeit von Kunstwerken wird beleuchtet, welche Folgen technische Neuerungen wie Schallplatten, CDs und MP3 auf die Rockmusik hatten und haben.

Die verschiedenen Themen werden in Essays diskutiert, die man unabhängig voneinander lesen kann, die aber nur gemeinsam ein Bild dessen zeichnen, was Rockmusik ausmacht. Die Einführungen in die verschiedenen wissenschaftlichen Theorien sind so einfach gehalten, dass man sie auch ohne Vorkenntnisse problemlos verstehen kann. Gleichzeitig sind sie auf einem solchen fachlichen Niveau, dass sie auch für erfahrene Philosophen Vertiefungen oder zumindest Auffrischungen bisheriger Kenntnisse darstellen. Die konkreten Beispiele aus der Rockmusik zeigen, dass sich philosophische Gedanken auch in gesellschaftlichen Bereichen wiederfinden, in denen viele wohl keine erwarten würden. Leser, die sich vor allem für den philosophischen Teil interessieren, sollten zumindest Neugierde für die Rockmusik mitbringen, da diese im Mittelpunkt der Betrachtungen steht, und sich im Klaren sein, dass vor allem die Sprach-, Literatur- und Gesellschaftstheorien des 19. und 20. Jahrhunderts thematisiert werden. Für jeden echten Fan von Rockmusik ist das Buch ein absolutes Muss, unabhängig davon, ob er philosophische Vorkenntnisse besitzt.

Tom Kobrow

Christine M. Korsgaard

Tiere wie wir. Warum wir moralische Pflichten gegenüber Tieren haben

C. H. Beck, München, 2021.
346 Seiten, € 29,95

Viele Menschen sind sich intuitiv darüber einig, dass Massentierhaltung, Tierversuche und Tierquälerei abzulehnen sind. Christine M. Korsgaard erarbeitet eine moralische Grundlage für diese Intuition. Dafür geht sie von Immanuel Kants Moralphilosophie aus, kritisiert und erweitert diese. Da Tiere genauso wie Menschen Zwecke an sich selbst seien, dürften wir sie nicht als Mittel missbrauchen, sondern sollten sie als Lebewesen mit einem moralischen Status achten und dementsprechend behandeln.

Im ersten von drei Teilen des Buchs wird das Verhältnis zwischen Mensch und Tier behandelt. Zu Beginn macht die Autorin klar, dass der Mensch eine Spezies unter anderen ist. Es gebe Menschen und andere Tiere. Sie geht auch auf die Vorstellung vieler Menschen ein, dass Menschen irgendwie wichtiger seien als andere Tiere. Doch laut Korsgaard ist etwas immer nur wichtig *für* jemanden. Wenn Menschen absolut wichtiger als Tiere wären, dann müssten sie auch für diese Tiere wichtiger sein als sie sich selbst sind. Allerdings gebe es keine Gründe, die dafür sprechen, dass einem Tier das Leben eines Menschen wichtiger sei als sein eigenes Leben. Der Mensch unterscheide sich zwar vom Tier. Die Autorin nennt diesbezüglich in guter alter philosophischer Tradition die Merkmale der Rationalität und der Moralität. Allerdings würden diese Unterschiede den Menschen nicht wichtiger als andere Tiere machen.

Im zweiten Teil wird die Moralphilosophie Kants behandelt sowie die Frage, welche Rolle Tiere in dieser einnehmen. Die Autorin stellt den zentralen Begriff des Zwecks an sich selbst vor und argumentiert dafür, dass auch Tiere Zwecke an sich selbst sind, womit sie Kant widerspricht. Die von Kant angeführten Gründe der Rationalität und Moralität hält Korsgaard nicht für entscheidend dafür, ob ein Lebewesen ein Zweck an sich selbst ist. Da Tiere auch ein höchstes Gut haben, nämlich ihr eigenes Leben, dürften wir sie nicht als bloßes Mittel missbrauchen.

Die ersten beiden Teile sind im Stil einer wissenschaftlichen Arbeit geschrieben, während der dritte Teil weniger wissenschaftlich verfasst ist. Hier werden konkrete Fragen der Tierethik behandelt. Im Mittelpunkt der Betrachtungen stehen die Prädation, das heißt das Beutemachen der Tiere, und der Abolitionismus, die Forderung, keinerlei Haustiere mehr zu halten. Sollte man in das Leben von Raubtieren derart eingreifen, dass Fleischfresser – natürlich ohne ihnen Schmerz zuzufügen oder sie zu töten – auf lange Sicht aussterben? Sollte man das Halten und Züchten von Haustieren aufgeben? Korsgaard kommt zu wenig überraschenden Schlüssen: Wir sollten aufhören, andere Tiere zu essen, da wir auf deren Fleisch nicht angewiesen sind, um zu überleben. Massentierhaltung erachtet sie als besonders grausam und sollte deshalb abgeschafft werden. Tiere sollten weder als Arbeitstiere noch für Versuche in der Wissenschaft missbraucht werden. Wir sollten so wenig wie möglich in das Leben von Tieren eingreifen. Mit einem gewissen Leiden, das Raubtiere Beutetieren zufügen, müsse man leben. Auch ist es moralisch zu rechtfertigen, Haustiere zu halten, solange diese ein gutes Leben haben. Zum Schluss gibt die Autorin einen Einblick in ihr Gefühlsleben: Sie lebt mit fünf Katzen zusammen und hat Gewissensbisse, da sie diese mit Fleisch füttert, welches sie selbst niemals essen würde.

Das Buch ist vor allem geeignet für akademische Philosophen, speziell für Kenner der kantischen Moralphilosophie und der praktischen Analytischen Philosophie. Es ist zusätzlich allen zu empfehlen, die sich für Tierethik interessieren und nach einer gut begründeten Argumentation dafür suchen, dass wir das Leben anderer Tiere achten sollten. Am Thema Interessierte müssen sich aber im Klaren sein, dass es für Nicht-Berufsphilosophen einige Zeit in Anspruch nimmt, sich in die Begrifflichkeit und die Argumentationsweise Korsgaards einzufinden.

Tom Kobrow

Marie-Luisa Frick

Mutig denken. Aufklärung als offener Prozess

Reclam, Stuttgart 2020.
143 Seiten, € 6,00

In der Reihe *[Was bedeutet das alles?]* werden in „kleinen Büchern" Antworten zu den wichtigsten und spannendsten Fragen der Philosophie und Gesellschaft zusammengestellt. Zu Wort kommen dabei nicht nur die großen alten Denker, sondern auch aktuelle Philosophinnen und Philosophen aus Forschung und Lehre. Somit ist dieser Band Teil einer groß angelegten spannenden Reise durch die Menschheitsgeschichte, mit einem Fokus auch auf dem aktuellen Geschehen und dessen Einordnung.

Marie-Luisa Frick, Assoziierte Professorin mit den Forschungsschwerpunkten Ethik, Rechtsphilosophie und Religionsphilosophie an der Universität Innsbruck, leistet mit diesem Buch bereits ihren zweiten Beitrag zu der Reihe. Nach ihrem ersten Titel *Zivilisiert streiten. Zur Ethik der politischen Gegnerschaft*, in dem sie den Umgang mit politischen Gegnern reflektiert, befasst sie sich nun mit der grundlegenden Frage nach dem richtigen Umgang mit der sogenannten Aufklärung, das heißt der Zeit des 18. Jahrhunderts, in der der Glaube an die Vernunft sich gegen Autoritätsgläubigkeit, Traditionsgebundenheit und mythologisch-religiöse Überlieferungen jeglicher Art durchzusetzen begann.

Die Selbstwahrnehmung der Europäer sei meist die einer aufgeklärten Gesellschaft, also einer Gesellschaft, in der die Aufklärung bereits stattgefunden habe und abgeschlossen sei, so Frick. In diesem Weltbild gebe es oftmals nur die Aufgeklärten und die Anderen, wodurch weite Teile der Welt ausgeschlossen würden. Dass der Autorin diese Denkweise nicht zusagt, wird bereits zu Beginn deutlich, da sie ihr Buch eben nicht mit Immanuel Kants Leitspruch „sapere aude" beginnt (lateinisch, wörtlich für: „wage verständig zu sein"), um dann auszuführen, was uns die Aufklärung alles gebracht und wovor sie uns bewahrt hat. Ihr Anliegen ist es stattdessen, sich von einem solchen Schwarz-Weiß-Denken zu befreien und die Aufklärung (wie der Titel verrät) weiterhin als Prozess zu betrachten. Frick zeigt uns einen anderen Blick auf die Epoche der Aufklärung, deren Ende nicht historisch, sondern inhaltlich zu setzen sei. Erst wenn der Mensch seine Abhängigkeiten erkannt habe und sich von ihnen habe befreien können, könnten wir von einer „aufgeklärten Gesellschaft" sprechen.

Frick erkennt eine widersprüchliche Verhaltensweise, die der Aufklärung innewohne: Die Klassiker des aufklärerischen Denkens versuchten stets, ihre humanistischen, menschenfreundlichen Ziele allen anderen ungefragt „überzustülpen". Sie bezeichnet diese Akteure als „humanistische Rassisten". Gleichzeitig verdeutlicht sie die hohe Bereitschaft zur gnadenlosen Selbstreflexion und Selbstkritik vieler Aufklärer, die die Kolonialisierung der Welt durch die Europäer verachten, und versöhnt beide Positionen mit dem Fazit: Aufklärung sei eben kein homogenes Projekt und könne nicht „als ‚Große Erzählung' nacherzählt werden, ohne dabei auch diese Vielstimmigkeit und Uneindeutigkeit ans Licht zu ziehen". Man solle Aufklärung vielmehr als „Mosaik vieler kleiner Geschichten" wahrnehmen, „um deren Gehalt und Moral man immer wieder aufs Neue ringen darf und auch soll".

Immer wieder hilft Frick ihren Leserinnen und Lesern dabei, die eigene Sicht auf den aufklärerischen Prozess zu reflektieren und die Vielfältigkeit der Aspekte zu sortieren. Es geht um mehr als reine Humanität als Ziel der Aufklärung. Frick ist es stets darum zu tun, neue Methoden zu entwickeln und das „Projekt Aufklärung" nicht als abgeschlossen zu betrachten. Sie möchte Inspirationen bieten zu Fragen nach der Weiterentwicklung der Aufklärung, nach der Rolle der Religion und Säkularisierung, nach der Funktion der Menschenrechte und – so pathetisch das auch klingen mag – zu der Frage nach dem Weltfrieden. Dabei geht sie immer wieder selbstkritisch und selbstreflektierend vor. Sie möchte eben kein Konstrukt vorgeben, das fertige Antworten liefert und andere ausschließt, sondern zum eigenen Reflektieren inspirieren. Schlussendlich blieben noch immer viele Fragen offen. Auch heute sei uns noch nicht klar, wie wir mit den Konsequenzen der Aufklärung umgehen sollen, deren Extreme sich in purem Egoismus und radikalem Gleichheitsgrundsatz aller Menschen polarisieren. Fricks Lösungsansatz lautet: „Die Zukunft des Humanismus, sie liegt zwischen Verzagtheit und Übermut", also lasst uns mutig denken.

Anna Pegam

Malte Oppermann

Der Augenblick

Karolinger, Wien 2020.
39 Seiten, € 14,90

Mit der These „Es gibt nur Augenblicke" skizziert Malte Oppermann eine Philosophie der Einmaligkeit jedes Moments und jedes Lebens. Er beschreibt oder postuliert ein „Universum der augenblicklichen Einzigartigkeit. Die verglühende Sonne beleuchtet eine radikal sterbliche Welt verschwindender Individualitäten – eine stürzende Schöpfung."

Der Augenblick ist, falls ausgedehnt, nicht reine Gegenwart – oder, falls nicht ausgedehnt, von rätselhafter Ortlosigkeit. Augenblicke sind nicht abzählbar und auch nicht diskret; ein Kontinuum kann sich nicht aus Abschnitten zusammensetzen. Vielmehr sind diese „etwas Einmaliges", eine „Metapher für die Fülle der unmittelbaren Gegenwart", bilden in ihrer „Flüchtigkeit unendlicher Einmaligkeiten" eine unermessliche Mannigfaltigkeit der Welt. „Das endliche Wesen spiegelt sich selbst in unendlichen Augenblicken, die es nicht erfassen kann." Alles ist fortwährend neu. „Das Individuum eines Augenblicks kehrt nicht wieder und eine konkrete Bewegung kann nicht wiederholt werden. Es kann jedoch in immer neuen Bewegungen eine uralte Geste wiederkehren."

Die Permanenz von Dingen und Eigenschaften, die Invarianten der Natur, also Gleichbleibendes, wertet Oppermann als bloße Abstraktion: „Die Monotonie der Objekte ist eine Sache der geistigen Schablonen, nichts, was die Augen sehen." Pointiert ausgedrückt: „In Wahrheit gibt es nur noch nie Gesehenes." Wie und wieso das Bewusstsein solche Regelmäßigkeiten erfindet, wenn schon nicht findet, bleibt offen. „Dem Verstand erscheint die nicht festzuhaltende Fülle der Gegenwart bloß als Illustration einer abstrakten gegenständlichen Ordnung, die die Erinnerung im Lauf der Zeit gebildet hat."

Diese Sichtweise lässt sich rein phänomenologisch lesen und gut nachvollziehen. Aber dabei belassen will es der 1988 geborene Autor nicht, der Philosophie in Frankfurt und München studiert hat und neben Radioessays bereits 2014 zum selben Thema das Buch *Die schöne Philosophie* publizierte. Vielmehr meint er es ontologisch ernst, das heißt als Aussage darüber, was eigentlich existiert: „Der einzige Stoff, den es wirklich gibt, ist das Individuum eines Augenblicks." Und: „Die Zeit enthält keine Augenblicke, der Augenblick enthält die Zeit – jedoch so, wie ein stilles Meer den Umriss eines Schiffes enthält, der sich in seinem Wasser spiegelt."

Mit solchen Formulierungen entfaltet der Autor einen großen Reichtum. Sie sind poetisch präzise, wenn vielleicht auch philosophisch dunkel. Eine mehrfache Lektüre lohnt sich, sie erhellt und irritiert gleichermaßen. Es ist unklar, ob Oppermann für das plädiert, was in der modernen Philosophie der Zeit als Präsentismus bezeichnet wird (es gibt nur die Gegenwart – im Gegensatz zum Eternalismus, der das Sein der Zeit als Ganzes postuliert, oder diversen Auffassungen einer fixen Vergangenheit und offenen Zukunft). Auch Anschlussversuche an die Physik unterbleiben – etwa mit ihren hypothetischen „Raumzeit-Atomen" oder der klar bestätigten Relativität der Gegenwart für unterschiedliche Beobachter.

Oppermann zitiert zwar einige Philosophen, darunter prominente wie Platon, Aristoteles, Gottfried Wilhelm Leibniz, Friedrich Wilhelm Joseph Schelling, Sören Kierkegaard und Robert Spaemann. Aber das hauptsächlich als Ansatz, Erweiterung oder Unterstützung. Eine direkte kritische Auseinandersetzung mit anderen Positionen zur Philosophie der Zeit wird strikt vermieden. Das wäre in dem kurzen Büchlein auch kaum möglich, das lediglich aus 31 schmalen Textseiten in großer Schrift besteht, und selbst davon ist ein Drittel nur zur Hälfte bedruckt. Trotzdem enthalten die 24 halb- bis zweiseitigen Texte – eine Art Essay aus aufeinander aufbauenden, aber auch für sich stehenden Aphorismen – eine Fülle von Gedanken und originellen Formulierungen. Der dichte Text ist manchmal kryptisch, aber stets glänzend geschrieben, oft geradezu lyrisch und insgesamt gut verständlich – sofern eben die Rätsel des Augenblicks, der Zeit, des Lebens überhaupt verständlich sein können.

Rüdiger Vaas

Ernst Peter Fischer

Vom Staunen in der Welt. Was Wissenschaft möglich macht – und was nicht

Hirzel, Stuttgart 2021.
240 Seiten, € 25,00

„Vom Staunen in der Welt“ lautet nicht nur der Titel; auch das Anliegen des Autors lässt sich so formulieren: Staunt über die Welt!

Ausgangspunkt dieser Aufforderung ist für den Wissenschaftshistoriker Fischer, dass Wissenschaften (und damit sind fast ausschließlich die Naturwissenschaften gemeint) die Welt nicht entsondern verzaubern. Durch die Entdeckung der Mechanismen der Natur würden all die Wunder sichtbar, über die es sich zu staunen lohne. Doch warum ist ein solcher Aufruf überhaupt nötig? Fischer zufolge sind allen voran die „Sozialphilosophen“ mit ihrer postulierten „Entzauberung der Welt“ dafür verantwortlich, dass der Natur ihre Wunderhaftigkeit abgesprochen wird. Mit dem durch Max Weber eingeleiteten „Ende der Aufklärung“ sei die Rolle des naturwissenschaftlichen Wissens in der Gesellschaft auf Abwege geraten. Der immer wiederkehrenden, recht harsch formulierten Kritik gegenüber Geistes- und Sozialwissenschaften fehlen dabei jedoch meist stichhaltige Argumente, was es erschwert, diese Ansicht des Autors nachzuvollziehen.

Der Weg zu Fischers Anliegen beginnt mit einer Abhandlung über das, was Wissen und was Wissenschaft ist. Dabei stellt er eine eigenwillige Anforderung: Wissen *muss* (!) praktisch umsetzbar sein. Oder anders formuliert: Wissen *muss* immer zu einer Handlung führen. Wer diese Definition nicht teilt, wird mit den darauffolgenden Aussagen des Autors Schwierigkeiten haben, denn seine Definition von Wissenschaft knüpft daran an. Fischer zufolge hat Wissenschaft *nur* (!) die Aufgabe, das Leben der Menschen zu verbessern.

Anschließend fährt Fischer mit einer auch ohne Vorkenntnisse verständlichen Darstellung der bedeutendsten naturwissenschaftlichen Entdeckungen der Geschichte fort. Von der Alchemie über die Chemie hin zur Biologie und Physik werden diejenigen Entdeckungen herausgegriffen, die das Leben der Menschen grundlegend verändert haben. Dabei geht der Autor über eine reine Aufzählung hinaus und stellt die gleichzeitig mit der jeweiligen Entdeckung einhergehenden politischen und gesellschaftlichen Entwicklungen dar. Neben all den positiven Aspekten der Wissenschaft bleibt dabei auch im Blick, welche Gefahren die Naturwissenschaften mit sich bringen, wie viel Leid sie bereits über die Menschheit gebracht haben und weiterhin bringen können. Zwischenfazit: Es kommt auf die Anwendung des Wissens an.

Nach dem Sprung von der Geschichte in die Gegenwart der Naturwissenschaften folgt das Thema der Umwelt und Nachhaltigkeit. Dessen Behandlung wirkt dabei nicht einfach nur wie eine Aufzählung bereits bekannter Probleme. Fischer zeigt vielmehr anhand konkreter Beispiele, wie die Umwelt mittels der Naturwissenschaften gerettet oder zerstört werden kann.

Gerade in den Kapiteln zur Geschichte der Naturwissenschaften fallen interessante Anmerkungen und Randnotizen auf, die teils jedoch etwas sprunghaft wirken, abschnittsweise einen Gesamtzusammenhang vermissen lassen und so den Lesefluss erschweren. Im Gegensatz zu seiner ansonsten eher einfachen und meist darstellenden Sprache zieht Fischer sein Fazit in romantisierendem Stil, der nicht recht zum Thema des Buchs passt. Dabei fallen große Worte über das Alte und das Neue, die Ästhetik der Natur und einer daraus ableitbaren Ethik, die zwar schön klingen, hinter denen sich jedoch argumentativ außer Zitaten aus naturphilosophischer Lyrik nicht viel verbirgt.

Sieht man von manch abwertendem Kommentar über die Geisteswissenschaften und die Wertfreiheit der Sozialwissenschaften ab, erhält man vor allem als Nicht-Naturwissenschaftler einen Einblick in die Entstehung der Techniken, die das Leben in unserer Zivilisation maßgeblich beeinflussen. Damit schafft es Fischer, auf die Bedeutung der Naturwissenschaft in unserer globalen Gesellschaft aufmerksam zu machen und ein Interesse für die in unseren Alltag integrierten Errungenschaften zu wecken. Eine Antwort auf die Frage, welche Probleme die Naturwissenschaften nicht lösen können, bleibt der Autor allerdings schuldig.

Quentin Fietzek

Werner Theobald

Das verletzbare Selbst. Trauma und Ethik

Psychosozial-Verlag, Gießen 2020.
206 Seiten, € 26,90

Angesichts der Corona-Krise und ihrer Folgen, angesichts des Anwachsens psychischer und physischer Gewalt und damit einhergehender Traumatisierungen auch in unserer Gesellschaft hat Werner Theobald mit diesem Buch eine sehr aktuelle existenzielle Ethik vorgelegt, für die das „traumatische“ Bewusstsein von der Verletzlichkeit des Menschen wesentlich ist.

Materialreich und auch für Nicht-Fachleute gewinnbringend, verknüpft Theobald Trauma und Ethik. Nach einer kurzen Darstellung traumatischer Erfahrung, in deren Rahmen zum Beispiel erklärt wird, welche Persönlichkeitsveränderungen mit einer posttraumatischen Belastungsstörung verbunden sind, unternimmt der Autor einen Streifzug durch die neuzeitliche und moderne abendländische Philosophiegeschichte. Dabei zeigt er auf, wie sich erlittene Traumatisierungen auf das Denken wichtiger Philosophen ausgewirkt haben: René Descartes' Zweifel an der Wirklichkeit der Außenwelt können etwa vor dem Hintergrund der traumatisierenden Erfahrung des drohenden Todes des mutterlosen Säuglings und einer Retraumatisierung durch die Schrecken des Dreißigjährigen Krieges neu und tiefer verstanden werden, Albert Camus' Absurditätsdiagnose mit Blick auf den Tod des Vaters in der ersten Marneschlacht wenige Monate nach der Geburt des Philosophen, Emmanuel Levinas' Misstrauen gegenüber dem „Sein“ aufgrund seiner Konfrontation mit Kriegsgefangenschaft und Shoah (seine Eltern und Brüder starben im KZ).

Traumatisierung bewirkt Selbstentfremdung und Entfremdung von der Welt. Nach Theobald hat Ethik dies zu berücksichtigen: Als Versuch einer vollständigen Durchrationalisierung und argumentativen Begründung der Moral, bei dem jegliche Subjektivität getilgt ist, muss Ethik jedoch scheitern. Die Dominanz dieses Typs von Ethik im deutschsprachigen Raum sei wiederum vor dem Hintergrund eines Traumas zu verstehen, nämlich desjenigen der nationalsozialistischen Schreckensherrschaft und ihres emotional hochaufgeladenen weltanschaulichen Irrationalismus. Für moralisches Handeln ist eine rationale Begründung gleichwohl nicht ausreichend, es braucht – so Theobald – Motivation und mithin Emotion. Das Gefühl, um das es hier geht, müsse aus dem Einzelnen authentisch erwachsen; es ergebe sich aus dem Wissen um das Ur-Trauma der „anhaltend-kritischen Seinsverletzlichkeit“ (Hans Jonas), der Möglichkeit des Leids, das jeden heimsuchen kann. Das sich dann einstellende Mit-Leid sei keine zwingende sachliche Folge, sondern Ergebnis erlebter Erfahrung. Was das moralische Handeln bestimme, seien folglich nicht abstrakte Normen, Regeln und Prinzipien, sondern Haltungen, die in Erfahrungen wurzeln. Genau an dieser Stelle ergibt sich für Theobald die Relevanz jeder Traumatisierung: „Dabei besteht die entscheidende Erfahrung darin, ob man sich wertgeschätzt und anerkannt erfährt oder als Objekt abstrakter Erwartungen ... Wer die Erfahrung machen konnte, ‚um seiner selbst willen‘ geliebt zu werden, verspürt keine Notwendigkeit, um *Anerkennung* und eigene Bedeutsamkeit zu kämpfen und sich anzustrengen, um die Erwartungen anderer zu erfüllen. Wer hingegen erfahren musste, dass er immer wieder zum Objekt der Erwartungen, Wünsche, Absichten oder Bewertungen anderer Personen gemacht wurde, entwickelt eine Haltung, aus der heraus er dazu neigt, entweder sich selbst zum Objekt (eigener Bewertungen, Wünsche, Optimierungsversuche etc.) zu machen oder andere als Objekte eigener Ziele und Absichten zu benutzen und damit jene Würdeverletzungen zu provozieren, die traumatisch zu Buche schlagen und moralisch Legion sind.“

In Anknüpfung an Raimond Gaitas Anerkennungskonzept stellt Theobald schließlich heraus, wie wichtig Erfahrungen wie Mitgefühl, Liebe und eben Anerkennung sind, um eine Moral zu begründen und lebbar zu machen. Sie könnten gesellschaftlichen „Anstand“, also gemeinsame Werte und gemeinsame Verantwortung begründen, die angesichts der zunehmenden Glorifizierung von Wettbewerb und narzisstischer Selbstoptimierung ins Hintertreffen zu geraten scheinen. Es ist in jedem Fall lohnend, sich mit Theobalds traumabezogener existenzieller Ethik auseinanderzusetzen.

Martin Krieger

Peter Strasser

Kritik der Spiritualität.
Warum uns die Welt nicht genug ist

Schwabe, Basel 2020.
137 Seiten, € 23,00

Der Begriff Spiritualität wird nicht selten mit umstrittenen Praktiken wie Horoskopen, Tarot-Karten oder Homöopathie assoziiert. Während einige Menschen aus diesen Dingen einen höheren Sinn für ihr Leben gewinnen, gelten sie anderen als abergläubischer Hokuspokus. Gemeinhin akzeptierter sind spirituelle Praktiken wie Meditationen, Fasten oder bestimmte Arten des Gesangs. Der österreichische Philosoph Peter Strasser geht über solche populären Bestimmungen von Spiritualität hinaus. Mit seinem Buch etabliert er ein neues Verständnis des kontrovers diskutierten Phänomens.

Das Wort „Spiritualität“ leitet sich von dem lateinischen Begriff *spiritus* für „Geist“ ab und bezeichnet ganz allgemein subjektive Erfahrungen mit einer jenseits der sinnlich und rational erfassbaren Welt liegenden, das heißt transzendenten Sphäre. Strasser schlägt in seiner Definition von Spiritualität eine umgekehrte Richtung ein: Er setzt nicht bei außerweltlichen Dimensionen an, sondern bei der immanenten Wirklichkeit. Seine These lautet, dass die Gegenstände der materiellen Welt über sich hinaus weisen und in ihnen das Transzendente sichtbar wird.

Daher bezeichnet Strasser die Gegenstände der Welt als „transparente Dinge“, die nicht nur für sich selbst stehen, sondern in denen sich zugleich auch ihr metaphysischer Sinn offenbart. Dies kann durch einen Vergleich mit dem Blau des Himmels verdeutlicht werden: Zunächst einmal ist „blau“ nur eine Farbe. Gleichzeitig weist „blau“ jedoch über sich hinaus, repräsentiert Unendlichkeit und Weite. Auch der Mensch ist, nach Meinung des Autors, ein transparentes Wesen. Die menschliche Existenz gehe nicht im bloßen physischen Dasein auf, sondern weise stetig über sich hinaus auf ihren ewigen, überzeitlichen Grund: die Seele.

Die moderne Naturwissenschaft und Technik behaupten, laut Strasser, objektive und allumfassende Erkenntnisse über die Gegenstände der Welt hervorbringen zu können. Jedoch bleiben sie der immanenten Wirklichkeit verhaftet und reduzieren die Welt auf das materiell Vorfindliche. Daher beansprucht Strasser das Primat des Geistes gegenüber dem naturwissenschaftlichen Reduktionismus: Der Geist ist dasjenige Medium, das die Transzendenz in der immanenten Welt zu erkennen vermag. Damit vereinigen sich Strasser zufolge im menschlichen Geist Vergänglichkeit und Ewigkeit.

Diese Überlegungen entfaltet der Autor in acht Kapiteln und gelangt zu der Schlussfolgerung, dass Spiritualität die essenzielle Grundlage des menschlichen Daseins bildet, die eine bloße Existenz von einem bewussten Leben unterscheidet. Daher handelt es sich bei der *Kritik der Spiritualität* nicht um eine Kritik im Sinne einer negativen Beurteilung, sondern um eine Kritik nach kantischem Verständnis (wie in Kants *Kritik der reinen Vernunft*), das heißt eine Rechtfertigung und Erkundung der Spiritualität.

Strasser lädt in diesem Buch dazu ein, unsere Lebenswirklichkeit aus einem neuen Blickwinkel zu betrachten und auf Spuren des Ewigen hin zu befragen. *Die Kritik der Spiritualität* ist mit pointierten und klar ausformulierten Thesen eine ausgezeichnete Lektüre für Nicht-Berufsphilosophen, kann aber wegen ihrer gelehrten Exkurse und intellektuellen Anspielungen auch

Kennern empfohlen werden. Mit geschliffener Sprachästhetik gelingt es dem Autor, das umstrittene Phänomen der Spiritualität in einem neuen Licht erscheinen zu lassen. Damit präsentiert er einen originellen Denkansatz, auf den sich einzulassen lohnt.

Rebecca Wolfs

Holger Nielen

Philosophische Grundprobleme in der Science Fiction I. Prolegomena, Geschichtsphilosophie, Metaphysik

Logos, Berlin 2020.
403 Seiten, € 49,00

„Die Fragen, die die Science Fiction aufwirft, sind zugleich Fragen der Philosophie", ist Holger Nielen überzeugt. Denn Science-Fiction-Autoren versuchen, „von der Gegenwart ausgehend ... den Menschen als seine eigene Alternative zu denken", und fragen, „was der Mensch sein könnte angesichts fremder Umstände, noch nicht in Erscheinung getretener Probleme oder fremder Wesen".

Nach einem Bonmot von Robert Plank bringt die geistige Not der Zeit die ihr gemäße Literatur hervor. Als Kind der Aufklärung des 18. Jahrhunderts thematisiert die Science Fiction (SF) den technisch-wissenschaftlichen Fortschritt. Mit SF und Technik beginnt der Autor daher auch. Er resümiert die problematischen Definitionsversuche beider Begriffe und skizziert deren Geschichte sowie markante philosophische Einordnungen.

Den Hauptteil des Buchs bilden Geschichtsphilosophie und Metaphysik. Hierzu gibt der Autor zunächst kurze Einführungen in die systematischen und historischen Aspekte. Dann stellt er überwiegend gut bekannte Werke vor und analysiert ihren philosophischen Gehalt. Im Detail besprochen werden 34 Werke (Romane, Kurzgeschichten und einzelne Folgen der TV-Serie *Star Trek*), wobei Philip K. Dick am häufigsten rezipiert wird, ferner Klassiker von Isaac Asimov, Arthur C. Clarke und James G. Ballard. Wer die Werke nicht kennt, kann dank ausführlicher Inhaltsangaben (Spoiler-Alarm!) den Überlegungen trotzdem sehr gut folgen. Bereits erschienen sind zwei weitere Bände zu Erkenntnistheorie, Anthropologie, Ethik sowie Politischer Theorie.

Die Entdeckung der Zukunft als eines offenen Raums ungeahnter Möglichkeiten bildet für die SF den Hintergrund, Zukunftshistorien zu entwerfen – das heißt so zu tun, als würde sie die Zukunft kennen. „Indem sie Geschichte weiterschreibt, umschreibt, anders schreibt, ist Science Fiction also selbst Geschichtsphilosophie", konstatiert Nielen. SF-Autoren betrachten „die eigene Gegenwart als historisch". Das geschieht mithilfe von Zeitreisen, fiktiven Universalgeschichten von Erde und Universum, Alternativ- und Parallelwelten oder Szenarien vom Ende der Menschheit.

Bei der Metaphysik stehen zwei Themen im Fokus: die Frage nach der Wirklichkeit und die nach der Identität des Ichs. Vorgestellt werden im philosophischen Kontext vor allem Schriften von Aristoteles, René Descartes, David Hume, John Locke, Immanuel Kant, Georg Wilhelm Friedrich Hegel, Theodor W. Adorno, Edmund Husserl, Jean-Paul Sartre, Paul Ricœur, Emmanuel Lévinas, der Feministin Catherine Keller, dem Psychologen Wolfgang Giegerich sowie dem Germanisten Gerrit Confiurius. Diese Auswahl ist sicherlich willkürlich und nur teilweise repräsentativ, doch partiell dadurch gerechtfertigt, dass Einsichten dieser Autoren auch bei der Interpretation der SF-Werke herangezogen werden.

Die Frage nach der Wirklichkeit, nach dem Verhältnis von Sein und Schein, ist vielleicht die beunruhigendste überhaupt. Die SF hat hier Spielwiesen erkenntnistheoretischer Irritationen umgepflügt (einschließlich der Hinterfragung von Leben und Tod, Geist und Leib), die philosophische Klassiker wie Descartes' Täuschergott geradezu dürr erscheinen lassen. Hinzu kommt neuerdings die virtuelle Realität des Cyberspace (ein von William Gibson in seinem SF-Roman *Neuromancer* 1984 geprägter Begriff). Die Problematik der Identität einer Person hingegen wurde mit philosophischen Gedankenexperimenten analysiert, die oft bizarrer sind als die wildesten SF-Plots: der Austausch von Gehirnen oder Gehirnhälften, die Verdopplung oder Verschmelzung von Individuen und so weiter. Auch hier hat die SF durch dramatische Illustrationen aber einen zusätzlichen Wert.

Ein kleines Defizit des sehr lesenswerten Buchs besteht darin, dass nur wenige Denker der Analytischen Philosophie berücksichtigt werden, obwohl deren Argumente und Position oft scharfsinniger und jedenfalls aktueller sind als viele der zitierten Klassiker. Auch die Auswahl der SF-Werke ist notgedrungen begrenzt und teils willkürlich.

Das ändert jedoch nichts daran, dass die Auswahl im Hinblick auf die philosophischen Fragestellungen wichtige Probleme und Lösungsansätze darstellt. Der Autor berücksichtigt konkurrierende Interpretationen aus der Sekundärliteratur und beteiligt sich mit eigenen Argumenten und Stellungnahmen. Er versteht es, die Probleme und Positionen differenziert zu behandeln sowie mithilfe der SF zu illustrieren und zuzuspitzen. Damit wird er sowohl der Philosophie und der SF als auch dem Leser gerecht, dem das gut verständliche Buch viel Stoff zum Nachdenken bietet und zugleich unterhaltsam die Fantasie anregt sowie den Horizont erweitert.

Rüdiger Vaas

· ABONNEMENT · FÖRDER-ABO · GESCHENK-ABO ·

Das **Jahresabonnement** des *blauen reiters* (zwei Ausgaben) kostet € 27,90. Sie sparen € 5,90 gegenüber der Einzelbestellung.

Dank vieler Freunde des Denkens ist das Journal für Philosophie *der blaue reiter* eine der meistverkauften Philosophiezeitschriften deutscher Sprache. Gleichwohl ist *der blaue reiter* nach wie vor auf die ehrenamtliche Arbeit vieler philosophiebegeisterter Mitarbeiter angewiesen. Auch alle Autoren, Künstler, Redakteure und Herausgeber arbeiten ohne Honorar.

Förderabonnement: Mit einem Förderabonnement (€ 49,50 pro Jahr) tragen Sie dazu bei, dass *der blaue reiter* weiterhin erscheinen kann.

Geschenkabonnement: Teilen Sie Ihre Freude am Denken! Verschenken Sie ein befristetes oder unbefristetes Abonnement des Journals für Philosophie *der blaue reiter*. Gerne versenden wir auch einzelne Titel in Ihrem Auftrag an Ihre Freunde. Die genannten Preise verstehen sich zuzüglich Versandkostenpauschale.

Mit unserem **Newsletter-Service** erhalten Sie regelmäßig Informationen über unsere Veranstaltungen und Neuerscheinungen per E-Mail. Anmelden können Sie sich über unsere Homepage oder per E-Mail.

Bestellen: Alle lieferbaren Ausgaben unseres Journals für Philosophie *der blaue reiter* (siehe Seite 103) sowie alle lieferbaren Titel des Buchprogramms sind direkt beim Verlag erhältlich. Bestellen können Sie über unsere Homepage sowie per Telefon, Fax, Brief oder E-Mail.

der blaue reiter

der blaue reiter • Verlag für Philosophie
Siegfried Reusch e. K.
Göttinger Chaussee 115 • D-30459 Hannover
E-Mail: info@verlag-derblauereiter.de
Tel.: 05 11 / 98 59 32 93 • Fax: 05 11 / 98 59 32 99
www.derblauereiter.de
www.verlag-derblauereiter.de

der blaue reiter

Förderer dieser Ausgabe: Richard Seidel

Patenschaften

Philosophie ist eine brotlose Kunst. Unterstützen können Sie das Journal für Philosophie *der blaue reiter* durch eine Patenschaft. Ab einem Druckkostenzuschuss von € 500,– wird Ihr Name (beziehungsweise der Name Ihrer Firma) als „Förderer dieser Ausgabe" in der entsprechenden Nummer aufgeführt. Nähere Auskünfte erhalten Sie beim Verlag.

Bibliografische Information der Deutschen Nationalbibliothek

Die Deutsche Nationalbibliothek verzeichnet diese Publikation in der Deutschen Nationalbibliografie; detaillierte bibliografische Daten sind im Internet über http://dnb.dnb.de abrufbar.

Impressum

der blaue reiter – Journal für Philosophie
Ausgabe 48 (2/2021)

der blaue reiter Verlag für Philosophie
Siegfried Reusch e. K.
Göttinger Chaussee 115
30459 Hannover
Tel.: 05 11 / 98 59 32 93
Fax: 05 11 / 98 59 32 99
E-Mail: info@verlag-derblauereiter.de
www.derblauereiter.de

Bankverbindung: BW-Bank Stuttgart,
IBAN: DE36 6005 0101 0001 2689 44

Herausgeber
Dr. phil. Dipl.-Chem. Siegfried Reusch, Prof. Dr. Dr. Otto-Peter Obermeier, Prof. Dr. Dr. h. c. Klaus Giel

Chefredakteur
Siegfried Reusch

Redaktion
Klaus Erlach, Manfred Matheis, Anna Pegam, Rüdiger Vaas, Udo Grün, Jutta Heinz, Elke Uhl, Rebecca Wolfs, Stefan Gammel, Monika Urbich, Jan Urbich, Thomas Bach, Robert Zimmer, Thomas Zoglauer, Annemarie Pieper

Freie Mitarbeiter
Richard Seidel, Eva Gerhards, Markus Rapp, Martin Krieger, Otto Pannewitz, Ralf Becker, Wolfgang Foldenauer, Uta Kaune, Sabine Toussaint, Anne Guth

Korrektorat
Werner Seltier

Künstlerin dieser Ausgabe
Daniela Friebel

Gestaltung
s+p mediendesign GmbH, Stuttgart
www.schenkundpartner.de

Anzeigenleitung
Hartmut Olpp

Abonnements
Friederike Meyer

Druck
Kössinger AG & Co. KG
www.koessinger.de

V. i. S. d. P.
Siegfried Reusch

ISSN: 0947-6563
ISBN: 978-3-933722-72-0